U0602041

吴敬琏集

论竞争性
市场体制

吴敬琏　刘吉瑞　著

中国出版集团　东方出版中心

图书在版编目（CIP）数据

论竞争性市场体制 / 吴敬琏，刘吉瑞著. -- 上海 ：东方出版中心，2024. 8. --（吴敬琏集）. -- ISBN 978-7-5473-2504-9

Ⅰ．F123.9

中国国家版本馆CIP数据核字第20243KQ461号

吴敬琏集2·论竞争性市场体制

著　　者　吴敬琏　刘吉瑞

丛书策划　陈义望

责任编辑　陈义望　周心怡

装帧设计　钟　颖

出 版 人　陈义望

出版发行　东方出版中心

地　　址　上海市仙霞路 345 号

邮政编码　200336

电　　话　021-62417400

印 刷 者　上海盛通时代印刷有限公司

开　　本　710 mm×1000 mm　1/16

印　　张　26.5

字　　数　290 千字

版　　次　2024 年 12 月第 1 版

印　　次　2024 年 12 月第 1 次印刷

定　　价　138.00 元

版权所有　侵权必究

如图书有印装质量问题，请寄回本社出版部调换或拨打021-62597596联系。

总　序

1930 年，我在一个青年知识分子家庭里出生。不幸的是，我刚满一岁，父亲就因肺结核去世。在出身于有几代民族资产阶级传统的家庭的母亲的哺育下，我从少年时代就开始接触"怎样才能振兴中国"这个好几代中国人魂牵梦萦的问题。那时，我的理想是科学救国和实业救国，以为依靠现代科学与技术就能够发展起现代工业，抵御洋人的坚船利炮和货物倾销，建设富强的中国。至于要依靠什么样的社会制度来实现这种理想，我却几乎完全没有思考过，以为沿着先人们的足迹，在当时的制度下发展现代产业，似乎是顺理成章的。特别是在 1945 年下半年国共两党在谈判中达成和平建国的"双十协定"和 1946 年 1 月政治协商会议根据中国共产党提出的《和平建国纲领草案》通过了《和平建国纲领》之后，我更加相信这条道路走得通。

在我即将跨进成年人门槛的时候，这一切却急剧地改变了。

1946 年 2 月，我在重庆目睹了国民党顽固派破坏政协成果的暴行，这使我强烈感到，在国民党一党专政的统治下，想要通过和平手段实现中国的振兴，是不可能做到的。这样，我逐渐由一个只关心"数、理、化、生"的中学生，变成了积极参与爱国民主运动的"前进分子"。

经过疗养肺结核病期间几年的阅读和思索，我对毛泽东在《新民主主义论》《论联合政府》等著作中阐明的革命道理完全心悦诚服，认为只有在共产党的领导下，打倒旧政权，建立新中国，中国才有振兴的希望。经过三年准备和十年建设，等工业化发展到一定程度后再进一步过渡到社会主义理想社会，成为我坚信不疑的道路。

虽然当时自以为已经成为一个追随共产党的革命青年了，其实我对于社会主义和它的理论基础马克思主义知之甚少，不仅缺乏对资本主义经济规律的认识，更谈不上对马克思社会主义纲领的真正领会。尽管我读过一些阐释马克思主义经济学的著作，西方文学作品揭露的"维多利亚时代"劳动阶级的悲惨生活也曾在我心中引起震撼，但总觉得那毕竟是在遥远的西方国度发生的事情，对我们具有现实意义的还是实现共产党的最低纲领，夺取政权和建设新民主主义经济。那时的我，就像我在1957年以后的多次政治运动中检讨过的，充其量只是一个"民主革命派"，或者叫作共产党在民主革命中的"同路人"。

由于既缺乏良好的理论素养，又没有经受过实际斗争的锻炼，我的思想在往后的历史风浪的冲击下就显得忽左忽右，缺少定力。

我就是在这种思想状态下迎来了中华人民共和国的诞生。怀着参加新民主主义经济建设的巨大热情，我在1950年春季进入金陵大学学习经济学。不过正规的经济学学习只进行了不到一年，我就投入到从抗美援朝开始的一连串政治运动，成了运动积极分子，并在1952年9月加入中国共产党。

1952年院系调整，金陵大学经济系并入复旦大学经济系。开学不久，就按照1951—1954年整党中提出的"共产党员标准的八项条件"关于"现在为巩固新民主主义制度而斗争，在将来要为转变到社会主义而斗争"的规定，开展了为巩固新民主主义和准备向社会主义过渡的学习运动。在四年（1950—1954年）大学期间，我主要学习的是当时刚刚由中国人民大学的苏联专家传授给中国教员的"社会主义政治经济学"和它在各个部门的应用——财政学、货币与银行、工业经济学等等。按照当时大学中占主导地位的观点，马克思对资本主义经济的分析，已经穷尽了有关市场经济的真理；而西方经济学在20世纪中叶以后，就再没有科学性可言了。列宁，特别是斯大林"在空地上"建立起来的社会主义政治经济学，囊括了社会主义经济的一切主要规律。因此，"苏联的今天，就是我们的明天"。只要遵循这一系列"社会主义经济规律"，也就掌握了政治经济学社会主义部分的真谛，它将指引中国迅速走向繁荣富强。

现在回想起来自己也感到相当奇特的是：使我对这些理论观点深信不疑的，并不是有关苏联社会主义经济的各种事实材料（对这类材料，我和我的老师们都掌握得不多），而是对"走俄国人的路"这一历史结论的信念。这种信念又因我国20世纪50年代上半期在"三年准备、十年建设"所取得的成就而得到加强。既然共产党的最低纲领的实施已使我们百孔千疮、灾祸纵横的祖国起死回生，当我们实现了党的最高纲领——建立社会主义社会和共产主义社会的时候，还有什么人间奇迹不能被我们创造出来呢？

1954年，我从复旦大学毕业进入中国科学院经济研究所从事研究工作。刚参加工作不久，就赶上了学习和贯彻过渡时期总路线以及实现农业、手工业和资本主义工商业改造的"社会主义高潮"。在敲锣打鼓进入社会主义社会欢欣鼓舞之后，迎来的却不是苏联政治经济学教科书描画的光昌流丽的图景，而是经济增长疲软、服务质量普遍下降的乱象。加之1956年2月的苏共二十大揭露的事实，打破了我们对斯大林神话般的迷信。在经济研究所担任高级顾问的苏联财政专家毕尔曼（Aleksandr M. Birman）也向我们证实，苏联的经济管理体制存在严重缺失。当听到毛泽东《论十大关系》讲话集中批评苏联体制下权力和利益过分集中的弊病的党内传达时，我衷心地认为，他以自己敏锐的眼光洞察了事情的底蕴，也指出了改正的方向。根据《论十大关系》讲话精神，国务院在 1956 年 5—8 月召开"全国体制会议"并制定了《国务院关于改进国家行政体制的决议（草案）》，这个决议（草案）在 10 月获得中共中央政治局的批准，由此开始了中国的第一次经济体制改革。

1956 年，我满怀热情地参加了经济管理体制改革的调研工作。我奉派参加对机械工业、轻工业、纺织工业和冶金工业企业的调查和对财税体制改革方案的研讨，从此开始了对中国社会主义经济体制问题的研究。

从 1956 年到 1976 年"文化大革命"结束，我国的经济体制是在两种对立的指导思想的支配下演进的：一种是在保持苏联式的计划经济的基本框架和国有经济的主体地位的前提下，扩大地方政府和生产单位的自主权，加强"对价值规律的自觉运用"，以便为命令经济注入某些活力；另一种是不断进行"经济战线、政治战线和思想战线上的社会主义革命"，加强政府对国民经济的管控，以便动员群众去实现国家的目标。这两种思路交替使用，而我自己则在两种思路之间摇摆。

在 1956 年从苏联模式"解冻"和重新思考中国国家工业化道路的浪潮中，我曾经热衷于按照第一种思路设想一种能够让价值规律发挥更大作用的社会主义经济管理体制。

20 世纪 50 年代中后期，反右派运动和批判修正主义的浪潮使经济研究所的研究工作不能继续下去了。加上我父母双双被打成右派，我自己被定成"中右"，我只有怀着力求涤除"资产阶级知识分子"和"民主革命派""原罪"的心情，努力去跟上愈来愈"左"的时代潮流。在这样的背景下，我在1960—1964年期间写了好几篇所谓"符合社会主义政治方向"的论文，其实只不过是用寻章摘句、注经解经的方法来为"最高指示"作多少带有"理论色彩"的说明。

1966—1976年的"文化大革命"彻底中断了经济研究所的工作。然而，我在晦暗时期的干校"牛棚"中，竟与顾准这位比我有更长的"革命"经历，也比我更早地对"左"的路线的实质有深刻认识的思想家结成了忘年之交，这使我获得了一个特别的思考的机会。我们冷眼观察当时的疯狂表演，以世界历史的发展为背景，对近代中国人走过的道路，特别是新中国成立20年的经历进行了认真的思索。通过这种反思，我对"四人帮"宣扬的"无产阶级专政下继续革命"理论的社会实质和政治经济后果有了更深一层的认识：若沿着他们鼓吹的路子走下去，势必走上"封建社会主义"之类的邪路。

在1977—1978年间我参加了经济学界批判"四人帮"的活动，在于光远等师长的教导和帮助下，我开始在批判极左路线的基础上对所有制关系、商品生产与商品交换、企业经营机制、知识分子的地位与作用等问题上做进一步的探索，寻求改善我国经济体制的道路。

1978年年底召开的十一届三中全会做出了把全党工作重点转移到社会主义现代化建设上来、实行改革开放的历史性决策。但是，由于多年闭关锁国和文化禁锢，1978—1980年间关于经济体制和经济政策的讨论，以今日的眼光看，无异是在黑暗中摸索，这就使得这些研究缺乏系统性，也没有形成整体性的分析框架。直到1980年年初和 1981 年春波兰市场社会主义学派的传人布鲁斯（Wlodzimierz Brus）和捷克斯洛伐克 1968 年经济改革的主要领导人锡克（Ota Sik）先后来华讲学，我才意识到，我们从苏联人那里习得的"社会主义政治经济学"，从理论范式到具体结论都存在很大的毛病，需要按照马克思主义"实事求是"的根本原则进行更新。

布鲁斯和锡克的讲学不但大大增进了我对波兰和捷克斯洛伐克这两个东欧改革先行国家理论创新和改革进程的了解，而且获得了更具普遍意义的两个重要启发：

第一，他们两位的讲学阐明了这样一个道理，即任何一种经济体制都是由一系列互相联系的经济关系组成的整体，每种体制都有自己逻辑一贯的运行规则。既然经济体制改革是由一种经济系统到另一种经济系统的跃迁，那么零敲碎打的改革不但不利于实现这种变革，还会引起经济运行的混乱。这也促使我把研究重点转向不同经济体制的比较和不同发展战略的比较。除了对苏联、东欧社会主义国家经济发展史的研究，我在这个时期还深入研究过日本、联邦德国和"亚洲四小龙"二战后的体制变迁和经济发展历程。

第二，他们两位在讲学中不但娴熟地运用马克思主义的理论工具，而且运用了不少现代经济学的新的分析手段，使长期闭塞的国内经济学家耳目一新。这也使我产生了出国访学的愿望。

对于我来说，更加具有基础性质的学术思想提升发生在 20 世纪 80 年代中期，1983—1984 年我到美国耶鲁大学做了三个学期的客座研究员。在耶鲁，我一边在社会政策研究所（ISPS）做"比较经济体制"研究，一边从"经济学 101"的经济学原理课程学起，对现代经济学进行系统性的补课。通过重新学习经济学，我品尝到了运用现代经济学的分析工具解答经济问题的愉悦。尤其重要的是，通过这一学习，我对市场经济的运作规律有了较之前清晰得多的认识。在这以前，我虽然和大多数赞同市场取向改革的同行一样，认同亚当·斯密（Adam Smith）用隐喻方式表达的一个观念，即在市场经济中有一只"看不见的手"能够引导只考虑自身利益的商品生产者去追求并不是出自本心的增进社会财富的目标，但是我们对于这只手的实际内容和运行机制却又不甚了了。这就使我们很容易接受所谓"市场社会主义"的改革主张，也就是在保持计划经济基本框架的前提下，扩大企业自主权，同时有条件地发挥政府管控下的市场（regulated market）对企业决策的影响。而由于这种认知缺失在当时的经济学界具有相当的普遍性，这对我国经济科学的发展和社会经济改革的实际进程都造成了很大的消极影响。就我个人而言，通过微观经济学的学习，我认识到市场决定价格是市场在资源配置中起主导作用的关键。在自由竞争的市场经济中，由供求关系决定的价格反映了各种资源的相对稀缺程度，因而基于市场价格的交换活动能够引导资源流向效益最高的地方，从而实现资源的有效配置，趋向于新古典经济学所说的"帕累托最优"状态。在理论认识提高之后，我对现实问题提出的意见也就有了更扎实一些的基础。

1984 年年底，在参加中共十二届三中全会前期理论准备工作和中央财经小组为上海制定发展战略的调研工作所取得的成绩的鼓舞下，我加入国务院经济研究中心（现国务院发展研究中心的前身之一），从此开始了令人兴奋而紧张的政府咨询工作。在 20 世纪 80 年代到 90 年代初，我的工作主要集中在分析经济和社会发展形势，研究经济改革的目标模式、战略选择和方案设计等方面。其间，我参加了 1986 年国务院领导提出的"价、税、财配套改革"的方案设计工作，并担任"方案办"的领导成员。在"方案办"的领导班子中，我与思路相近的周小川、楼继伟等成为与"企业改革主线论"主张不同的"整体改革论"的主要代表。

90 年代初期,我和一批有志于继续推进市场化改革的经济学家一起,系统总结了前期改革的经验,深入地研究了与进一步改革有关的理论和实际问题。我们课题组的研究成果为 1992 年中共十四大确定市场经济的改革目标和 1993 年中共十四届三中全会通过《中共中央关于建立社会主义市场经济体制若干问题的决定》制定全面改革的方案提供了经济学的支持。我在 80 年代中期比较明确地提出了中国的经济体制改革必须走出"一放就乱、一收就死"的怪圈,走市场经济的改革之路的思想。这些思想充分体现在这一时期的研究工作和改革方案设计之中。

与此同时,我的思想主张时常受到来自两方面的反对:一方面是反对市场经济的人们,他们坚持认为,计划经济才是中国走向富强的必经之路;另一方面是改革阵营的某些朋友,他们对我的责难是"理想主义""急于求成"等。在"文化大革命"后期对过去的经历进行反思的时候,我就下定决心吸取自己以前由于"唯上""唯书"竟至违背科学良知的教训。如果发现自己的认识是错误的,自然要从善如流,知错即改;如果还没有证明自己的认识是错误的,也不因"上"面讲过或"书"上讲过或者某种流行观点的压力而轻易改变。

1992 年邓小平南方谈话之后,中国进入了一个新的改革时期。当时大部分生产资料价格已经在宏观经济紧缩的条件下自然而然地放开的情况下,营造市场经济的微观基础、增强市场微观主体就成为改革工作的重点,需要研究的新问题层出不穷。我开始更加深入地研究国有企业的公司化改革、现代金融体系和资本市场的建设、新型社会保障体系的建立、中小企业及高新技术产业的发展等问题。

1997 年爆发的亚洲金融危机也波及中国。如何为国企解困，特别是如何保障数千万国企下岗职工的基本生活，成为亟待解决的问题。当时一种占主导地位的意见是，采取扩张性的宏观经济政策，"用急药、用猛药"，靠财政金融当局大量"放水"拉动经济增长。我认为这种凯恩斯主义式的政策只是一种短期有效的救急措施，发挥民间创业的积极性才是长久之计。事实上，我从 90 年代初期起，就注意到了东南沿海地区的浙江等地兴起的民营中小企业的发展对地方经济繁荣起到了非常重要的作用。问题在于：一方面，这些地区民营经济在国民经济中发挥着越来越大的作用，有望成为经济增长的引擎、国有企业下岗职工再就业的主要途径乃至解决"三农"问题的钥匙；另一方面，民营经济的成长环境和自身的经营又亟待改善。政府大力为民营经济的发展创造有利的环境，才是解决问题的正途。我为制定和实施"扶持民营企业发展的大战略"奔走鼓呼并在 90 年代后期取得一定的成效，为克服经济困难添加了一份不小的助力。[①]

由于市场化改革一度推进缓慢和法治不兴，某些有权力背景的人得以利用物资分配和价格决定的"双轨制"，用市场价格倒卖他们用低价获得的商品，攫取骇人听闻的巨额财富。面对愈演愈烈的"官倒"横行的腐败现象，由我和赵人伟、荣敬本两位研究员主持的《社会经济体制比较》杂志引进了"寻租"这个新的政治经济学概念，发动了一场以剖析腐败现象的制度根源、动员社会力量剔除

---

① 吴敬琏（1998）：《对经济形势的估量和放手发展中小企业的对策建议》，载《吴敬琏改革文选：探索与反思（上卷）》，香港：香港城市大学出版社，2021 年，第 488—494 页。

腐败行为体制基础的大讨论。对于"寻租"问题的深入研究使我的思想超出了经济问题的范围。在1998年10月与经济学家汪丁丁的对话中，我提出要避免权贵资本主义的发展，"从经济的角度讲，就是要发展独立的民间经济和民间力量；从政治方面讲，就是要确立游戏规则，实行法治"。接着，受到钱颖一教授2000年1月《市场与法治》讲演的启发，我们正式提出"建设法治的市场经济"的纲领性口号。2001年我受邀参加中共中央组织的知名学者北戴河休假，与同样受邀参加这次活动的法学泰斗江平教授一见如故，由于都怀着经济学家和法学家联手共同推进现代国家建设的愿景，我们作为联席主席成立了上海法律与经济研究所（后来迁到北京并改名为洪范法律与经济研究所），与众多学者共同努力为建设法治中国作出自己的贡献。

我除了在国务院发展研究中心从事咨询研究工作，也涉足其他的领域。比如，我在国家信息化专家委员会担任副主任，并积极参加了上海市委为半导体攻关战役做准备的调研工作。还在中国社会科学院研究生院、北京大学经济学院担任博士研究生导师，在中欧国际工商学院（CEIBS）担任终身荣誉教授。21世纪初国有企业公司化改革时期，我还兼任过几家境内外上市公司的独立非执行董事。这些经历给了我更深入地感知资本市场运作和大公司运营的机会，磨炼了我对于经济现象的敏感，使我能够把自己在各个领域的研究连贯打通。

回首改革开放以来的40余年，可以聊以自慰的是，我努力恪守经济学人的职责，坚持我认为利国利民的主张。然而，我还是有许多的遗憾。我这一代人由于被卷入各种各样的政治运动，有一大半的时间都是在各种政治运动中被批来斗去，从而耽误了太多读书做学问的时间。虽然我从事经济学工作有 70 余年,但是真正的学术生涯却是从 1976 年"文化大革命"结束以后才开始的。因此,不敢稍有懈怠。

大约在 3 年前,资深出版人郭银星女士最先提出了将这些学术成果整理出版的动议并做了很多前期准备工作。经过各方努力,特别是在以陈义望先生为首的东方出版中心编辑团队的积极推动下,这项工作得以在今年年初正式启动。这套文集主要收录了本人的著作和文章,著作独立成卷,文章按照写作时间顺序编排并分卷。为了保存历史的原貌,除了对文字上的错讹加以改正,都尽量按原著刊出。

需要说明的是,中国的改革开放成绩斐然,但也并非一路凯歌行进,有时遭遇风霜雨雪,有时曲折迂回。哪怕在今天,基本的方向应该是明确的,但我们仍然会碰到许多疑难的问题,这些疑难问题的解决,一方面要学习新的东西,用新的技术、武器去解答这些问题;另一方面,就是总结过去的经验和教训,从中找到力量往前走。我作为一名在这一特定历史时期工作的学者,便不可避免地要在激烈的理论争论和各种利益冲突中艰难前行。我的思想在这 40 多年中有许多发展变化,在从旧时形成的种种观念出发逐步趋近符合于实际的认识的过程中,旧思想的影响是逐步消除的,前后的提法和论述也常常有所不同。有些时候确实是走了弯路,但也引发了我的重新思考。我们这一代人经历过的历史正在逐渐远去,但是那些历史波动和曲折所提供的经验教训还是可能为勠力同心建设美好中国和世界的人们提供参考的。

吴敬琏

2024 年 7 月

初版序

薛暮桥

　　《论竞争性市场体制》，是吴敬琏同志与一位青年学者以对话的形式写成的一本新著。由于我目前精力不济，要仔细读完这本书已不可能了，但我与敬琏同志长时期共事，经常在一起研讨问题，对他的观点是了解的，在许多问题上有相同的看法，因此，我完全相信，这本书的出版也会像敬琏同志的其他著作一样，对我国的经济理论研究和经济体制改革发挥促进的作用。

　　敬琏同志是一位在理论上卓有建树的经济学家，尤其是近十多年里，他对社会主义经济体制改革的理论、战略和政策等方面，发表了许多独到的并被实践验证了是正确的见解。在改革的时代潮流中，他的学识和才华得到了较好的发挥。

　　我是于20世纪50年代与敬琏同志相识的，但到相互比较熟悉，经常一起探讨问题，切磋文章，则是80年代以来的事情。

　　50年代敬琏同志还是一位刚刚跨出大学校门的青年学生，曾经参加过我与于光远同志共同召集的一次理论讨论会，在我的领导下工作过一段不长的时间。他是孙冶方同志的学生，有比较深厚的理论功底和独立思考问题的能力。不过，在当时历史条件下那种受"左"倾思想束缚的研究中，一般来说经济学工作者是很难有所作为的。

在党的十一届三中全会以后，敬琏同志和中国大多数经济学家一样，冲破"左"倾思想的束缚，极大地解放了思想，并初步显示了作为一个经济学家的社会作用。80年代初，我国经济理论界的讨论，主要集中在社会主义经济是否具有商品经济属性的问题上。当时，提出社会主义经济具有商品经济属性的观点，是要冒政治风险的。那时，我国的社会主义政治经济学在很大程度上受了苏联教科书的影响，一般认为在社会主义经济中不存在市场调节，更不是商品经济。所以有些经济学家指出，"社会主义不同于资本主义，就在于以计划代替市场"。这种将计划和市场当作区分社会主义和资本主义标准的思想方法，在当时要改变过来是十分艰难的。为了冲破"左"倾思想的束缚，我国的经济学家作了不懈的努力。敬琏同志在这一场关系到我国经济体制改革的理论基础和实践方向的讨论中，作出了一个经济学家应有的贡献。

1984年夏，敬琏同志从国外研修回国，即被调到原国务院经济研究中心（后与国务院的另外两个研究中心合并为现在的发展研究中心）。此后我们在一起工作的机会多了，也相知更深了。在这一时期里，他经常和我在一起讨论，还陪我去调查、会见外宾。在相当多的问题上，我们具有共同的观点。

社会主义经济是在生产资料公有制基础上的有计划的商品经济。过去我们从苏联学来在产品经济基础上的高度集中的计划管理体制，几乎所有的产品都按计划生产、按计划分配、按照计划价格互相交换，只有计划管理而无市场调节。那时虽然也承认还有商品，但认为生产资料等不是商品，仅仅保持着商品的外壳（计价等），而必须由国家来制订计划价格，不能有由价值规律决定的市场价格，结果所有社会主义国家几乎所有的产品都明显地背离价值，即使名义上是"自觉运用价值规律",实际上也是抛弃价值规律,因而难免要受到客观经济规律的惩罚。

十一届三中全会以来,党中央提出要解放思想,一切从实际出发,任何经济制度的取舍都要看它是否有利于生产力的发展,是否有利于人民生活的改善,为改革扫除了思想上的障碍。十二大报告提出社会主义经济除计划经济外,还应当有市场调节,提出计划经济为主,市场调节为辅。十二届三中全会的决定在计划与市场关系上迈进了一步,提出社会主义经济是在生产资料公有制基础上的有计划的商品经济,取消了计划与市场谁主谁辅之分,并明确指出实行计划经济同运用价值规律、发展商品经济,不是互相排斥的,而是统一的,把它们对立起来是错误的。十二届三中全会决定和十三大报告都指出:社会主义商品经济同资本主义商品经济的本质区别,在于所有制基础不同。十三大报告进一步提出我们的任务就是要善于运用计划调节和市场调节这两种形式和手段。社会主义商品经济的发展也离不开市场的发育和完善,利用市场调节绝不等于搞资本主义。计划和市场的作用范围都是覆盖全社会的。这样,就把对计划与市场关系的认识从旧观念中解放出来了。过去人们都把计划经济理解为苏联式的建立在产品经济基础上的计划管理体制,十三大报告则提出:必须把计划工作建立在商品交换和价值规律的基础上。我理解,这就是说要把计划工作从产品经济的基础上转移到商品经济的基础上来。既然是有计划的商品经济,就必然有商品交换,也就必然有市场。商品与市场的关系是鱼和水的关系。现在对于商品经济是不是就是市场经济的问题,理论界还存有各种不同的看法。尽管如此,我国要进一步深化改革,就要发展社会主义商品经济,就要建立社会主义市场体制,让价值规律发挥调节作用,这是毫无疑义的。《论竞争性市场体制》所探索的，正是这个问题。

社会主义的优越性在于企业和劳动人民都成为国家的主人，都能够充分发挥自己的主动性和积极性，可是我们过去的经济管理体制，使得企业只能吃国家的"大锅饭"，劳动者只能吃企业的"大锅饭"，却不能发挥自己的主动性和积极性。这种人工塑造的社会化大生产，不是由有生命力的细胞组成的生动活泼的有机体，而是由没有生命力的砖石堆砌成的不能自我生长的建筑物。现在我们的改革，从根本上讲，就是要打破"大锅饭""铁饭碗"制度，让竞争所引发的活力注入经济生活中来。一方面，我们的改革要有一个较为宽松的环境，用经济手段把宏观经济管理搞好。另一方面，我们应该理顺价格，平整市场，让各企业能够在同一个起跑线上公平竞争，使竞争方法规范化。无论是资本主义还是社会主义，从没听说不靠竞争机制就能使经济繁荣、就能实现现代化的。敬琏同志所著《论竞争性市场体制》的关键含义，我个人认为就在这里。

当然，也正因为这样，敬琏同志的这本新著虽题为《论竞争性市场体制》，其实内容涉及社会主义经济体制的各个方面。不过其中心思想及贯穿全书的主线，还是要建立适应社会主义有计划的商品经济的竞争性市场体制，这表明了他对社会主义经济改革方向的深刻认识。

对于敬琏同志这本书的某些学术观点，肯定会有不同意见，会发生争论。而争论是好事，不是坏事。不要因为害怕争论，而把自己的意见掩盖起来。争论过程本身就是对社会主义经济认识的进一步深化和社会主义经济理论的进一步完善。究竟谁是谁非，可以让实践作结论。我相信实践是检验真理的唯一标准，希望实践能为他的这本学术著作修正错误、充实新的内容。

总之，在学术讨论中，应当鼓励人们独立思考，大胆地提出各自相同的和不同的观点。只有这样，我国的经济科学才能得到繁荣，我国的经济建设和经济改革才能减少失误、避免曲折。我热切地希望有更多的经济学家能够写出更多无愧于我们伟大时代的著作来。

前 言

　　放在读者面前的这本书，还是三年前我国经济学界热烈讨论"中期经济改革"的基本思路和实施方案的时候写成的。当时，国家体改委委托几位有代表性的经济学家牵头组成课题组，分别草拟1988—1995年的"中期改革规划"，工作正进入收尾的阶段。刘吉瑞君被国家体改委借调到北京来，参加预定在1988年6月召开的"中期改革方案讨论会"的准备工作。在北京的几个月里，他常到我这里来，讨论同这个方案有关的种种理论和实际问题。这样的谈话进行了一二十次。本书就是根据这些谈话的记录整理而成的。现在斗转星移，讨论的背景和热点都发生了变化。但是翻阅旧稿，觉得书中讨论的主要问题似乎并没有过时，因此仍然值得将它呈献给读者。

　　近两年来，对于一些经济学家主张的经济改革"市场取向论""社会主义市场经济论"等的批评，处于经济论坛的中心位置。这些批判文章的主要观点是：在前几年的改革过程中，出现了一种"过分推崇市场机制的危险倾向"，有人"甚至要求按照市场经济的原则改造社会主义经济"建立"社会主义的市场经济"；而"市场经济就是取消公有制"。因此，当时那种论调的实质，乃是"以资本主义市场经济作为社会主义经济改革的模式""改变社会主义制度，实行资本主义制度"。

本书虽然在不少地方谈到社会主义经济改革必然具有"市场取向"的性质，但往往只是作为存而不论的前提，而没有对它作集中的论述，因为既然经过多年争论之后，多数人达成了社会主义经济应是"建立在公有制基础上的有计划的商品经济"的共识，经济改革要以"市场取向"，乃是不言自明的。但在变化了的情况下，看来就这个问题多说几句话还是必要的。

目前我国理论界关于计划与市场关系问题的讨论还在进行。我个人是同意新近有些报刊上发表的、从经济运行机制的角度分析这一问题的观点的。例如，《解放日报》今年3月2日的一篇署名文章指出："解放思想决不是一劳永逸的。就以计划与市场的关系而言，有些同志总是习惯于把计划经济等同于社会主义，把市场经济等同于资本主义，认为在市场调节背后必然隐藏着资本主义的幽灵。随着改革的进一步深化，越来越多的同志开始懂得：计划和市场只是资源配置的两种手段和形式，而不是划分社会主义与资本主义的标志。资本主义有计划，社会主义有市场。这种科学认识的获得，正是我们在社会主义商品经济问题上又一次重大的思想解放。"① 这里只从改革理论的角度补充几点：

第一，经济体制的基本功能，是通过一定的制度安排和运行规则设定，在社会范围内有效地配置资源，传统社会主义经济体制（党的十二届三中全会决议所说的"僵化模式"）的主要弊病，正在于经常造成资源配置的低效率和误配置。据此，改革的根本任务，乃是以一种能够有效地配置资源的新经济体制取代旧体制。

第二，理论和实践都已证明，为了有效地配置社会资源，在计

---

① 皇甫平：《改革开放要有新思路》，《解放日报》，1991年3月2日。

划指令和市场交换这两种资源配置手段中，应当以市场机制作为基础，也就是说，要通过有宏观管理和计划指导的市场来配置社会资源。在我国，实行这种资源配置方式的经济体制，被称为"社会主义有计划的商品经济"。

第三，无论从词源上说，还是从语义上说，所谓"市场经济"，都无非是从资源配置的角度对"商品经济"（列宁）或"货币经济"（马克思）的另一种称呼，所以，"社会主义有计划的商品经济"也就是"社会主义有调节的市场经济"。

第四，如果考虑到不受任何行政干预的"纯粹市场经济"是从来不存在的，现代市场经济无一例外地与一定方式和一定程度的宏观管理、计划调节（或称"行政指导"）共存，那么，把社会主义有计划的商品经济称为"社会主义市场经济"，也并不会引起"要实行完全的市场经济"的误解。

第五，商品经济或市场经济，是不能同"国家直接经营企业"（党的十二届三中全会《决定》语）的公有制实现形式兼容的（正如斯大林正确地指出的那样，在这种情况下，国营企业生产的生产资料仅仅保持着商品的"外壳"而不再具有商品的属性）。但除了意识形态的成见之外，似乎并没有其他的理由足以使人相信，在不同的公有制实现形式（例如以公有制法人持股为主的股份有限公司）下，商品经济或市场经济也不能与公有制兼容：所以很难认为，"市场取向等于资本主义取向"是一个已经得到科学证明的诊断。

与此相联系的，是对于1989年东欧剧变的原因的分析。在有些同志看来，东欧社会主义政权的丧失，可以溯源于市场取向的经济改革，因为实行市场经济（无论是"自由市场经济"，还是"可调节的市场经济"）、否定计划经济（哪怕否定的只是"中央控制的计划经济"），必然导致经济秩序的混乱和资本主义的复辟。

这种论断是否符合实际？近几个月来我国专家对此作过深入的讨论。有关文献甚多，这里只引述一次高级研讨会的纪要，来看一看"若干有一定理论素养、又对国内外实际情况了解比较深入的专家学者和实际部门的领导干部"是怎样看待这个问题的。这些专家和领导干部对苏联和东欧各国情况作出的总的判断是：由于理论上和实践中的缺陷，这些国家虽然经历了短则几年、长则几十年的"改革"，到 80 年代末，各国的情况仍然是"市场极度不发育，管理体制僵化封闭"。在这种情况下，一些国家"在减少或取消指令性计划指标以后，由于缺少完整的市场机制，企业自主权和宏观间接调控二者都将落空。又正是因为经济工作没有搞好，才导致经济、社会、政治危机交织"。另一些国家在"完善计划"上下功夫，但是，正因为这些国家的市场极度不发育，没有市场环境，价值规律无从表现，所谓"计划要尊重价值规律"只不过是一句口号，"计划没有起到优化资源配置的效果，反倒成了僵化经济的桎梏，是导致社会经济政治危机的重要根源之一"。① 我认为，这种分析是实事求是、有理有据的。东欧剧变固然有复杂的外部因素，但不能否认，毛泽东所说"外因是变化的条件，内因是变化的根据，外因通过内因而起作用"②，在这里是适用的。正像列宁所指出的："劳动生产率，归根到底是保证新社会制度胜利的最重要最主要的东西。"③ 离开了资源

---

① 见江春泽、王海军：《计划与市场若干国家实例比较——一次研讨会的成果》，《经济社会体制比较》，1991 年第 2 期。
② 毛泽东（1937）：《矛盾论》，《毛泽东选集》第 1 卷，北京：人民出版社，1951 年，第 277 页。
③ 列宁（1919）：《伟大的创举》，《列宁选集》第四卷，北京：人民出版社，1960 年，第 16 页。

的有效率的配置，侈谈"发挥社会主义制度的优越性"，是完全文不对题的。而离开了竞争性市场体制的建立，要想改善社会主义经济的效率状况，则无异于缘木求鱼。

本书所记录的对谈，是环绕着如何建立适应于社会主义有计划的商品经济的竞争性市场体制这一主题进行的。它涉及许多复杂的问题。我们现在把自己千虑之一得发表出来，是希望引起有志于振兴中华的经济学者的讨论。由于情况的变化，本书根据两三年前的情况作出的某些论断已经过时，同时从现在的眼光看，书中认识肤浅、需要改善的地方所在多有，这是要请读者鉴谅的。

吴敬琏

1991 年 5 月 31 日

目　录

第一讲　除了改革，我们别无选择

刘吉瑞：目前全国人民最为关注、经济学界正在着力研究的问题，
是如何尽快结束双重体制对峙的混乱状态，避免某些东欧
国家已经陷入的"滞胀"困境。为了从深化改革中寻求出
路，政府有关部门正在组织经济体制改革中期规划的研究
设计。我这次到北京来，除了完成工作任务外，想通过一
些渠道，尽可能地了解各派经济学家对现阶段体制改革的
看法。这比一个人闭门读书显然要强得多。听说您和一些
同您观点相近的经济学家，也就是我在 1987 年的一篇文章
《可供选择的改革思路——从吴敬琏〈经济改革问题探索〉
谈起》①中所说的"协调改革派"，提出了下阶段全面推进经
济体制改革的方案设想。吴老师，您能否抽时间比较详细
地阐述一下"协调改革派"关于目前体制改革的基本理论
和改革主张？

吴敬琏：这的确是一个很有意义的问题。我从大学毕业进入经济研
究所工作后不久，就参加了 1956 年的全国经济管理体制调
查和 1957 年财政、税收体制改革方案的讨论。当时对许多

---

① 见《读书》1987 年第 9 期。

问题都是不清楚的。党的十一届三中全会以后重新进行经济改革，我的认识也随着实践的深入而逐步提高。特别是从 80 年代初开始，我对各国经济体制和社会主义各国的经济改革进行了比较研究，力求在新的基础上参加关于体制改革的讨论。1984 年从美国研修回来后，一直在参加中央有关部门组织的体制改革方案的研究设计和北京经济学界关于改革和发展的各种讨论，对于许多基本问题还在探索之中。

体制改革牵涉到许多最基本的理论和政策问题，所以说来话长，为了设计好改革的方案，不仅需要分析中国的历史和现状，总结我们历次改革的经验，而且需要澄清一些基本的理论问题。在这些基本理论的指导下，把长期困扰我们的问题——剖析清楚。只有在这样的基础上，才能设计出可行的方案。

刘吉瑞：匈牙利经济学家科尔奈（János Kornai，1928—2021）说过，体制改革是一种改造客观世界的实践活动。但要改造世界，先要认识世界。把中国的国情认识清楚了，把体制改革的目标、策略搞清楚了，对体制改革的实践将是极大的推动。如果把我国的改革放到更广阔的背景，即世界经济的格局中来考察，一些问题可能会看得更透。前段时间，有的报刊展开了所谓"球籍"问题的讨论。最初的一篇文章根据世界银行 1987 年发展报告的数据，指出我国在世界经济中处于十分不利的地位，同发达国家和新兴工业化国家及地区的差距仍在继续扩大，发出了如不努力向前，仍有被"开除球籍"的可能的警告。我也写了篇文章，主要是从我国在人均 GNP（国民生产总值）方面追赶西方发达国家的动态过程来讲的。1980 年西方发达国家人均 GNP 大约 1 万美元。我国的人均 GNP，如果按照官方汇率，则为 300 美元。前者大约为后者的 30 倍。根据世界银行估计，即使剔除汇率可能导致的扭曲和偏差，西方发达国家与中国在人均实际收入方面的差距，至少也有 10 倍。以此为基础，假定从 1980 年起发达国家人均 GNP 每年增长 2%，我国每年增长 5%，我们需要 121 年才能赶上发达国家。按经过校正后的实际收入，也需要 79 年。如果弄得不好，发达国家每年增长 3%，我国每年增长 4%，按官方汇率则需 363 年才能赶上发达国家，按校正后的实际收入，也需要 238 年才能赶上。总之，无论从横截面还是动态过程看，我国现代化的任务都十分艰巨，面临着被发达国家和新兴工业化国家和地区甩得越来越远的严峻挑战。

吴敬琏： 确实如此。改革的必要性是从我国作为一个发展中的社会主义国家在目前这个迅速发展变化的世界上的实际地位产生的。对于改革的紧迫感则是与一种忧患意识相联系的。元代和明代的中国，经济发展在世界上还处于前列。清初也如此。但后来，欧洲国家相继走上了现代化道路，而中国越来越落后。用梁启超的话来说，经过甲午战争割地赔款，沉睡了 4000 年的中国人才惊醒过来。从那时以来，中国的仁人志士都希望国家富强。但是从那时到现在又过了将近 100 年，一批批国家超过了我们，而我们则丢失了一次又一次的机会。当然在解放前，腐朽的政治制度使现代化步履蹒跚。发展经济学家所说的经济"起飞"或现代化

"大冲刺"（great spurt），需要一定的经济和政治制度方面的前提。这些前提在当时的中国是不存在的。解放后，我们建立了新的社会制度，应该能比较顺利地前进了。30多年来我国取得的成就的确很大，但离理想还很远。第二次世界大战后的40多年来，有一大批国家和地区进入了中等收入国家和地区的行列，向高收入国家和地区迈进。我们的相对差距却越拉越大。那么，问题出在什么地方呢？在早一些时候，如50年代中期，人们认为，可能在一些具体政策上出了差错，或者是由于群众的积极性还不够高造成的，可以通过某些枝节的改变或在原有基础上的政策调整，调动起人们的积极性，改变面貌。但事实越来越使我们懂得，根本的问题还是出在体制上，即原有的经济体制不能按现代化的要求有效地动员、配置和运用国内外的资源。

刘吉瑞：现代化过程肇始于英国，后来形成了一个一个梯队追赶的局面。如果把英国作为现代化的先行者即第一梯队，那么法国、德国以及英国的海外后裔美国、澳大利亚等就是第二梯队，俄国（苏联）、日本则构成第三梯队，战后的新兴工业化经济体（NIEs）是第四梯队。根据目前的态势看，泰国、马来西亚等也有赶上去的可能。

吴敬琏：根据不少专家预测，从目前到1990年，世界经济可能要进入相对低速增长的时期，同时也是一个调整时期，酝酿着新的技术革命。到90年代的某一个时期，世界经济就会出现又一个高速增长时期。如果在整个90年代，我国还不能建立新体制的基本框架，那么这一班车又有错过的可能。

刘吉瑞：不论在国内还是国外，都有人说过这样的话，即21世纪是太平洋时代，是中国的世纪。就个人的愿望而言，我衷心希望这一预言成为现实。但根据上面的分析，21 世纪是否属于中国，取决于我们在 20 世纪最后十几年的努力。

吴敬琏：前事不忘，后事之师。拿我们这一代人来说，就已经错过了好几次机会。例如 50 年代后期出现了电子技术的冲击。我国电子工业的水平在 60 年代初起步时，与日本相差不远，但到 60 年代后期，就已落后于日本，现在的差距已十分巨大。跟后起的新兴的工业化国家和地区的差距也在拉大。例如，南朝鲜①电子工业起步比我们晚得多。1987 年他们已经能批量生产 1 兆位的超大规模的集成电路随机存储器，试制出了 4 兆位的。但是我们还处于试制 64K 存储器的阶段。泰国电子产品的出口也比我们多。如果我们现在不做好准备，下一班车再错过，我们在世界经济中的位次将继续往后拉，就真的要出现"球籍"问题了。

刘吉瑞：只要我们抓住时机，中华民族还是有希望的。当前我国政府对中国在世界经济中的地位有比较清醒的认识，体制改革的决心也比较大。改革的成功为搭上班车提供了条件。而且后起国家一旦进入超常规增长阶段，其增长速度之高，持续时间之长，就不完全是单纯的算术计算能够预测的了。

吴敬琏：世界经济史上不乏这种先例。第二次世界大战后的"亚洲四小龙"短短二三十年就改变了面貌。都是"华人社会"，人家能做到的，我们也完全能够做到。

刘吉瑞：应该说，中国受到现代化先行国的挑战并对这种挑战作出

①　1992 年后称韩国。为保留著作原貌，再版时对类似历史称谓均不作改动。

反应，从时间上不晚于日本和俄国。中国在鸦片战争战败后被迫对外开放是在 1842 年，日本在美国的坚船利炮的威胁下被迫开放是在 1853 年，俄国开始现代工业发展则是在 1861 年左右。日本、俄国也是非西欧社会，同我国有很多相似之处，为什么俄国（苏联）、日本经过大约 100 年的努力就能赶上西方工业国，而我国却不能？

吴敬琏： 我们可以根据前人的论述，一条一条地来探讨。首先，人们看到，一个国家能否进入现代化的行列，在于是否存在一个志在使国家富强的强有力的政府……

刘吉瑞： 这一条在中国似乎并不缺乏。历史教科书告诉我们，从秦始皇开始，中国就确立了强有力的中央政权。

吴敬琏： 实际上进入近代以来，中国的中央政府对全国的控制力是很差的。在古代中国，自给自足的小农经济占支配地位，需要由政府统筹安排的事情并不多，中央政府对整个经济的发展也不可能起多大的作用。在停滞的封建社会里，一切都按照因袭的常规办理。正如人们所说，中国封建中央集权统治实际上是"胥吏专政"。"胥吏"就是官府中办理文书的小官。进入近代以后，1851 年开始的太平天国运动动摇了清政府的统治基础。在镇压太平军过程中形成的地方势力，又造成后来军阀割据、尾大不掉的格局，演变为辛亥革命以后的连年军阀混战，如此等等。同俄、日开始现代经济增长时相比，旧中国中央政府不仅缺乏现代意识，而且对地方的控制能力较弱。只是在中华人民共和国建立以后，情况才有了改变。

刘吉瑞： 新中国成立以后经济情况虽然有了很大进步，但同一些先进的国家和地区相比，终究还是略逊一筹。这又是为什么呢？

吴敬琏： 这就同传统的社会主义经济体制的缺陷有关了。中华人民共和国成立以后，模仿和参照苏联的做法，在第一个五年计划期间建立了一个相当集中的体制。苏联正是利用这套体制实现了工业化，达到了中等收入水平国家中的高档水平。在勃列日涅夫（Leonid Ilyich Brezhnev，1906—1982）时代，人们甚至认为它跨入了高收入国家的行列，属于高收入国家中的低档国家。但是中国并没有利用这套体制完成工业化。直到粉碎"四人帮"时，在传统农业中就业的劳动力数量仍然占优势。我想问题在于中国和俄国（苏联）的条件不一样。

刘吉瑞： 日本和俄国共同的地方是，工业化最初都是由政府发动的，并且在整个过程中政府始终处于强有力的领导地位。发展经济学认为，同先行国家相比，一个国家越落后，这个国家的政府干预的必要性越明显，政府对现代经济增长的发动和促进作用越大。因而我们可以认为，政府干预对日、俄的现代化起了积极的作用。但这里也有另一个问题：由于日本比俄国（苏联）还多了个市场，经济结果就大不一样……

吴敬琏： 这正是我要讲的第二点，也许是更加重要的一点：一个国家能否进入现代化的行列，更要看它是否建立了一个能够有效分配和利用资源的经济体制。我们知道，大多数经济问题都可以归结为稀缺资源的配置问题。因此，根据新古典经济学的传统说法，经济学就是研究资源有效配置的学问。而有效配置资源，正是经济体制的基本功能。

从日本和俄国（包括苏联）都存在强有力的政府这一点说，

它们的发展模式有共同点。但在俄国，不论帝俄时期还是苏维埃国家建立以后，政府干预都表现出抑制商品经济发展的倾向，日本却把国家强有力的干预建立在商品经济的运作之上，或者说，同市场力量巧妙地结合起来，政府不是代替和压制市场，而是帮助和扶持市场，使有形的手和无形的手共同推动经济增长，从而导致两国现代化的进程和结果的差别，这越到后来越明显，第二次世界大战以后，两国的差距就越拉越大了。二战对日本的破坏相当厉害，但日本恢复和发展得很快。苏联的发展则越来越缓慢，到20世纪七八十年代，它的经济体制就到了非改不可的地步。那么，为什么苏联靠行政控制体制还是初步实现了现代化，在50年代以前做到了同日本并驾齐驱，而我们在现代化的初级阶段就遇到了困难呢？在我看来，这是因为俄国具有一个特殊条件，即国土辽阔、资源丰富。传统体制的一个基本特点是长于动员资源，而不能集约地利用资源。而苏联由于具有国土辽阔、资源丰富的条件，粗放型发展格局的缺陷被弥补和掩盖了。日本缺乏资源，发展主要依靠市场经济与一定程度的行政干预相结合的体制下的集约发展格局。苏联在60年代以后需要进入集约发展时，命令经济的缺陷就日益显露。我们必须正视行政控制体制的缺陷，正面吸取苏联的教训。可是我们有些同志却看不到我们同苏联在自然资源禀赋上的巨大差别，认为只有发展到了中等收入水平，经济进入集约增长时期以后，体制才需要改革。这样的认识不免失之片面。

刘吉瑞：他们是否认为，中国目前还未到达集约发展的时期，因而与粗放发展还多少能够适应的命令经济体制目前还不需要进行大的改变，或者，中国目前还不到改革的时期；你要改革，他们就说，苏联过去没改革，不是也实现了初步现代化吗？

吴敬琏：是的。他们认为现在还可以利用行政控制的命令经济体制，等初步现代化实现以后再改革。照我看来，这实际上是做不到的。因为一个国家的发展方式必须与它的发展条件，首先是资源的状况相适应。中国的资源条件决定了它的现代化不能走粗放发展的道路。正如美国比较现代化专家布莱克（Cyril E. Black）等在《日本和俄国的现代化：一份进行比较的研究报告》一书中指出的，俄国现代化过程同日本相比，最突出的一点就是它采用了粗放利用资源的形式。由于俄国资源丰富，这种粗放发展的体制能使其初步实现现代化。只是在初步实现现代化以后，旧体制的弊端才以十分尖锐的形式暴露出来。[①]而中国是一个自然资源的人均占有水平很低、国民财富积累的"底子"很薄的国家，对这样一个国家来说，如果我们试图依靠一个只适应于粗放发展的体制（如苏联型的命令经济体制）来实现现代化，那就无异于空想。粗放式的高速增长是我们相对贫瘠的资源所无法支撑的。

刘吉瑞：这就是说，"地大物博"除以10多亿人口，就显得地不大物不博了。拿耕地来说，中国目前的人均耕地大约为1.4

---

① 西里尔·E. 布莱克等（1975）：《日本和俄国的现代化：一份进行比较的研究报告》，周师铭等译，北京：商务印书馆，1984年，第312—313页。

亩，并且还在减少。苏联的人均耕地却达 13 亩。在苏联的条件下，集体农庄的粗放经营或许还能继续一段时间。但我国的人均耕地占有状况，迫使我们提前进行农业改革，进行集约经营。其他资源的状况大致也与此相似。因此，即使为摆脱所谓"马尔萨斯陷阱"（Malthusian Trap）的阴影，也要求中国在开始初步工业化的时候，就建立一种有效利用资源、集约发展的体制。

吴敬琏：命令经济体制恰恰不能满足这样的要求。我们过去几度出现过"起飞"或高速增长的迹象，但很快就掉了下来，原因就在于原有体制下的增长是以高投入为前提的，而持续的高投入则受到资源条件的制约。

刘吉瑞：由此可以说明解放后经济增长忽上忽下、几经反复的原因。根据您上面的分析，是否可以认为，中国历史学界关于中央高度集权的政府严重阻碍资本主义发展的观点只适用于 1840 年以前的明清社会。就近代而言，在中国出现了这样的情况：当西方列强向东方这个"天朝古国"施加压力，进行挑战并从事各种侵略活动时，客观上需要有一个强有力的中央政府组织民众对此作出反应，或者通过创造性地学习，或者通过内部的变革，使社会走上现代化的轨道。但恰恰在需要强化中央政府消除割据和推行市场化的权力的时候，中央政权却腐朽衰微了。而这个衰微了的中央行政权力，在压制自由企业的成长上，却又表现得游刃有余。这也许正是近代中国出现各种悲剧的一个重要原因。其次，解放后，中央政府开始变得坚强有力，现代意识也大为增强，但建立的体制却是排斥市场的粗放型分配和利用资源的体制。而经验证明，这一体制又不可能使中国实现现代化。

吴敬琏：这种情况，在清政府倚重地方封建势力镇压太平天国，造成中国数十年军阀割据和混战的历史事实中看得十分清楚。鸦片战争后，有识之士普遍认识到，为了"自强求富""师夷之长技以制夷"，需要兴办实业。但在当时，清政府的中央权力和八旗武装已经式微。为了镇压太平天国及其他农民起义，清王朝只能依靠地方团练（后来演化为湘军、淮军）；为此，1853 年由江苏开始，在交通要道设立关卡，征收名目繁多、税率不一、重复征收的"厘金"，作为主要的财政来源。这一套制度为祸数十年，成为统一的国内市场难于形成、民族工商业难于发展的重要原因。

刘吉瑞：政府有效干预的再一个方面是资金积累。直到解放前，历史上没有一个政府能有效地把社会剩余资金动员征集起来用于扩大再生产。在国民党政权时期，即使在经济发展较好的 20 世纪 30 年代上半期，资金积累占国民收入使用总额的比率也没有超过 6% 的。中华人民共和国成立后，中央政府能把积累率从这样低的水平迅速提高到使现代工业的基础得以建立的水平，无疑是一个历史性的进步。

吴敬琏：但由于传统体制抑制了商品经济的发展和生产单位的积极性，积累起来的资金的使用效果极低。我国的增量资本产出率（Incremental Capital-Output Ratio, ICOR）同其他国家相比，要高出 30%—100%，也就是说，每增加 1 元国民收入，要投入比其他国家多得多的资金。在这种情况下，投入多，效果不佳，再加上资源稀缺，我们就很难长时期地支持高速度的增长。

刘吉瑞： 各国现代化过程的共同点在于：必须建立一个有效分配和利用资源的机制，从而使社会经济活动符合马克斯·韦伯（Max Weber，1864—1920）所说的合理性原则。实行经济合理性的最基本机制就是市场机制和政府的干预相结合。首先，是否存在较为发达的市场体系是传统社会与现代经济的一个分界线；没有市场机制，很难实行从传统的习俗经济或指令经济向现代经济的转变。但从整个社会协调的角度看，政府干预事实上也是必不可少的。因此，先行国家与后起国家共同的地方是经济发展都离不开市场，不同的是在政府与市场的结合方式上，后起国家现代化过程中政府的作用相对大些。

吴敬琏： 需要注意的是：后起国家现代化过程中政府的介入，不仅是由于需要用适当的政策来弥补市场失灵，而且是由于市场的发育形成离不开政府的扶持和法治环境的形成。

刘吉瑞： 这就是说，后起国家的市场也不是自然发育而成的，需要政府采取措施，加快市场力量的成长和统一市场的形成。

吴敬琏： 战后新兴工业化国家和地区的经验表明，它们之所以能取得较好的发展成就，很重要的一条是利用政府力量加快市场发育。从老牌工业化国家的发展历程中，也可找到类似的证据。政府在市场形成中既可起到阻碍作用，也可起到促进作用。譬如，英国和法国的差别就很大。英国从资产阶级革命后，就采取了自由贸易政策，因此国内的统一市场很快就形成，并且在政府的推动下，迅速扩大了国际贸易。而在法国，虽然在重商主义时代，政府也采取推动国际贸易的政策，但在国内采取了一些不利于统一市场形成的做法。结果行政权力占支配地位的状况终波旁王朝之世而未能有大的改变，从而使法国国内市场的形成以及产业革命的起步比英国晚了几十年到一百年。

刘吉瑞：具有现代意识的政府与市场制度结合，是后起国家抓住发展机会，加入赶超梯队的必要条件。从历史的经验看，中国由于没有这套体制，失去的机会实在太多了。洋务运动、戊戌变法、辛亥革命等，都未能使中国富强起来，关键在于没有建立起能够推进现代化的体制。在中国这样一个大国，如果缺乏能促使经济持续增长的机制，光靠少数人的努力是很难改变落后面貌的。1840年以来，因为没有这套体制，多少志士仁人的奋斗都以一事无成告终。

吴敬琏：中华人民共和国成立后，我们是通过多次曲折，才逐渐地认识到上面所说的这些既浅显又深刻的道理的。在中国，为了赶超发达国家，需要对旧体制进行改革的问题，是1956年最先提出来的。当时提出必须加快赶超的直接动因，是认识到落后的危险性，决心赶超发达国家。那时发生过一起美国人利用大气环流施放携带高分辨率、自动定位摄影机的高空气球对我国进行侦察的事件。这一事件使中国领导人产生了一种危机感，在1956年初召开了"知识分子问题会议"和提出"向科学进军"及"赶超世界先进水平"的口号。同时，为了克服当时已受到很多指责的体制的弊病，从下到上全面进行了第一个五年计划时期经验教训的总结。当年5月，召开了"全国体制会议"，原则确定对国家管理体制进行改革。但是，50年代后期的这次改革的尝试没有成功，原有体制笨重不灵的弊端没有根除，几次反复反而导致混乱，同苏联相比，在浪费资源、压抑人的积极性、阻碍技术进步等方面也有很大缺陷。后来的极"左"思潮和十年动乱在一定意义上也是这套体制的产物。1979年改革的思想之所以能够迅速取得优势地位，与其说是由于对中国在当代世界经济格局中的地位和历史方位有了大彻大悟，还不如说是由于国民经济特别是农业濒于崩溃的危机促成的。当时多数人认为农村中的人民公社制度已经到了非改不可的地步。不但中国，不少社会主义国家的改革都是首先从农业起步的，这是因为农民在旧体制下被挖得最苦，农村的衰败到了惊人地步。当然，农业生产发展的潜力较大，并且社会化程度较低，从它起步风险较小、成功的可能性很大等，都使农业成为改革的"突破口"。经过最初几年的改革，农业的发展又要求进而改革城市经济体制。

刘吉瑞： 改革的最初冲动源于旧体制的危机，这在改革的初期是不难理解的。但在突破旧体制，改革深入城市工业乃至整个国民经济体制的阶段以后，各项改革互相衔接、互相配套的要求越来越高。事实上，农业体制改革的领先也只能是暂时的，在城市体制不实行相应变革的情况下，农村也不可能实行真正的商品货币化。

吴敬琏： 农业的改革和发展必然要求加快城市乃至整个国民经济的体制改革，是很明显的事实。农村改革促使商品经济的发展，它要求城市经济和整个国民经济加快商品货币化的步伐。如果农业是商品经济，城市还是产品经济，这两大部门之间的交换就难以进行。如果工农两个部门长期在不同的体制基础上运行，那么整个国民经济的运行状况就会因两大部门间的矛盾冲突而恶化，从而阻碍扩大再生产的持续进行。这样，从农村货币化的发展自然就导出了城市改革的必要性。同时，农业效益的提高和剩余的增加，又为工业的发展和城市改革的起步提供了条件。从世界各国的发展过程看，现代化通常由农业启动，即以农业革命为先导。但如果紧接着不出现工业化浪潮，那么单靠农业剩余是难以支撑国民经济的长期发展的。

刘吉瑞： 这实际上涉及您曾经详细论述过的二元经济现代化的问题。对所有发展中国家来说，一开始都是单纯的农业经济或农业社会。当工业化扩展、波及发展中国家以后，就出现了农业社会向二元经济的转化。经过二元经济时期后，再开始二元经济向现代经济的转换。我们现在的任务是加快二元经济向现代经济的转变。

吴敬琏： 根据我们对中国近代经济史的分析，二元经济现代化的过程在中国表现为这样几个阶段：1840—1920年为传统农业向二元经济转化的阶段；1920—1952年为二元经济时期；1952年开始了二元经济向现代经济的转变。我们在最初的研究中，把二元经济向现代经济的转变看作一个没有段落区分的平滑过程。后来我们先分析了各国的情况，然后回过头来联系我国的实际，我们发现，二元经济向现代经济的转变过程，又大致可以分为常规增长和超常规高速增长两个不同的阶段。也可以通俗地把前一阶段称为"助跑阶段"，后一阶段称为"起飞阶段"。

刘吉瑞： 超常规高速增长阶段在后起国家和地区的发展过程中表现

得比较明显。第二次世界大战后的日本、60 年代后我国的台湾地区和稍晚一些的南朝鲜，增长和发展都具有超常规增长的特点。

吴敬琏：在我看来，我国目前还处于二元经济现代化的常规增长阶段，也就是为下阶段的超常规增长创造条件和做准备的时期。在物质技术基础方面，这种准备工作主要表现为三方面：一是农业基础的奠定；二是基础设施的建设；三是基础工业的初步发展。这三方面的准备工作如何，对以后经济的高速增长意义重大。如日本，1955 年以前在这三方面打下了基础。更重要的准备工作还在于体制方面，就是我们刚才说过的，建立起一个能够有效地配置和利用资源的体制。例如日本战后在进入高速增长以前，通过农地改革、解散财阀，消除了经济体制中的封建性因素，接着通过"道奇计划"（Dodge Plan）方案的实施，实现了统制经济向市场经济的转轨。这样就奠定了高速增长的体制基础。南朝鲜 60 年代初就在建立竞争性市场和政府宏观管理体制两方面做了许多工作，建立起所谓"政府主导型的市场经济"。我国台湾地区 60 年代初期的"十九点财经改革"也是如此。这些工作，对以后的高速增长是具有决定性意义的。由于传统的社会主义经济体制不能有效地配置资源，我们为高速增长而做的准备工作的好坏，在很大程度上取决于改革。也就是说，只有新体制的框架基本建立以后，我们才能说"起飞"的体制方面的条件已经具备了。

刘吉瑞：前一段时间有人说，我国已经进入了高速增长或"起飞"的时期。从上面的分析看，这种观点难以成立。确实如您所说，我国目前尚不具备持续超高速增长的条件，特别是体制条件。如果认为超高速增长时期已经到来，那无异于说在传统体制未得到基本改造或还未走出双重体制阶段以前，就能实现有效率的高速度增长。

吴敬琏：有些同志正是从这一点出发，认为体制改革可以慢慢来。因为既然我们在当前的双重体制下已经进入了高速增长阶段，就没有必要改变这种状况。我以为这种认识是不正确的。在双重体制下，资源不能有效配置，企业和劳动者的积极性也不能充分发挥，因而经济效率低下，投入多，产出少。在低效率的基础上高速增长，其后果必然是通货膨胀的压力越来越大。因为高投入必然表现为需求过旺，而低产出一定会导致供给相对不足，这样，在国民经济整体效率不高的情况下追求产值产量增长的高速度，就势必出现短缺和通货膨胀。所以与其在体制改革未取得根本性突破以前用高消耗、高膨胀取得一时的高速度，不如先放慢增长速度，换得改革的初步成功，即实现经济体制由命令经济向有计划指导的市场经济的基本转轨，然后在效率不断提高的前提下全速前进，才有可能保持持续稳定的增长。从这一点来说，我们也应当对改革有紧迫感。

刘吉瑞：这里隐含着短期增长与长期发展的选择问题。怎样选择决定于价值取向。我的想法是，一方面我们要有紧迫感，另一方面不能急功近利，要有长远观点。从国际经验看，后起国家追赶先行国家犹如马拉松比赛，短期的经济增长相对而言不那么重要。如果短期内虽能取得高增长，但资源代价太大，因而不能保持持续稳定的增长，那么这种增长就是不值得或不可取的。

吴敬琏： 我很同意你的观点。正像俗话所说，"磨刀不误砍柴工"。所以我们几个同志一起写的一个体改方案提出了这样的建议：我们的改革应当像"大道定理"（Turnpike Theorem）所说的，为了实现远期目标，应当从总体上进行规划，而不能将长期问题分解为若干单独的短期问题，孤立地加以解决。我们不应目光短浅地追求眼前的高速度，而要首先保证改革成功，实现长期的稳定发展，这就如同先绕点路进入高速公路的入口，由于能在上路以后高速行进，算总账，原来的"弯路"也是值得的。从长远看，采取这样的策略，发展不是慢了而是快了。

刘吉瑞： 这可能是后起国家在追赶先行国家的过程中，在一定阶段上的明智选择。也就是说，改革的最终目的是发展，但短期内增长要服从改革。

如果我们不是从抽象的意义上讨论改革的必要性，而是在改革进行了十年的今天，也就是在行政协调的旧体制的一统天下已被突破，但在许多领域还顽强地存在，而商品经济的因素还在各方面成长，却未能配套成龙、发挥协调国民经济的整体功能的这样一个特定阶段来讨论加快改革的必要性和可能性，也许认识能前进一步。因为对大多数人来说，要不要改革的问题已基本解决了。目前面临的主要问题是怎样进行改革，是搞得快一些，尽可能速战速决，还是慢一些，稳扎稳打较为有利。

吴敬琏： 我觉得除了上面已申述的各种理由外，现阶段加快改革的必要性，来自这样几个方面：首先，双重体制不可能有效地配置资源、改善企业的动作和提高劳动者的积极性，因而这种胶着对峙的状态不能长期持续。在双重体制下，行政和市场都能发挥一定的调节作用，但它们之中的哪一个又都不能有效地配置资源。当需要行政强制时，行政机关却因货币力量的侵蚀而"硬"不起来；而当需要市场调节时，市场信号却因各种行政管制而受到扭曲，同时市场机制对生产和交换的调节也受到行政干预的牵制。这样的状况如果拖得很长，势必出现南斯拉夫、匈牙利等国现在已经出现的"停滞膨胀"局面，而到那时，改革将处于"弃之可惜，食之无味"的两难境地，再要发起冲刺就力不从心了。其次，加快改革是扩大前十年战果，缓解当前面临的严峻局势的唯一选择。目前对改革、开放和发展构成潜在和现实威胁的，主要是通货膨胀、贿赂腐败、分配严重不公等现象。这些问题只有通过改革来解决。如行贿受贿、倒卖指标，人们自然可以从端正党风和社会风气的角度采取措施，但要治本，必须通过价格、计划、物资调拨等的配套改革，使"双轨"合一，消除利用计划内外差价牟利的经济基础。如果继续保留价格双轨制，为全国人民痛恨的以权谋私、行贿受贿等现象和计划物资倒卖现象势难根除，甚至有可能愈益严重。最后，如果旷日持久，一些有利条件会逐步丧失，而矛盾会积累得越来越多，从而增加和扩大长期风险。例如，从经济上说，低效益的高增长将因缺乏后劲而难以为继，经济结构将因得不到根本调整而恶化，居民收入将因效益低下而提高缓慢，国际收支将因进入还本付息高峰而出现较大逆差，等等。从政治上看，期望改革尽快成功，给他们带来利益的人，其信心和热情可能下降并转化为一种失望和抱怨情绪，靠固定收入为生的阶层会因通货膨胀而削弱对改革的支持，更为重要的是，从各种双轨制得到好处的人，会要求固化现有利益格局，打着"维护现有改革"的旗帜，反对或者阻挠进一步的改革。

刘吉瑞：从另一个角度看，尽管目前改革面临着总需求膨胀，经济环境较紧，利益刚性很大，国家财力比较紧张等困难，但有利条件也不少。过去几十年经济、政治上的多次折腾，特别是"大跃进"的狂热、三年困难时期的饥饿以及"文化大革命"十年的动乱，使传统体制的弊端暴露无遗，全国上下人心思改。这是一。前十年的改革，使我国一半左右的经济活动脱离了指令性计划的轨道，乡镇集体企业和个体企业的力量日益壮大，并且从中涌现了一批有竞争意识和进取精神的企业家，这是苏联、东欧国家缺乏而我国特具的第二个有利条件。目前的国际形势也对改革有利。我国扩大出口和利用外资的潜力很大，特别是有着强烈的民族认同感的海外华侨，他们的财力、智力、关系网等，都为祖国的改革开放创造了条件。这是三。另外，尽管超高速增长会造成总需求膨胀、结构不合理等亟须解决的问题，但经济保持一定的增长势头总比"滞胀"要好。较高的经济增长使改革中调整利益关系要相对容易些。最后，在筹措改革风险补偿基金方面，也还有一些腾挪的余地。譬如，我们拥有这么多的国有房地产、国有中小企业，在清产核资、精心规划后可以有步骤地拍卖相当大的一部分，拍卖所得的资金可作为改革的后备基金。总之，我的想法是，我们既要看到前阶段改革已取得了一些实质性进展，造就了一种完全退回到传统体制已绝无可能的态势，从而孕育着在不太长的时期内建立新体制的机会和希望，也要看到如果目前不抓住时机、痛下决心加快改革，会出现两种体制并存、整体经济效益低下的格局长期存续，乃至出现部分倒退或发展成为行政特权经济的可能。后一种局面当然是我们不希望出现的。

吴敬琏：可是也有一些同志认为现阶段改革不宜加快，只能耐着性子慢慢来。他们的理由是，我国目前仍处于社会主义初级阶段，庞大的人口基数、沉重的就业压力、不稳定的农业、日益紧张的资源、严重短缺的资金等硬约束条件，使经济改革面临着较紧的环境。因而，在最近七八年或十几年，不可能真正建立起有计划的商品经济新体制的框架，只能为建立新体制基本框架创造某些条件。还有一些同志甚至认为，由于遇到了某种"硬约束条件"，体制转轨是一场旷日持久的社会运动，贯穿于整个社会主义初级阶段的始终，需要经过几代人的努力才能取得成功。因此，必须克服"急于求成"的思想。

刘吉瑞：这些同志所说的"硬约束条件"，概括起来无非是我国目前的生产力水平低这一条。我们承认在目前的条件下是不可能建立以高度发达的社会生产力为基础的经济运行机制的，因而在体制改革的目标模式上要反对照搬发达的市场经济模式的倾向，即脱离发展中国家的国情，把社会主义原则和发达国家的市场体系、调控手段简单相加，作为我国改革要达到的目标的做法。但是，体制转轨与体制发育是两个不同的概念，体制转轨指的是在几乎相同的生产力水平下，从行政控制转向市场协调。由于传统体制排斥市场机制，既不利于资源有效配置，又极大地压抑了劳动者的积极性，从而阻碍了生产力的发展。中国目前的主要矛盾是市场化程度落后于工业化程度，是生产关系制约生产力的发展而不是相反。因而，我们完全有可能在初步现代化实现以前，在目前这样的生产力条件下实现体制基本转轨，转向以市场调节为基础的新体制。另外，不加快改革，又如何发展生产力、改变"紧运行"、放松"硬约束"呢？

吴敬琏：发展中国家生产力的发展和相应的市场制度的成熟和完善是一个相当长的过程，我们不能急躁冒进。但是，从基本上以行政指令配置资源向基本上以市场机制配置资源的初步转轨，这样的社会变革不能不具有跳跃性和非连续性的特点，不能一拖几十年甚至上百年。一场自上而下的社会变革如果长达100年，那么即使成功了（实际上不可能成功），也不能称之为改革。据一些国外经济史家的研究，西欧国家市场机制的产生、发育成长和日趋成熟，大致经历了500年的历史。可是在这个过程中，许多国家从封建领主的超经济强制占支配地位转向以经济主体之间的市场横向联系为主，转变过程的持续时间并不那么长，更不用说战后有的新兴工业化国家和地区在短短几年就建立了市场经济体制。尽管这时的市场很可能是不那么完全和发达的，但基本的框架总归确立起来了。

刘吉瑞：要说改革有困难，社会主义国家改革的困难主要并不在生产力因素。这些国家的工业化客观上已经为市场的建立和充当经济的主要协调者创造了生产力前提。要说生产力水平低构成了市场化的硬约束，那就应该说，当年建立指令性计划体制受到的"硬约束"要比今天不知大多少倍。马克思主义经典作家一开始就认为，计划经济要建立在高度发达的社会化大生产的基础上……

吴敬琏： 所以有些经济学家以中国生产力不发达为理由，认为中国在社会主义初级阶段不能建立商品经济，他们的论证多少有点"数典忘祖"之嫌。不过，这样话题可能说得远了。其实只要看看和我们生产力相当的国家和30年代中国的情况，就可以发现，我们目前并不存在初步市场化的生产力硬约束。事实上，如果党和政府能抓住时机，在全国上下统一认识的基础上，集中全民族的智慧和力量，打几次决定性的配套改革战役，那么在近期或中期就能分步由低到高地建立起社会主义市场经济的新体制。而如果只采取一些零敲碎打的、不配套的措施，"步子不大年年走"，甚至"年年都有新道道"，那么，表面上看来热热闹闹，而且没有多少阻力和风险，实际上改革将很难取得根本性的突破，国民经济将在有很大缺陷的经济体制下带病运转。我认为这条路是不可取的。无论是从中华民族的长远利益看，还是从现阶段经济发展的要求看，尽快实现经济体制的初步转轨都是绝对必要的。除了加快改革，我们别无选择。

第二讲　可行的社会主义经济模式

刘吉瑞： 社会主义各国很早就发现，要加快现代化的步伐，必须改革经济体制。但是，各国在探索、选择符合实际的社会主义经济体制模式时，走了一条曲折的道路。这种探索目前仍在继续。总结各国的理论和实践，对目前我国正在进行的体制改革，无疑具有重要意义。

吴敬琏： 从 20 世纪 50 年代开始，各社会主义国家先后认识到传统的体制带有严重的缺陷和弊病，必须加以改革。但是，应当以什么样的新体制取代旧体制，即改革的目标模式是什么，在相当长的时期内是不清楚的。这样，各国只能在理论上不断探索，在实践中不断摸索。经过或长或短的时间，改革的目标逐渐有了初步的眉目，这就是建立社会主义有计划的商品经济，或者社会主义的市场经济。

刘吉瑞： 对社会主义经济模式及其转换的探索，最初是从苏联 20 年代开始的。匈牙利经济学家拉斯洛·萨穆利（László Szamuely，1897—1920）在 60 年代写过一本名叫 *First Models of the Socialist Economic System* 的书[①]，在这本书中他指出，

[①] László Szamuely (1974). *First Models of the Socialist Economic Systems: Principles and Theories*（《社会主义经济体制的最初几个（转下页）

社会主义经济的第一次模式转换乃是从战时共产主义转向新经济政策。当然，那时人们并没有自觉地认识到这一点，或仅仅以为这只是一种政策变化。现在看来，实施新经济政策不仅是政策转变，而且是体制改革的第一次尝试。

吴敬琏：这是一本写得很好的书。现在回过头来看，1921 年的转变具有伟大意义。新经济政策确实反映了对一种新的社会主义经济模式的探索，以致我们在今天的改革中仍能从新经济政策得到某些启示。这可以从各国开始改革时无一例外地回顾总结新经济政策的经验教训这一点得到证明。只不过在当时，人们的认识并未提高到这样的程度。对此可作些具体分析。

十月革命前夕列宁在芬兰写了《国家与革命》，它反映了俄国共产党人在取得政权前夕对社会主义经济体制的设想。这一设想的要点是把社会主义经济比拟为一家由政府垄断经营的大公司，即"国家辛迪加"（the state syndicate），在共产主义社会的第一阶段即社会主义社会里，"全体公民都成了国家（武装工人）雇员。全体公民都成了一个全民的、国家的'辛迪加'的职员和工人""整个社会将成为一个管理处，成为一个劳动平等和报酬平等的工厂"。[1] 革命胜利后，俄共就按"国家辛迪加"的模式着手组织苏维埃经济。但是，当时碰到了经济比较落后、原先设想的模式难以实

（接上页）模式》）. Budapest, Akadémiai Kiadó. 湖南人民出版社在 1984 年出版了该书的中译本，书名译为《社会主义经济制度的最初模式》。

[1] 列宁（1917）：《国家与革命》，《列宁选集》第 3 卷，北京：人民出版社，1972 年，第 258 页。

施的现实问题。这时，俄共领导人包括列宁本人在内产生了两种思想。一种思想是继续坚持"国家辛迪加"的模式；另一种思想则认为俄国的现实使革命前的设想不可能实现，因此要走国家资本主义的道路，经过一个相当长的多种经济成分并存的阶段走向社会主义。1918年上半年是这两种思想交织的时期。1918年下半年，战争迫使俄国革命的领袖选择了"战时共产主义"。当时他们认为，既然客观形势迫使俄国采取这类措施，这也没有什么坏处，因为共产党人正可以借助于这些军事化的措施较早地实现自己的理想模式。

刘吉瑞：对此，现在仍有争议。相当数量的学者认为战时共产主义是客观环境所迫；另一些学者则认为，虽然客观因素起了一定作用，但主要还是由于当时革命的领袖们认为这样做就是在建设社会主义，实现共产主义者的目标。

吴敬琏：我采取后一种观点。正是因为有这样的认识和信仰，所以当1921年放弃"战时共产主义"，转向新经济改革时，列宁自己也说过诸如"暂时的退却"之类的话。而绝大多数干部更一致认为，如果处在和当时的俄国不同的条件下，譬如在生产力水平比较高、没有战争威胁等情况下，战时共产主义模式是完全可行的，只可惜俄国人没有好运气。上面提到的萨穆利那本书一开头，就引用了当时的许多高级领导干部的言论，这些干部对"战时共产主义"依依不舍，有着强烈的"怀旧"情绪。

刘吉瑞：这种思想在以后各国的改革中也屡见不鲜。无论在50年代中期的东欧，还是70年代末期的中国，都有人把发展商品经济看作一种"让步政策"，甚至认为是"倒退"。如我国农业推行承包责任制时，就有人对"一大二公"的人民公社深表惋惜，说什么"辛辛苦苦几十年，一夜退到合作化前"。可见，"战时共产主义"模式及其变种，有一定的思想基础。

吴敬琏：这种思想基础，就是在社会主义公有制的条件下商品生产和商品交换将会消亡的构想。1985年我写过一篇文章，分析这种构想的理论和现实的前提。我们知道，马克思和恩格斯当年就有过这样的设想：在社会主义条件下，社会能够把整个国民经济当作一个大工厂来管理，因而它将不再是商品经济了。到20世纪初，这种设想发展成为对未来经济体制的整套具体设计，并成为国际社会主义运动中占主导地位的思想。因此，当国内形势要求采取某些战时动员办法的时候，苏联共产党人就认为这是实现社会主义理想的良好机会；而在"战时共产主义"的政策碰壁以后，不少人又以为这是当时当地的条件所致，而不是传统的社会主义经济模式出了什么毛病。

社会主义各国的实际经验表明，采用命令经济体制的那种行政控制的方式在社会化的大经济中配置稀缺资源，不可避免地遇到两方面的障碍。这就是：第一，在信息机制方面，现代经济无论在生产结构还是需求结构方面都极其复杂，而且变动迅速。要求中央计划机关及时掌握和处理这些信息，迅速完成包含亿万个变量的模型计算，得出资源配置的正确结论并将根据这种计算编制的统一计划层层分解下达到执行单位去，几乎是不可能的。第二，在激励机制方面，由于社会主义社会广泛存在着利益矛盾，中央机关从基层取得的基础资料会因为各种利益主体有意和无意的偏离实际而发生扭曲。而且，即使资料和计算都准确无误，中央规定的计划也会由于各个层次上的本位利益而在执行中发生偏差。因此，传统体制中以行政命令为主干的资源配置方式是不可能有很高的效率的。这一点，在和平时期的经济中就暴露得更加明显了。我想，这才是"战时共产主义"政策有必要向新经济政策转化的深刻经济根源。可是在当时，传统的社会主义经济观念是这样的牢固，以至于人们把新经济政策看作在特殊政治经济条件下的一种"退却"。

刘吉瑞：我认为，当时人们认为新经济政策是一种"退却"，还有一个原因是人们以为它只是恢复被战争破坏了的国民经济所必需，一旦经济恢复，国家工业化运动开始，就应当结束"退却"，转入"进攻"。所以，研究 20 年代模式转换能给我们较多启示的，可能是新经济政策后期的工业化论战。这涉及要不要坚持新经济政策模式，能不能在新经济政策的模式框架下实现社会主义工业化，以及新经济政策发生逆转，导致重新恢复高度集中的体制模式的原因等重大问题。

吴敬琏：的确是这样。1924 年以后，苏联经济大体得到恢复。这一事实对不同的人产生了不同的反应。联共（布）党内有一部分领导人从实行新经济政策、转入市场体制对经济产生的巨大积极影响认识到，新经济政策是一种应当长期坚持的方针，甚至隐隐约约地感到，新经济政策是一种可供替代的社会主义经济体制模式。其代表人物就是尼古拉·布哈林（Nikolai Bukharin，1888—1938）。斯大林则利用列宁关于停止退却的话来反驳布哈林，认为退却应该停止，需要马上转入反攻。

刘吉瑞： 在列宁逝世后的一段时间，斯大林好像支持布哈林的主张。当时"左"派反对派在经济上的代表主要是叶甫盖尼·普列奥布拉任斯基（Evgennii Preobrazhenskii，1886—1937）。

吴敬琏： 在跟托洛茨基（Lev Davidovich Trotski，1879—1940）、普列奥布拉任斯基的剥夺农民、"超工业化"等主张作斗争时，斯大林同布哈林站在一起。但后来，斯大林实际上采取了比"左"派还要"左"的政策。例如，普列奥布拉任斯基认为，在当时的苏联存在社会主义原始积累规律和价值规律两种规律。价值规律反映资本主义经济的要求，原始积累规律则反映社会主义经济的要求。随着社会主义经济的发展，原始积累规律必将取代价值规律。这种理论是为通过剥夺农民积累工业化资金的做法张本的。由于当时的俄国基本上还是一个农业国家，工业比较弱小，单靠工业自身的积累发展工业，不足以满足迅速工业化的要求，"左"派主张用剥夺方法从农业中取得高速工业化所需的资金。斯大林虽也谴责剥夺农民的意图，但后来却变本加厉地执行剥夺农民的政策，如高额征税、通货膨胀、工农业产品不等价交换等，特别是工农业产品严重的不等价交换，"把农民挖得很苦"[1]。

① 毛泽东（1976）：《论十大关系》，《毛泽东文集》第 7 卷，北京：人民出版社，1999 年，第 29 页。

刘吉瑞：布哈林提出了坚持新经济政策，通过城市商品交换积累资金，用渐进方式实现工业化的主张。他的许多政策主张具有科学性，并且经济思想的内容十分深刻。譬如，他十分强调市场机制在工业化过程中的作用，认为工农两部门要保持协调发展，主张国民经济的发展不能急躁冒进，要始终注意平衡，速度不能太快，"不能用明天的砖来打今天的墙"。另外，他十分强调团结农民，主张让一部分农民先富起来，甚至提出了"发财吧"的口号。他认为与农民作对的无产阶级政权是不能巩固的。但另一方面，布哈林的理论和政策也有不符合实际或不那么切实可靠的一面。例如，在他的工业化模式中，产业发展遵循先行国家从轻工业开始的顺序，从而与苏联当时的需要相脱离。通过等价交换积累资金似乎也有点"急惊风碰到慢郎中"，难解当时迫切需要资金的燃眉之急。与此相比，斯大林通过挤压消费积累资金的主张，显得更适合迅速建立大工业的需要。理论本身的缺陷和激烈的政治斗争，最终使得新经济政策难以继续。当然，政治斗争对决定俄国工业化的道路和体制模式更有决定意义。

吴敬琏：经济史学家亚历山大·格申克龙（Alexander Gerschenkron，1904—1978）曾经说过，现代化需要大量的资金。在老牌的欧洲国家，资金主要由原有的工场手工业提供。但在后起的落后国家，资金积累需要一种替代的机制。你刚才说得对，布哈林似乎想沿用老牌欧洲国家的传统办法来解决后起国家的问题。这同当时苏联亟须快速实现工业化来增强国力，以对付来自国外威胁的要求不相适应。实际上现代化起步时经济越落后，越需要采取其他办法，强制的色彩也越浓。战后一些新兴工业化国家和地区的情况也如此，强制积累的成分很大。但这并不意味着一定要采取斯大林那种极端的手段。只要能找到较适合实际的其他替代方式，是可以既不犯斯大林的错误，又能做到高效率基础上的高积累和高增长的。

刘吉瑞： 这样看来，社会主义经济模式不可分割地包括两方面的内容，一是社会主义经济体制模式，一是社会主义经济发展模式。在苏联 20 年代的争论中，既有建立何种体制的问题，也有采取何种发展模式的问题。两者之间的关系是十分复杂的。最初实行"战时共产主义"时，体制模式决定了苏联的发展模式是一切为前线，军事工业放在首位。但当国民经济临近崩溃时，不得不采取新经济政策。经济发展要求体制模式转换。待国民经济恢复后，争论就集中在工业化模式即发展模式上。优先发展重工业的发展模式一旦定型，整个体制的行政性质就越来越强。逻辑似乎是这样的：优先发展重工业要求工农产品不等价交换（国家拿不出足够的轻工业品）；农民不答应，就搞集体农庄，从所有制和劳动组织形式上解决问题；强迫集体化遇到抵抗时，再加上政治高压手段；如此等等。

吴敬琏： 所以这场争论通常称为工业化论战。论战中体制模式和发展模式交织在一起，发展模式显得更突出，因为在当时的国际环境中，斯大林强调苏维埃政权处于危机中，要求通过高速度的工业化或超工业化来增强国力。这样，在一个封闭隔绝的环境里迅速推进工业化的客观要求，为实行行政高度集权的体制提供了基础。我以为，发展模式与体制模式的一般关系大致是这样的：在体制模式开始定型时，发展模式通常决定体制模式；而当体制模式确立后，发展模式就成了体制模式的函数，就是说，集权的行政社会主义体制往往具有所谓投资饥渴和扩张冲动，要求实行高速度粗放发展的方针。当然，这一假设能否成立，还要进行广泛的经验检验。但是可以断言，发展模式与体制模式的关系，是比较经济学和发展经济学的一个尖端课题。发展中国家的理论工作者在这方面有大量的工作要做。

刘吉瑞： 前段时间苏联为布哈林的千古奇冤平了反。这为我们进一步研究苏联 20 年代的模式转换提供了条件。话要说回来，目前人们通常所说的社会主义经济体制改革，毕竟是 50 年代，特别是赫鲁晓夫在苏共二十大的秘密报告以后才开始的。南斯拉夫是改革的先驱者。它最早对传统模式提出了挑战，创造了所谓工人自治或社会自治的新模式。南斯拉夫的改革在早期取得了一些成功，但它后来的经济状况很糟：高通货膨胀和低增长并发，民族矛盾加剧，工人罢工不断，居民生活水平同 70 年代比不仅没有提高，反而下降。所以很难说南斯拉夫的改革是成功的。但问题究竟在哪里，却又众说纷纭，莫衷一是。

吴敬琏： 南斯拉夫是在 50 年代初期开始改革的。当时，斯大林通过共产党情报局对它施加了很大的压力。为了顶住来自莫斯科的压力，南斯拉夫采取了分散决策权力以发动群众的办法来克服困难，由此开始了改革。南斯拉夫开始改革的原因虽然带有某种特殊性，但其他国家改革初期也有类似的分散化的做法。这种做法背后的潜台词是，传统体制的最大弊病在于决策权力过分集中，抑制了群众的积极性，因而改革的方向是下放权力，照顾群众利益，调动群众积极性。所以在相当长的时期内，所有社会主义国家（包括南斯拉夫）的改革都带有如下特点：一是行政系统内上级向下级放权，突出地表现在苏联斯大林逝世后1957年赫鲁晓夫的分权改革和我国1958年的"体制下放"。一些研究社会主义国家经济改革的西方经济学家如莫里斯·博恩斯坦（Morris Bornstein）把这种做法称为"行政性分权"。采取这种办法的社会主义经济也许可以称为"分权的行政社会主义经济"。

刘吉瑞： 在南斯拉夫，"行政性分权"表现为把联邦的权力下放给共和国和自治省。

吴敬琏： 赫鲁晓夫1957年分权时把权力下放给了加盟共和国和经济区，中国在1958年则下放给省、市、县政府。这种改革由于仅仅是行政系统内权力的转移而没有改变政企不分的状态和行政控制的本质，因而效果不好。第二个特点是在命令经济的总框架下"扩大企业自主权"。各国改革时都采取了简化考核指标，扩大企业权利的措施。但一方面，由于企业依然隶属于行政机构，仍然缺乏自主经营的权利；另一方面，企业可能因得利较多或只负盈不负亏而"活"了起来，但却因此导致企业行为的扭曲，最后政府又得把原来放下去的权力重新收上来。例如，苏联一度把众多的考核指标简化为纯收入指标，但一段时间后发现，企业只抓眼前纯收入和价高利大的产品，而忽视品种产量指标的完成，以及新产品试制、技术革新等，靠单个指标难以保证社会经济的协调发展和正确评价企业的经济效益，还得恢复产品品种、产量、质量、新产品试制等指标，最终又回到老路上去了。第三个特点是强化物质刺激。如苏联建立了物质鼓励基金，在我国则实行了利润分成制度。这些措施可以在一段时间里起到调动企业和职工积极性的作用，但在不存在竞争激励的情况下物质刺激的作用是不能持久的，而且往往造成国家财政收入的减少，消费需求的膨胀，这样一来，强化物质刺激的做法更难以持久。所以强化物质刺激和批判物质刺激往往交替进行。中国 60 年代在批判物质刺激方面进行得更彻底。这是尽人皆知的。

刘吉瑞： 各国特别是南斯拉夫在改革开始时，提出了"工人自治""自治社会主义"的口号。最初的动机可能确实是为了调动劳动者的生产积极性。但"自治社会主义"的做法在实践中效果不好，良好的愿望并未转变成切合实际的制度，并且同现代工业以企业家为主体的管理制度存在矛盾和冲突。"工人自治"、物质刺激以及下放权力带来的第二个后果是容易造成消费基金的膨胀和宏观经济失控。以上因素综合起作用，经济也就不能顺利发展。

吴敬琏： 我想，我们还应当想得更深一点。从东欧改革的曲折过程可以发现，过去我们对旧体制弊病和经济改革实质的认识都不够本质化，因此对于改革的设想也太简单。

首先，仅仅从现象上把旧体制的弊病归结为决策权力过分集中，不给地方政府、生产单位和劳动者个人一点权力和利益，不能调动他们的积极性等，是远远不够的。应当看到，高度集权，是主要依靠行政命令的资源配置方式，或者称之为行政控制方式必须具备的特征。因此，权力过分集中，抑制了下级组织和劳动群众的积极性，只是由这种体制的本质属性派生出来的一个缺点。如果想克服这种缺陷，却不去改变资源配置的方式，其结果必定是南其辕而北其辙，不但达不到预期的目的，还会滋生新的混乱。主要用行政命令来配置稀缺资源这种配置方式的主要弊病是：第一，它不能保证在部门之间、地区之间，归根到底是生产单位之间有效地配置资源；第二，它不能激励生产单位和劳动者对其所掌握的资源作最有效的利用。一句话，在这种体制下，很难做到对稀缺资源的有效率的配置和利用。

刘吉瑞：用您经常用的语言说，第一个问题就是缺乏资源配置效益，第二个问题则是缺乏生产者的微观动作（营运操作）效益。

吴敬琏：这两个效益问题可以通过市场机制统一地得到解决。市场机制承认每一个生产单位和个人有独立的经济利益，然后通过市场关系来协调所有人的利益，进而使个人或单位利益符合社会利益。市场机制是通过由自由竞争形成的相对价格体系和独立自主、自负盈亏的企业制度实现的。在市场价格制度下，各种商品相对价格的高低反映了它们各自的相对稀缺程度，各个独立的商品生产者根据价格的涨落自主作出决策，就能保证资源的部门配置、地区配置等的优化。同时，市场机制使有效率的生产者能支配更多的资源。一个单位效率越高，获得的利益越大，能占有的资源也就越多，这样就保证了微观效益和宏观效益的统一。当然，市场协调也有它的缺陷。第一，由于市场协调是一种事后协调，它不可避免地会出现自发波动的现象。第二，由于外部性（外部经济和外部不经济）难于完全通过市场评价表现，会出现"市场失灵"（market failure）的情况。第三，市场机制本身并不能决定哪个社会集团的偏好占优势和实现社会公平。第四，市场活动有自发向垄断发展的趋向，要由国家权力来保持市场的公正竞争秩序。第五，市场本身并不能决定货币供应、财政收支等宏观经济总量。第六，在后进国家中需要创造条件加以开发的"潜在比较优势"（potential comparative advantages），不可能在市场上自发地表现。总之，这些问题都要通过政府的引导和社会的管理来解决。因此，当代的商品经济都是有宏观管理和政府干预的市场经济，或称"混合经济"。而社会主义各国的实践经验，也使人们或早或迟认识到，有计划的商品经济或有宏观调节的市场经济，乃是经济体制改革应当达到的目标。

刘吉瑞：前面已提及行政性分权的问题。我觉得既然社会主义各国在改革中最终都把有宏观控制的市场经济体制作为目标模式，那么模式中就包含一个有宏观控制的行政系统。在改革过程中，对行政系统进行改革具有客观必然性。譬如说，改变行政系统的机构设置，转变行政机构的职能。但行政系统分权与行政性分权又有不同。关键在于这里所说的行政系统分权并不排斥市场导向的改革，即前者有利于市场机制的形成。而您批评的行政性分权只强调行政层次中的权力下放而排斥了市场形成方面的改革。

吴敬琏： 关于行政性分权（administrative decentralization），国际上普遍采用的是美国比较经济学家博恩斯坦的定义。它所指的是：不改变原来行政机关对生产单位进行的微观干预而仅仅在行政系统内的各层次间作些权力调整。与它相对立的经济性分权（economic decentralization），或者称之为市场性分权（market oriented decentralization），则是指：在改变行政系统职能的同时，把微观决策权还给面向市场的企业，行政机关主要从事财政收支、信贷收支和外汇收支等宏观总量的管理，并主要通过市场中介进行间接调节。在微观管理方面，各级政府及非政府管理机构只能设立对全社会都适用的规则，按这个规则进行管理，而不是对企业微观决策进行"一户一率"式的个别干预。经济性分权和行政性分权是两种完全不同的分权方式。

刘吉瑞： 据去过南斯拉夫的人们说，南斯拉夫由于各共和国和自治省的权力过大，它的国内统一市场的形成受到阻碍。据说各共和国之间市场封锁很厉害，连火车过境时都要换火车头。这也是行政性分权的结果吧。

吴敬琏： 是的。我们搞商品经济或市场经济，必须保证商品所有者之间的自由交易和平等竞争。如果各地之间都不能自由地交通，那么就更谈不上自由买卖了。对发展商品经济来说，全国市场的统一性是绝对必须坚持的。概括起来说，南斯拉夫改革的问题主要在：第一，工人自治的所谓"社会所有制"，即在职职工所有制，实际上同传统的国有制一样，也是一种没有明确的所有者的所有制，因而使企业的行为扭曲；第二，削弱联邦权力，扩大共和国和自治省的权力，却以"社会契约"的形式强化企业对行政机关的从属关系和行政机关对企业的微观干预，造成了"多中心的国家主义"，割裂了国内市场，使统一市场始终没能形成。出于这两条原因，可以认为，南斯拉夫在体制改革目标模式的选择上违背了市场化的方向。

刘吉瑞： 南斯拉夫人说，爱德华·卡德尔（Edvard Kardelj，1910—1979）的理想主义模式使他们碰了壁。卡德尔的整个理论实际上是建立在"反异化论"的基础上的。它既反对行政控制，又反对市场协调，而主张道德协调，因此不可避免地带有空想色彩。如果说南斯拉夫由于目标模式选择的失误，改革走入了困境，那么，在改革进行了将近20年的匈牙利又如何呢？众所周知，匈牙利1968年对命令经济的体制进行了一次激进的改革，原则上取消了对企业下达的指令性计划和物资调配计划，部分放开了价格，从而跨进了"计划与市场相结合"的新体制。但是20年后，匈牙利的企业仍然停留在"一只眼睛盯着市场，一只眼睛盯着上级机关"的"双重从属"状态。用匈牙利经济学家科尔奈的话来说，匈牙利进入了间接行政控制体制的"怪圈"，也就是原来主要采取实物计划形式的直接行政控制体制被废止后，并没有建立真正的市场机制；代替指令性计划体制的，是非规范的、琐碎的、"暂时的"但又无处不在、无时不在的行政微观干预，企业对上级行政机关纵向从属依然居于主导地位。而且，国民经济发展出现了危险的征兆：通货膨胀率持续上升；积累率降至9%左右，增长率低且缺乏回升势头；外债高达 200 多亿美元；名义工资增长超过劳动生产率增长而居民实际生活水平下降；等等。1989 年以后的情况就又当别论了。

吴敬琏：科尔奈在 1985 年"巴山轮会议"上提出的 IA、IB、IIA、IIB 的"四分法"虽然在国际上没有引起很大注意，但我以为是具有突破性意义的。[①] 从匈牙利社会主义工人党中央委员会 1966 年 5 月全会曾经通过《关于经济体制改革的指导原则》看，匈牙利改革的基本方向似乎并没有错，改革要建立的是中央管理和市场力量有机结合的新体制。

对于匈牙利改革未达到预想目标的原因，国内最流行的曾是这样两种解释：一是匈牙利组织制度改革的滞后，使保守派保留了较多的阵地，他们利用掌握的权力干预企业，使企业的经营自主权难以发挥，新体制不能正常运行，而且在时机对他们有利时向新体制及代表人物反击，扩大了行

---

① 1985 年 9 月 2—7 日，巴山轮由重庆起航驶往武汉。在游轮上召开了"宏观经济管理国际讨论会"，有 60 余位中外重要经济学家和官员参加。这次会议是国务院批准由国家经济体制改革委员会、中国社会科学院和世界银行联合举办的，史称"巴山轮会议"。
在"巴山轮会议"上，匈牙利经济学家科尔奈关于经济体制改革目标模式的分析引起了大家的兴趣。他把一切经济体制划分为两大类：一类是行政控制，二类是市场协调。在第一类中，又分为直接行政控制（IA）和间接行政控制（IB）；在第二类中，又分为没有宏观经济管理的市场协调（IIA）和有宏观经济管理的市场协调（IIB）。科尔奈倾向于选择有宏观经济管理的市场协调。参见郭树清、赵人伟整理：《宏观经济管理国际讨论会专题报告（1）：目标模式和过渡步骤》，载中国经济体制改革研究会编：《宏观经济的管理和改革宏观经济管理国际讨论会言论选编》，北京：经济日报出版社，1986 年，第 16—23 页。

政权力，把改革拉向后退。二是匈牙利所有制改革或企业制度改革滞后，国家与企业的"父子关系"使企业很难实现独立经营、自负盈亏，从而造成纵向从属的状态。在我看来，这两种解释虽然各有一定的道理，但却没有透过事物的表面现象揭示出阻碍匈牙利改革取得成功的深层原因。对任何一种社会变革，既存在着拥护者，也存在着反对者。通过组织措施，固然可以把倾向于保持和恢复旧体制的人从领导岗位上撤下来，但这里有两个问题。首先，对原有的机构和不适应新体制的干部过分迁就，固然容易造成"中梗阻"，但如果操之过急，把所有对改革抱有怀疑态度或某种异议的人都撤下来，"动大手术"，同样不利于社会安定，不利于团结一切可以团结的人，反倒增加改革的阻力。根据一些社会主义国家的经验，经济改革之初或经济改革之前大规模调整干部，经济改革很容易演变成权力斗争色彩很浓的政治运动，而群众对此是反感的。其次，即使预先进行了组织改革，包括组织制度在内的全部新体制能否牢固占领阵地，不致发生"逆转"，归根到底还要取决于新体制能否有效运行，是否比旧体制效率更高，能否给居民带来更多的实惠。如果改革方案的设计存在很大疏漏，改革战略的选择又存在重大失误，新体制本身存在诸多缺陷而又得不到补救，那么，经济上的客观要求将比一切政治上、思想上、道义上的理由更有力量，即使原来没有新体制的反对者，也会产生出新的反对者。反过来说，如果改革富有成效并坚持下去，就会赢得越来越多群众的支持，获得克服各种阻力的力量。因此，我以为匈牙利改革受阻的主要原因不在反对派的反对，而应该更多地从改革者这方面找原因，即研究改革方案的缺点和漏洞，检讨改革战略的失误，以及新体制存在的重大问题，然后寻找防止改革失败和发生逆转的办法。事实上也是如此。如果说匈牙利 1973—1978 年的部分逆转是由于保守派作祟，那么在 1979 年以后，在社会主义各国掀起新的改革浪潮后，这些问题应该能得到很快解决，改革也随之取得新的突破。但在匈牙利改革开始十年以后，情况发生了急剧的变化，这是许多人始料不及的。

刘吉瑞：我很同意您刚才的分析。在开始全面改革时，组织制度的改革也要配套进行，以免因它的严重落后而使新体制难以发挥整体功能，但是，重点应放在政府机构转变职能上。至于经济改革中出现的问题，主要还应在经济领域用经济手段解决；用政治手段解决经济问题的效果不一定好。我们承认在经济改革时存在着怀疑或反对改革、趋于保守的社会力量，但这股势力的消长在相当大的程度上取决于改革者工作的好坏。因为改革是生产力发展的客观要求，人心所向，又是在各国执政党的领导下自上而下进行的，开始改革就表明保守势力已居于劣势。只要改革不出现大的失误，一般说来改革的总态势不是很容易逆转的。而当改革出现重大失误时，保守的势力就会趋于活跃，并有可能重占上风。但出现这种事态的根本原因并不在于改革存在反对者。譬如，包括匈牙利在内的一些社会主义国家，改革者在改革过程中都曾采取过片面追求高速增长和群众生活水平急速提高的战略，结果往往导致高通货膨胀，引起社会经济生活的全面紧张。这时，如果出来一个有保守倾向的人，要求采取强化指令性计划的办法来治理通货膨胀，那么在政治上是很容易得人心的。而市场取向的改革，却因通货膨胀而声誉下降。显而易见，是改革者本身的失误给反对派提供了"得分"的机会，在社会主义改革中，刚才所说的事例绝不是凭空虚构，而是许多真实历史事件的浓缩和抽象。

吴敬琏：现在来讨论匈牙利企业制度改革落后的问题。在匈牙利1968年以后的新体制下，的确存在企业缺乏自主权和活力的缺陷。用匈牙利人形象的说法，部长的电话代替原有的指令性计划，在指挥企业的生产经营。而且限于当时的历史条件，匈牙利国有企业确实没有进行今天在中国正在酝酿和试验的股份化改革，这当然妨碍了生产单位成为独立自主的企业。但是，在改革时，匈牙利完全取消了对国有企业颁发的指令性计划和物资调拨计划，企业获得了进行产供销决策的自主权，同时也被要求对自己的盈亏承担完全的责任。因此，匈牙利放权松绑的改革动作还是相当大的。但这种扩大企业自主权的措施并没有取得预期的效果。所以很难说麻烦的根源在于企业制度的改革同其他方面的体制改革相比过于落后，匈牙利经济学家也没有提供给我们这样的史实和结论。

那么，为什么企业改革的措施没能收到相应的效果呢？我认为，一个重要原因在于匈牙利的改革在形成竞争性的市场方面，没有取得实质性突破。商品生产者要发挥经营主动性，国民经济要有效地运行，一个必备的前提是需要一个竞争性的市场，不仅存在一般商品市场，而且存在包括资金市场在内的各种要素市场。这样，生产要素才能在价值规律的作用下在部门之间、地区之间和企业之间流动，达到供给和需求的平衡和各种资源的合理配置。同时，只有竞争性的市场才能促使已经具有盈利意识的企业努力改善经营管理，提高运作效率。然而，竞争性市场这一新经济体制的基本支柱，在匈牙利的改革中却没有确立起来。首先，比价体系的理顺和价格决定从行政转向市场的改革，进行得很不顺利。一方面，匈牙利虽然确立了"三种四类价格"的价格体制改革目标，但价格自由化进行得十分缓慢，80年代中期以前，行政管理价格和变相的管理价格始终占优势；另一方面，即使是采取非管理价格的部门，由于匈牙利工业集中程度很高，不少产品由单个企业独家垄断生产，因而也难于通过竞争形成均衡价格。结果，相对价格体系是扭曲的，价格信号仍然同过去一样，既不反映市场供求，又不反映资源的稀缺性。而没有灵活有效的价格信号，就没有真正的市场机制可言。在缺乏竞争性市场的情况下，用行政命令配置资源、由行政长官干预企业决策，就变成必然要发生的事情。虽然1968年改革原则上否定了行政对企业的微观干预，但当比价关系扭曲时，企业的盈利和亏损并不反映企业经营效益的差别。因价格扭曲导致的"苦乐不均"客观上要求行政主管机关对各企业进行抽肥补瘦的"再分配干预"，从而形成如科尔奈教授指出的"由于价格是主观随意的，通过财政再分配来补偿就成为必要，由于财政再分配范围极广且有很大的随意性，价格也愈加变得主观随意"的恶性循环。到了 80 年代中期，虽然经过反复努力，大部分产品的价格放开了，但是由于没有取消过去在微观干预条件下形成的种种"调节税"和补贴（负"调节税"），企业间平等竞争的环境仍然没有形成。

刘吉瑞： 在讨论匈牙利经济改革时，经常涉及企业预算软约束问题，这实际上也可从要素市场主要是劳动就业市场和资金市场的角度来分析。企业真正要自主经营、自负盈亏，必须建立破产、失业和承担与此有关的风险的机制。劳动就业市场和失业保险制度的改革滞后，即使制定了破产法也无济于事，企业亏损了不仅不退出，而且还能得财政补贴。而在不存在资金横向流动的资金市场时，不仅结构调整和资源优化断难实现，而且企业在进入时就在娘胎里带上了从属于行政机关的烙印。匈牙利开始改革时，流行的改革理论把企业融资、投资的决策权视为只能由行政机关行使的"客观决策权"和"大权"，以致当时甚至没有提出建立横向金融市场的要求。与此相联系，银行这个市场经济中最重要的宏观调控体系的建立，在匈牙利也被长期忽视，直到 80 年代才提出中央银行与商业银行分设的问题。在金融市场形成和金融体制改革滞后的情况下，企业在投资领域只能依赖从属于行政机关，预算约束不能不软化，而行政机构自然成了进行投资和重新配置资本的主体。这样，整个国民经济就不可能在市场的轨道上有效运转，间接行政控制势所必然。

吴敬琏： 这里牵涉到一个改革的目标模式问题。匈牙利改革虽然事先有空前完整的目标模式设计，但我感到，所谓"计划与市场"相结合的目标仍有一定的模糊不清之处。在有些改革者看来，把传统体制和市场制度的优点都拿来，就是我们所要的新体制。于是形成了建立所谓"受管制的市场"（regulated market）的观念。殊不知行政管制的成分越多，竞争性的成分就越小，而竞争性正是市场制度的精髓。总之，匈牙利改革的经验教训告诉我们，即使在确立了发展商品货币关系的大目标以后，由于新体制本身设计不周或实施步骤方面的偏差，特别是形成竞争性市场体系方面没能取得根本突破，使新体制运转不灵乃至发生蜕变，国民经济发展中出现许多困难。而这些问题，又为具有保守倾向的人们所利用，为他们抨击新体制和恢复行政控制提供了经济上和政治上的依据。这也说明，社会主义市场取向的改革将是一条痛苦曲折而又充满希望的道路。

刘吉瑞：刚才我们主要从实践方面讨论了社会主义各国对经济体制模式的探索。社会主义经济体制改革主要源于实践的需要，在改革初期理论通常相对落后。但是，我们也要看到，社会主义经济理论的发展，特别是30年代的"兰格革命"和50年代社会主义政治经济学的"东欧革命"，对社会主义经济体制改革产生了十分积极的影响。

吴敬琏：应该说实践和理论两方面的探索是互相促进的。社会主义经济刚出现不久的20年代，在西方爆发了一场社会主义经济论战。当时奥地利经济学家路德维希·冯·米塞斯（Ludwig von Mises，1881—1973）和弗里德里希·奥古斯特·冯·哈耶克（Friedrich August von Hayek，1899—1992）等人提出，社会主义经济由于没有市场机制，不可能进行正确的经济计算，因而必然缺乏效率。而一个缺乏合理经济计算和效率的经济，是很难长久运行的。他们的这种意见，如果以"战时共产主义"模式为背景，那么有一定的道理，而如果泛指社会主义经济，则缺乏足够的根据。这是因为，正如以后的理论和实践表明的，社会主义可以有许多种模式，并不注定要实行排斥市场协调的"产品经济"。因此，他们当时就遭到了社会主义经济学家或社会主义"同情派"的反驳。当然，在社会主义的同情者之间，也存在不同的观点。"集中解决派"维护战时共产主义或与战时共产主义相类似的斯大林模式。以奥斯卡·兰格（Oskar Lange，1904—1965）为代表的"市场解决派"则提出，社会主义并非注定要排斥市场机制从而不能有效地配置资源。兰格的出发点是新古典模型。他认为，在公有制的条件下，即使不存在严格意义的生产资料市场，也完全可以由中央计划机关用"试错法"引进均衡价格体系。力求获得最大盈利的企业按均衡价格进行交换，就能有效地配置资源。[①]这场论战留给我们最有意义的东西，就是兰格提出的社会主义与市场—价格机制可以兼容的想法。不过兰格所说的市场并非真正的市场，而是中央计划机关模拟的市场。按照兰格的设想，中央计划机关先确定一套价格，然后根据供求变化和库存情况加以调整，使其接近均衡价格，这样就可以在计划经济下做到同市场配置资源同样好甚至更好的效果。所以后人也把兰格模式称为市场社会主

---

① 兰格（1936）:《社会主义经济理论》，王宏昌译，北京：中国社会科学出版社，1981 年，第 10 页。

义模式。

刘吉瑞：兰格模式同斯大林模式显然不同。它受到两方面的批评。一方面来自莫里斯·多布（Maurice H. Dobb，1900—1976）等"集中解决派"，他们认为兰格模式偏离了社会主义集中计划的原则。另一方面的批评来自哈耶克等人。看来兰格模式的最大意义确实在于，向人们展示了社会主义经济并不注定只有一种模式选择，还存在不同于斯大林模式的体制形式。这在那个时代无疑是革命性的，具有振聋发聩的作用。可是正如您所指出的，兰格模式虽然把市场机制引进到社会主义经济中，但它并不是真正的市场，而仅仅是一个由中央计划机关操作的"模拟市场"。而这种"模拟市场"既可以向真正的市场发展，如同后来的改革经济学所做的那样；也可以向"计算机乌托邦主义"发展，即在不改变行政定价原则的前提下由国家计委的计算机模拟市场过程，使计算技术为行政集中计划服务。

吴敬琏：由此可以看出，兰格的模拟市场在实际的经济生活中是不可行的。不要说行政机关作为所有者代表，在模拟市场时常常会采取"父爱主义"立场，对企业进行微观干预，就是在技术上也是行不通的。由于供求不断变化，中央计划机关搜集、处理信息工作量过大，其过程势必拖得很长，不可能使模拟价格与均衡价格等值。兰格模式的第二个缺陷是，当企业不是独立自主、自负盈亏的商品生产者时，并不像市场经济中那样有一股强大的力量迫使企业对价格作出反应，按照价格信号作出决策，安排生产和交换。兰格说中央计划机关可以制订企业的行为规则，要求他们安排生产时遵循边际成本等于价格的原则。但在他的模式中并没有一种利益机制促使企业非这样做不可。所以即使价格信号正确地反映了资源的稀缺性，企业也不一定就按照市场信号的指示行事。另外，正如哈耶克批评的，由于企业经理制定价格的权力被剥夺，他们成了"纯粹的数量调节者"，不能进行价格竞争。最后，企业的进入退出是由行政首长决定的，企业经理只具有短期决策权，是一个单纯的日常生产管理者，经理不承担财务责任，而行政首长因官僚主义也将不承担决策的经济责任，这样，兰格的社会主义经济仍然不能克服资产及其增值无人负责的现象。在我看来，兰格模式就确认社会主义经济需要市场机制这一点而言，贡献是伟大的。但从模式运行的角度看，仍存在不少难以克服的缺陷。

刘吉瑞： 兰格是一位造诣很深的经济学家，他为什么会得出这样一些今天看来相当简单的错误结论呢？

吴敬琏： 兰格模式存在上述缺陷不是偶然的。捷克斯洛伐克经济学家奥塔·锡克（Ota Sik，1919—2004）1981年访华时，对兰格模式作了不少评论。我觉得这些评论是中肯的。他说：波兰学派对改革作出了很大的贡献，可是他们主要从信息的角度来批判旧体制，认为传统体制的信息结构不合理，试图通过中央计划机构的模拟来改变和校正原有的信息扭曲，但他们忽视了利益关系在社会主义经济中的作用，尤其是生产者和消费者的利益追求与市场机制的关系，因此陷入了片面性。

刘吉瑞： 兰格在逝世前写过一篇名为《计算机与市场》的文章，在这篇文章里兰格对有关问题是怎样认识的呢?

吴敬琏:《计算机与市场》是兰格为纪念"集中解决派"领袖莫里斯·多布所写的论文,也是他生前最后一篇论文。他在论文里说,如果他重写30年前的那篇论文,他将主张用一台电脑,而不是由中央计划机关通过试错过程来求解所谓"帕累托 – 巴罗尼联立方程"(Pareto-Barone equations),得到足以保证资源最优配置的价格向量。他说:"让我们把这组联立方程放进一台电脑,我们将在一秒钟内得到它们的解。"[①] 从这里可以看到,单纯从信息机制的缺陷来批判命令经济体制是多么的不完全。沿着这条路线走下去,就会走到比较经济学中所说的"计算机乌托邦"去。

刘吉瑞:我懂了。您的意思是说,计算机模拟毕竟是一种技术过程,不能代替市场价格变动的社会过程。价格机制一方面传递信号,另一方面又以不同主体对利益的追求为动力,而且在传递信号的过程中不断改变人们之间的利益关系。计算机模拟即使能解决信息传递问题,也不能调节利益关系。因此,市场在社会主义条件下仍然应当是经济的基本协调者。有意思的是,在兰格模式提出后这么多年,其意义和缺陷已经十分清楚的情况下,仍不断有人提出模拟市场的各种设想。譬如,前些时有些同志提出用类似于影子价格的计算价格体系取代目前的半管制价格体系,从而绕过价格改革这一关。还有的经济学家在我国商品市场(更不用说资本市场)很不发育的状况下,主张用"先股后包"的

---

① 兰格(1981):《社会主义经济理论》,王宏昌译,北京:中国社会科学出版社,1981年,第183—186页。

办法，先实行股份制，然后根据上级主管机关对各个企业的不同经营条件，分别规定它们的承包指标。也有的同志主张实行"资产经营责任制"，要求对资产进行评估。这些办法都多少带有模拟资金市场的味道。我认为，理论和实践都已表明，模拟市场的任何尝试都不可能取得成功。人工模拟的市场毕竟不是真正的市场。在这方面我们已经不需要"错了再试"，否则会付出更多的"学费"，并错过市场化改革的时机。

吴敬琏： 在相当长的一段时间内，以苏联《政治经济学教科书》作者为代表的"苏联学派"的观点在社会主义政治经济学中占据着统治地位。即使像兰格模式这种主张由中央计划机关模拟市场，在今天的改革者看来也许是相当保守的思想观点，也被视为异端邪说而拒之门外。因此在50年代以前，兰格的思想几乎没有对社会主义经济发生实际影响。50年代随着思想"解冻"和改革的第一次浪潮，在东欧开始了社会主义政治经济学的革命。"苏联学派"排斥市场机制、反对发展商品货币关系的自然经济或产品经济观点开始受到批判。而主张将市场机制引入社会主义经济，全面改革传统体制的"东欧学派"脱颖而出。在波兰、南斯拉夫、匈牙利、捷克斯洛伐克，都涌现了一批改革的先驱者和理论家。波兰学派的又一代表人物弗·布鲁斯（Wlodzimierz Brus，1921—2007）针对宏观决策和企业常规决策均由中央作出的斯大林集权模式，提出了宏观决策由中央作出，常规决策由企业作出，个人消费决策由家庭作出的"含有受到管制的市场机制的计划经济模式"或

"分权模式"。布鲁斯分权模式及其运行原则，为当时各国的体制改革指示了一条可供选择的道路，因而产生了极大的影响。

刘吉瑞：吴老师曾经研究过布鲁斯的思想，同他还有不少个人交往，您对他的观点怎样评价？

吴敬琏：布鲁斯克服了兰格纯学理式论证的缺陷，在一般商品价格形成方面比兰格前进了一步，虽然布鲁斯模式中价格改革的目标模式仍然不那么清晰。但是，布鲁斯模式显然带有兰格模式的缺陷。第一，布鲁斯以保持原有国有制形式为前提，没有涉及政企彻底分离这个至关重要的问题。第二，他提出的模式以"受管制的市场"为特征。在这种模式里，他把价格同税收、利率、汇率放在一起，看作国家调节市场的"手段"。这样一来，所谓"市场机制"就打了一个大折扣，在实践中，这种企图把行政控制和市场协调、"计划经济"同"市场经济"的优点结合在一起的模式，不能不蜕变为科尔奈所说的"IB模式"（间接行政控制模式），它不但没有把计划经济同市场经济的优点结合在一起，相反，由于把两种不能兼容的资源配置系统捏合在一起，往往效率很差。第三，他认为投资权是宏观决策权，应由中央行政机构决定。这样无异于否定了资本市场的存在。而如果没有资本市场，没有包括资本存量在内的资本的自由流动，就没有企业进入和退出的自由。这样，市场只对企业短期经济决策发挥影响，而对长期经济决策即投资决策不起作用，从而仍然解决不了旧体制未能解决的资源最优配置问题。

刘吉瑞：据说后来布鲁斯的观点有所改变，他已认识到了资金市场的重要性。

吴敬琏：布鲁斯移居英国后，越来越认识到他原有模式的局限性，最近他在牛津大学的一次演讲中专门讲了资本市场对建立社会主义经济新体制的意义。

刘吉瑞：除了您上面提到的以外，我觉得布鲁斯模式还有一个问题。布鲁斯模式对决策层次的抽象描述是以东欧中、小国家为背景的。这些国家的经济层次相对较少，但中国和苏联这样的大国经济系统的层次就比较复杂，介于中央和企业之间的中间层次——部门和地方当局，或"条条"和"块块"就不能被舍弃掉。布鲁斯三层次决策模型的好处是按统一的经济运行原则划分了决策权，不足之处是忽视了中间层次。社会主义国家经济改革的实践表明，中间层次与其他层次的关系，是一个颇费斟酌、十分棘手的问题。中间层次权力过大，就会造成尾大不掉的局面；而削弱中间层次的权力，又会造成"中梗阻"。把经济系统抽象为中央和企业两个层次，或再加上家庭层次固然有简明的好处，但地方政府和部门的政策怎么办，布鲁斯没有回答这个问题。一些国家改革中出现的困难，与没有处理好中间层次不无关系。

吴敬琏：与布鲁斯模式相比，锡克模式比较强调利益问题，从而在建立市场机制方面大大前进了一步。锡克无论在自己国内还是后来在国外，都注意从经济利益激励机制的角度论证市场的必要性。锡克认为，在社会主义条件下，劳动对大多数人来说还不是生活的第一需要，而是获得消费资料的必不可少的手段。作为生产者，他愿意少花劳动；作为消费者，他愿意得到更多更好的消费品。这样，个人以及单位对物质利益的追求及其互相之间存在的矛盾，集中表现为他们各自具体耗费的劳动和社会必要劳动之间的矛盾，而具体劳动转化为抽象劳动，必须通过市场。社会主义市场关系既是由利益矛盾产生的，又是解决这种矛盾的良好形式。可以说，锡克的社会主义市场关系理论具有较高的分析价值。同时，锡克认为无论企业的短期决策还是长期决策，都应根据市场价格信号分散地作出。而且这里所说的市场，不仅包括产品市场，而且包括要素市场。如果长期决策不由企业作出，那么投资效益就不能保证，资源配置优化也难以实现。锡克强调中央宏观控制的重点应放在总量分配计划上。微观经济活动则完全由企业自行决定。前几年苏联有些经济学家批评锡克"贩运新古典综合派的观点"，只强调需求管理。其实，在锡克的有宏观分配计划调节的市场经济模式中，宏观管理和政府干预还是比较强的。

刘吉瑞：根据您刚才对兰格、布鲁斯、锡克三种模式的说明，可以概括地说：兰格把重点放在信息方面，布鲁斯侧重决策，锡克则强调利益激励机制。这是第一个方面的区别。第二个方面的区别表现在市场的完善程度上。兰格模式中仅存在一个模拟市场；布鲁斯模式中有一定范围的商品市场而缺乏资本市场；只有在锡克模式中，才存在较为完善的市场体系，市场成为国民经济的基本的协调者。第三，在宏观控制上，兰格模式中计委主要实行价格控制，布鲁斯模式强调投资控制，锡克模式则把重点放在需求管理上。我看，锡克模式与我们今天所说的有计划的商品经济模式或有宏观控制的市场经济模式比较接近，尽管类型不尽相同。

吴敬琏： 随着时间的推移，人们的认识逐渐提高。到六七十年代，东欧经济学家已经认识到体制改革的目标是建立一种社会主义的市场经济模式，当然这个市场经济又是有计划指导的，即社会通过政府宏观管理和行政指导保持其竞争性质和协调发展。

在我国，改革前独立提出理论模式的是孙冶方同志，他的模式与布鲁斯模式有许多相似之处。改革开放以来，我国经济学界在目标模式方面的认识突飞猛进。在理论研究的基础上，1984 年中国共产党的十二届三中全会明确规定了经济体制改革的目标是发展有计划的商品经济。1985 年党代表会议通过的《中共中央关于制定国民经济和社会发展第七个五年计划的建议》指出，有计划的商品经济体系由自主经营、自负盈亏的企业，市场体系和以间接调控为主的宏观调节体系三个互相联系的方面组成。1987 年党的"十三大"文件进一步把这三个环节之间的关系具体规定为"国家调节市场，市场引导企业"。就主要的方面讲，党的"十三大"文件的这个提法更明确地反映了我们当前对目标模式的认识。

刘吉瑞： 我注意到，在我们的谈话里，您一直把商品经济和市场经济混用。这里面是不是有什么经济学的道理？

吴敬琏： 是的。我认为作为我国经济体制改革目标的有计划的商品经济，也就是有宏观调节的市场经济。最近我还给广东开的"市场经济研讨会"提供了一篇讨论这个问题的论文。[①]
我在论文里指出：商品经济和市场经济是既有联系又互相区别的概念："商品经济"是从财富的社会存在形态——是进入市场交换的商品，还是自产自用的"产品"——界定一个经济的性质的；"市场经济"则从稀缺资源配置方式的角度界定一个经济的性质。市场经济，就是资源配置以市场为导向的经济（market-oriented economy）。在封建社会，在某些国家，如中国，商品交换有相当大程度的发展，但市场并没有成为社会资源的主要配置者。因此，这种商品经济（"商品经济"是一种俄语的说法，马克思称之为"货币经济"）并不具有市场经济的性质。但是在近代生产社会化程度比较高的经济里，货币经济或商品经济必定是市场经济。所以我认为，社会主义商品经济，也就是社会主义的市场经济。我在 1986 年写的《经济改革问题探索》后记中还指出，社会主义国家一切真正的经济改革，都是"市场取向的改革"（market-oriented reform）。[②]

刘吉瑞： 确认把有宏观经济管理的市场经济体制作为改革的目标，无疑是历史的进步。在把这个目标模式具体化时，除吸收国外体制改革理论和实践两方面的已有成果外，我觉得需要联系我国经济发展水平较低，是不发达的大国这样一个实际，即充分考虑后起国家经济发展道路和制度演变的特

---

① 见《社会主义初级阶段的市场经济》，大连：东北财经大学出版社，1986 年，第 28—30 页。

② 吴敬琏：《经济改革问题探索》，北京：中国展望出版社，1987 年，第 434 页。

点，高度重视现代化的后发性特征。

吴敬琏： 这一点非常重要。在发达的工业国家，主要的宏观管理是需求管理。对后起国家而言，除了需求管理以外，还需要重视供给方面的管理。我国未来经济体制中的宏观管理模式，就得考虑后起国家宏观管理的特点。在市场组织和结构方面，也应从本国实际出发。战后一些新兴工业化国家和地区，在这方面积累了不少有益的经验，我们应当吸收这些经验，为我所用。

刘吉瑞： 经济发展程度确实影响一国经济体制模式的选择。即使在欧洲工业化的早期，我们也不难找到这样的证据。亚当·斯密倡导把自由放任、自由竞争的体制作为各国现代化的体制模式，这种模式对先行国英国是十分合适的。当时德国相对落后，就不能照搬斯密模式。旧历史学派代表人物李斯特（Friedrich List，1789—1846）根据当时德国的状况，提出了著名的生产力论。按照李斯特的理论，德国应采取不同于英国的模式，对外实行保护关税，在国内开展自由竞争，促进统一市场的形成。这告诉我们，在设计我国体制改革的目标模式时，必须考虑我国的经济发展水平、我国经济目前所处的发展阶段以及后起国家发展模式的共同特点。目前一些文章在讨论目标模式时，往往把我们原有的体制与发达国家的体制模式两相对照，然后就立即把存在于发达国家而我们所没有的"体制部件"作为我国改革的目标模式，这不免失之简单和片面。

吴敬琏： 所以我们应该遍采众家之长，特别注意吸收原来经济发展程度同我国相似且具有相同文化背景的东亚一些国家和地区的体制（"亚太模式"）对我们有用的经验。例如日本在供给管理上有许多新的创造，政府在强制储蓄、动员和分配资金、实施产业政策方面，发挥了积极的作用。"亚洲四小龙"也成功地运用了日本的经验，一方面，我们在设计新体制和进行宏观管理时，应该重视这些经验。但另一方面，既然我们要建立有计划的商品经济，或称社会主义市场经济新体制，现代商品经济或市场经济又有一些共同的规范，就必须遵守这些共同的规范，或者说按现代商品经济的规律办事。既考虑到中国特色又不违反商品经济的共同规范，是我们今天进行社会主义体制建设的基础原则。在进行体制改革方案的规划设计时，也要遵循这个原则。只有这样，所设计的社会主义经济模式才是可行的。

第三讲 中国不能没有生机蓬勃的企业

刘吉瑞： 在我国，1985年的党代表会议把有计划的商品经济体制具
体化为三个互相联系的方面，即自主经营、自负盈亏的企
业，完善的市场体系和宏观间接调控体系。对发展商品经
济来说，企业、市场、宏观调控这三方面是缺一不可的，
某一方面改革的严重落后都可能使新体制难以建立和运行。
在商品经济中，企业是最基本的细胞。但在传统体制下，
宏观与微观大一统，政府直接干预企业的微观决策，企业
生产什么，怎样生产，为谁生产，都由计划机关及行政主
管部门决定。对此，著名日本经济学家小宫隆太郎在比较
了中国和日本的情况后，一针见血地指出，在原有体制下，
"中国不存在真正意义的企业"[①]。如果小宫的这种说法能够
成立，那么，体制改革的任务就是要创造出真正的企业来，
更严格地说，是把原有的工场或作业组转变为企业。

吴敬琏： 小宫的这个判断是正确的。根据列宁革命前的设想，社
会主义就是要把全社会变成一个总管理处，一个独一无
二的大工厂。后来实际上也大致是这样做的。这样一来，
像1984年中共十二届三中全会通过的《中共中央关于经

---

① 小宫隆太郎：《日中企业对比》，《经济社会体制比较》，1987年第6期。

济体制改革的决定》（以下简称《决定》）所说的："全民所有制的各种企业都由国家机构直接经营和管理"，这些"企业"自然也就不是真正意义的企业了。科尔奈使用了"paternalism"一词来描述传统体制下国家同国营"企业"之间的关系。这个词在中国被译为"父爱主义"。实际上，这个词所描述的国家对企业的关系是双重的：一方面，行政主管机关是一个严厉的家长，以指令方式规定企业的产品品种、产量以及供销渠道，确定企业的职工数量、干部级别及具体人选，还通过财政、银行渠道控制企业的资金规模及其使用方向，"打酱油的钱不能买醋"，把企业捆得死死的；另一方面，又表现出慈父般的特点，企业职工的吃喝拉撒都由政府兜着，即使效率低下、经营亏损，企业经理和职工也不必承担任何风险，尽可以躺在国家身上吃"大锅饭"。因此，传统体制下称之为企业的，充其量只是现代企业中的车间或班组而已。按照孙冶方同志生前的说法，国家所有制企业之间的分工协作，只不过是企业内部车间或班组间的技术分工，绝不是独立商品生产者之间的社会分工关系。斯大林在《苏联社会主义经济问题》里说，在国营企业之间交换的生产资料已"失去商品的属性，不再是商品，并且脱出了价值规律发生作用的范围，仅仅保持着商品的外壳"[①]。看来这倒是对这种经济关系的准确理论概括。所以，从十月革命以来的社会主义实践也可以得出这样的结论：在传统的国有制形式下，国有国营的生产、

---

① 斯大林（1952）：《苏联社会主义经济问题》，见《斯大林文选》，北京：人民出版社，1977年，第579页。

流通单位不是独立的商品生产者和经营者，更不是真正的企业。

当然，我在这里说国有制的现有形式同独立自主的企业不相容，其含义只在于：为了建立独立的企业，必须改变现有的公有制实现形式，国家机构不再"直接经营企业"（十二届三中全会《决定》)，即改变目前的国有国营的实现形式，而不是要否定公有制本身。

刘吉瑞： 这一点大概不致引起误解。您提到的 1984 年的《决定》说得很清楚，不能"把全民所有同国家机构直接经营企业混为一谈"，即使在现代资本主义国家，在基础设施部门也存在大量的国有企业或国营企业。许多基础设施部门具有投资量大、回收期长、利润低甚至非盈利性的特点。这使得基础设施部门企业的个别成本—收益与社会成本—收益不一致，即企业成本大于社会成本而企业收益小于社会效益。在这样的情况下，为支持直接生产部门和整个国民经济的发展，政府就要在私人投资一般不愿涉足的基础设施部门进行投资或经营。当然也可采取减免税收、优惠贷款、政策贴息等其他措施鼓励民间投资和经营。基础设施部门或某些自然垄断部门实行国有甚至国营，有时与其说与市场机制相矛盾，还不如说弥补了市场的缺陷。但这一事实仍然不能从总体上否定这样一个命题：国家（政府）直接经营"企业"，使它们不能作为市场主体自主经营，因而与真正的企业不相容。

吴敬琏： 既然如此，我国的国营企业向何处去，就成为市场取向的经济改革所面临的重要问题。

刘吉瑞： 苏联、东欧国家的体制改革也面临过这一难点。东欧国家在体制改革中，也提出过企业制度改革的这样那样的设想。如 80 年代初期，匈牙利的里斯卡·蒂博尔（Lissick Tibor）主张实行一种社会个人所有制。1982 年，罗马尼亚政府决定将国有企业 30% 的资产以股票形式出售给工人、干部和军官，试图实行工人股份制。但这些设想和措施或者流于空想，或者因没有与整个经济机制的改革相结合而收效甚微。匈牙利的改革相对来说走在其他东欧国家前面，但也未在国内形成有硬预算约束的企业，至少国营部门的情况是如此。南斯拉夫一开始就在所有制方面进行了较大的变革，即实行工人自治，建立"社会所有制"。看来效果都不那么理想。我们中国的企业改革，或者叫所有制改革究竟走一条什么样的路呢？

吴敬琏： 1978 年党的十一届三中全会以后，我们在所有制改革问题上取得了一项重大的突破，就是从过去认为所有制越"纯"越好、越"公"越好，转变为承认在社会主义条件下需要有多种所有制并存，容许个体经济、集体经济、私人资本主义经济（包括外资企业和合资企业）等在公有制经济占支配地位的条件下同时并存。现在即使最坚决地维护国营经济的支配地位的人也认为，小企业可以采用租赁、拍卖等形式转归集体和个人所有，或者由他们承包经营。当然，多种经济成分并存的方针的落实、非国有成分组织形式的安排等，还存在一些问题。比如说，现在大量存在的乡镇企业，名义上说是农民集体所有的，实际上相当一部分是乡镇政府所有，甚至是当地官员所有的。不过从原则上说，这个问题已经解决了。问题是作为我国现代工业骨干的 8000—10000 家大中型国有企业应当怎样办。

刘吉瑞： 大中型企业的改革的确是难点所在。中国的改革是从农村开始的，首先解决了农业的家庭承包经营问题。后来，在城市里也发展了大批个体户和集体经营的小企业。问题是大企业。不少同志认为，不明确产权，就不能有独立的企业，因此大企业改革也要从产权制度的改革着手。还有一些很少见诸文字却经常可以听到的议论认为，只有经过"私有化"的过程，把产权落实到个人，才能使企业脱离行政隶属关系，实行独立经营。而要进行国有大企业的私有化，又有意识形态方面的障碍。这样在他们看来，我国企业制度的改革将步履维艰。

吴敬琏： 我想，在讨论我国大中型企业的具体改革措施以前，先讨论公有制能否与市场机制相容的问题是有好处的。在社会主义企业改革问题上发生的不少争论，都涉及这个问题，想绕也绕不过去。与其羞羞答答、闪烁其辞，不如采取实事求是的科学态度，把问题研究清楚。

刘吉瑞： 实际上，这不只是各国进行改革以后才提出来的。30 年代的大论战，表面上争论的是计划与市场能否结合，但背后隐藏着公有制与市场机制能不能兼容的问题。很明显，在马克思主义经典作家那里，对这个问题的回答是否定的。在他们看来，公有制、非商品计划经济、按劳分配三位一体，构成无产阶级夺取政权后社会主义经济制度的基本点。而市场机制既是与私有制相联系的，必然造成生产的无政府状态和资源的浪费，所以说市场与社会主义公有制不相容，要被计划机关的协调所取代。在他们看来，人们编制的计划取代市场机制成为稀缺资源的基本配置者，正是生产资料公有制社会的优越性。米塞斯、哈耶克等人也同样断定公有制与市场不相容，但他们据此得出的是同传统的社会主义学说相反的结论，即由于排斥市场机制，公有制经济必然效益低下，难以稳定协调地发展。兰格、泰勒（F. M. Taylor）等人则认为，在社会主义公有制的条件下，可以由计划机关模拟市场，用"试错法"确定产品的均衡价格，从而同样可以有效率。

吴敬琏：照我看，公有制是否同市场相容，包含两个层次的问题。第一个问题是在公有制的条件下能不能建立独立的企业。在 30 年代的大论战中，这个问题，不管是哈耶克等"社会主义的反对者"还是兰格等"社会主义的同情者"的答复都是否定的。接下来的第二个问题是，在没有独立企业的条件下能否建立市场制度。对于这个问题，哈耶克等人的回答是否定的，他们认为社会主义如果没有自由的企业，就不可能建立市场制度；而兰格等人却认为，在社会主义条件下，虽然由于没有独立的企业而不会有自由竞争的市场，却可以由计划机关来模拟市场。现在看来，兰格等人对企业问题的两个回答都是不确切的。因为这样一来，既然没有独立的企业，即没有市场活动的主体，他们所说的"市场"就不是真正的市场。真正的市场，乃是相互独立的商品生产者之间交换关系的总和。没有独立企业之间的自由交易，也就不会有市场。因此，如果断定公有制排斥独立企业的存在，那就只好承认哈耶克等人的结论的正确性：

公有制同市场不相容。但是，在公有制的条件下不可能建立独立的企业这个前提是没有经过证明的，因此，"社会主义的反对者"的这个论断并不能得到确认。

刘吉瑞： 您的意思是不是说，我们有可能找到一种适宜的形式，建立公有制的或以公有制为主的独立企业，在这种条件下，公有制就能和市场制度相容。

吴敬琏： 是的。从宏观、微观大一统，政府直接经营企业的传统体制排斥独立企业的存在，不能推论任何形式的公有制经济都排斥独立企业的存在。传统的政治经济学教科书总是给人们这样的印象：传统的公有制实现形式——国有国营，是公有制唯一可能的实现形式；否定这种形式，就是否定公有制，因而也就是否定社会主义，主张资本主义和私有制。在你们这一代在党的十一届三中全会思想解放的春风中成长起来的中青年经济理论工作者看来，这里的逻辑错误是显而易见的。但我们这一辈人就与你们不同。像我本人，曾受到苏联学派教科书教条的影响，对现代经济中大企业的组织形式长期缺乏深刻的了解，因此在相当长时间里不理解，在传统的国营企业之外，社会主义公有制还可以有其他的实现形式。在打破了传统教条以后，对于是否能够改变原有的公有制企业的组织形式，寻找一种更加适合社会主义商品经济的公有制实现形式，并在它的基础上，将原有的生产单位改造成为真正的独立企业的问题，进行了长期的探索。我个人得出的结论是：这是有可能做到的。

刘吉瑞： 一些同志认为，根据"科斯定理"（Coase Theorem），私有产权是市场存在的先决条件，只有把现在的国有财产分给个人，实现"个人所有制"，才能建立真正的市场。您怎样看待这个问题呢？

吴敬琏：这是一个近年来讨论得很热烈的问题。不过，这种争论往往同对"私有"一词的不同理解纠缠在一起。西方经济学家常常在相当宽泛的意义上使用"私有的"（private）和"私有化"（privatization）；认为只要将国家机关垄断占有的产权归属于确定的个人、人群或法人所有（占有、使用和处置），可以自由转让，就是"privatize"（使私有化）了，所以有人主张把这个词译成"民营化"。有些学者在阐论"科斯定理"时，也往往把"私有产权"和"产权界定"视为同义语，但在中国前一段的讨论中，"私有化"这个词含义比较狭窄，专指将公有财产交给私人，所以在这个意义上主张"私有化"的人们要求"把产权落实到个人"或者"产权人格化"。持有这种观点的人们认为，只有实现"私有化"，把产权（或股权）分到个人，才能改变国有制下无人负责的状态，使企业真正成为独立经济主体。否则，即使组织起公有制的全资或持股公司，国家或其他公有法人依旧是大股东，资产的经营仍然会是无人负责。"外国有个加拿大，中国有个大家拿。"我不想陷入对"私有""私有化"等字眼释义的争论，单从"公"还是"私"去判断一种经济制度的可行性。我只想说，我并不认为在现代经济条件下，只有把财产分给个人才是解决大企业产权界定问题的唯一办法；相反，只要明确界定产权，并且把所有同控制（control，在中国通常称为"经营权"）分离开来，在保持公有制为主的条件下是能够把原来作为行政主管机关手里的"算盘珠"的生产单位改造成独立自主、自负盈亏、相互竞争的企业的。事实上，即使在西方国家的大公司里，也不是以自然人持股为主，而是以法人持股为主的。怎么能说"只有把产权落实到人，才有可能作出产权的明确界定"呢？

刘吉瑞： 从西方的历史经验看，18世纪的欧洲私有的大企业，同现在的大企业相比，无论在内容上还是形式上，都存在极大的差别。在组织形式上，最大的变化就是由所谓"股份革命"到所谓"经理革命"。经过"股份革命"，私人所有和经营的家族企业变成了公众入股、有限责任的股份公司。经过"经理革命"，大企业不再由原来创业的老板和他的家族控制，而是由一批领取薪金的经理人员（董事和经理）经营的。

吴敬琏： 从企业的发展历史看，确实经历过这么一个过程。发生变革的根本原因，还是生产力的进步。最初的手工业，大都是家庭个体生产，所有者和劳动者是合一的。这种生产资料和个人直接结合的组织形式同生产率很低的手工劳动相适应。当发展到工场手工业阶段以后，劳动者和所有者合一的私有企业形式就不适应了。只有在农业或一些小规模手工业、零售商业中还存在两者合一的个体经营。所以，第一次分离是劳动者和所有者的分离。以后就出现了资本主义工厂。在最初的资本主义企业里，所有者就是经营者。等到资本主义经济发展到一定阶段，企业规模越来越大，管理越来越复杂，需要专门的知识和技能，而资本所有者不一定具有管理的专业才能。这时就出现了对财产的所有同控制（经营）之间的分离。现代股份公司则成为所有者同经营者分离的最常见、最普遍的形式。阿道夫·伯利（Adolf Berle，1895—1971）和加德纳·米恩斯（Gardiner Means，1896—1988）在 30 年代初期最先研究了现代股份公司中"所有与控制分离"的现象。[①] 小艾尔弗雷德·钱德勒（Alfred D. Chandler Jr., 1918—2007）在《看得见的手：美国企业的管理革命》一书中详细叙述了原来的"业主企业"（enterpreneurial enterprises）怎样在 20 世纪中叶转化为"经理人员企业"（managerial enterprises）的过程。[②] 我们从中可以发现公司法人作为独立的主体，是处在经理人员（现代企业家）的控制之下的，而同企业的所有者（股权持有人）的关系相对疏远了。从股权持有方式来说，法人企业的进一步发展，也使公司从封闭在一个小圈子里的少数人持股的封闭公司（closed corporation）或私人公司（private corporation），变成将股权公诸社会的"上市公司"（public corporation，直译应为公众公司）。从企业的这种演变的历史看，按照业主式私人企业的模式来改造我国的大中型企业，也许可以说是"犯了时代的错误"。

刘吉瑞： 您说到现代股份公司中的所有同控制的分离，看来，中国在改革中提出要实现国有企业的所有权同经营权的分离，就是从现代公司得到的启发。而在中国文献中，"两权分离"

---

① 阿道夫·A. 伯利、加德纳·C. 米恩斯（1932）：《现代公司与私有财产》，甘华鸣等译，北京：商务印书馆，2005 年。

② 小艾尔弗雷德·D. 钱德勒（1977）：《看得见的手：美国企业的管理革命》，北京：商务印书馆，1987 年。

有时指的是另一种情况，就是指"所有权"同"占有、使用和处分权"的分割。例如，1988 年颁布的《中华人民共和国全民所有制工业企业法》规定：国营"企业对国家授予其经营管理的财产享有占有、使用和依法处分的权利"。根据这种规定，还实行了国营企业财产"分账管理"的办法。我记得您写过一篇题目为《"两权分离"和"承包制"概念辨析》的文章讨论这个问题。

吴敬琏：是的。那篇文章，是 1987 年我在《经济社会体制比较》杂志座谈会上的讲话，后来发表在《经济学动态》1988 年第 1 期上。我的基本想法是：所有权同经营权的分离，或者叫所有权同控制的分离，是从现代股份公司（即经理人员企业）的实践中概括出来的经济范畴，绝不能同历史上早就有过的所有权在不同层次的所有权主体之间分割的情况混为一谈。后一种情况，有时也称为所有权同占有、使用、处分权的分割，发生在借贷资本家同用借入的资本经营的产业资本家之间，也发生在地主和佃农之间。马克思在《资本论》第 3 卷里讲到的"资本所有权同它的职能之间的分离"，或者"资本的法律上的所有权同它的职能之间的分离"，属于后一种情形：借贷资本家把他拥有的货币资本的所有权（占有权、使用权和处置权）让渡给了产业资本家。而在现代股份公司（经理人员企业）中，掌握实际控制权的经理人员并不是所有者，他们甚至不拥有该公司的股票，而只是"支薪的经营管理专家"。

当然，我们还应当注意，说现代股份公司中控制权同所有权分离了，这只是在相对意义上说的。虽然在一般情况下经理人员控制一切，但以资产增值为目的的所有者（持股者）仍然拥有最终支配权。拥有所有权的股东可以用两种方式投票，来行使他们的这种支配权：一方面，他们可以用"手"投票，即选拔和更换经理人员；另一方面，他们还可以用"脚"投票，即转让自己拥有的股票，使该公司的股票价格下落甚至被他人接管。如果归公众所有的产权（股份）跟过去一样，掌握在没有明确负责人、对经营的物质结果不负责任的政府行政机构手中，它所任命的高层经理人员还是不可能称职的。所以还要采取进一步的措施解决公有制下谁来代表公众持股的形式问题。

刘吉瑞：这样看来，现代经济中的股份制为社会主义所有制的改革提供了值得借鉴的形式。现代股份公司对资本主义经济的发展起了重要的作用。在19世纪后期开始的"股份革命"以前，私人企业一般是家族企业，即所有者直接经营的企业。这种生产关系同社会化的生产力不相适应，资本主义的发展比较缓慢，周期性的危机困扰着整个社会。资本主义生产力的大发展出现在股份化以后。股份制首先有利于企业迅速筹措资金，创办规模巨大的企业。马克思说过，如果没有股份公司，可能到现在还没有铁路。股份制的第二个优点在于它通过"经理革命"使所有权和经营权分离，有利于专业经理人员进行科学管理，从而提高了效率。第三，与股份制同时出现的股票市场，通过股票升值、贬值和转让，极大地促进了资本在产业部门间的转移，从而能迅速改变产业结构。最后，股份制使资产持有人风险分散，企业不因个别股东的退出而散伙。股份制的上述优点是十分显然的。就企业内部而言，股份制创造了资产所有者、经理阶层和劳动者三个阶层既相互联系又相互制约的制衡关系，并且创造了有利于提高劳动生产率、促使企业扩展的微观机制。以至于美国前哥伦比亚大学校长尼古拉斯·默里·巴特勒（Nicholas Murray Butler，1862—1947）说，有限股份公司的有限责任是现代的一个最伟大的发现，甚至蒸汽机和电力的发明也远不及有限责任股份公司重要。如果没有公司，蒸汽机和电力的作用也会减弱。因此，股份制堪称资本主义发展过程中的"软件革命"，它足可与蒸汽机、电力的"硬件革命"媲美。我们今天发展社会主义商品生产，亟须创造出这种组织机制来。东西方的经验表明，股份公司作为一种社会化的企业组织形式，并不是资本主义私有制社会的专利品，社会主义经济也能利用这种形式。

吴敬琏：社会主义大企业可以采取股份制的形式还有一条理由，就是在现代的股份公司中，产权社会化有了进一步的发展。在战后的西方国家，代表公众的养老金基金、社会事业基金会、保险公司、信托投资公司等法人（在日本称为"机关投资者"），逐渐成为大公司的主要持股者。这种股权的"公众化""社会化"（go public）为我们组建股份制大公司提供了适合于公共所有制的持股方式。如果说奥村宏（Hiroshi Okumura）教授把日本的这种以法人持股为主的股份经济称为"法人资本主义"，我看也可以把社会主义条件下的这种股份经济称为"法人社会主义"。

刘吉瑞：您刚才这种建立社会主义股份经济的设想令人很感兴趣。

但是也有同志提出，西方以法人持股的股份经济，是资本主义私有制发展了几百年以后的产物，它的确立，以一个素质很好的经理阶层（法人代表或法人代理人）的存在为前提。而在传统的社会主义经济体制下并不存在这样一个阶层。因此，如果以传统体制为起点，我国是否必须经历一个把全部产权明确到个人，通过竞争培育出经理阶层，然后才逐渐使产权弱化的过程？

吴敬琏：所谓"科斯定理"的首要要求是明确地界定产权。传统的国营企业的确存在一个问题，即没有人代表所有者，或者说缺乏明确的产权主体。"既是大家的，又不是大家的"，甚至没有一个明确的机关来代表所有者，产权也确实太模糊了！因此，社会主义企业改革必须使产权明确化，但产权是否必须落实到个人，是另一个问题。我觉得大中企业产权落实到个人，存在不少困难和问题。第一，如果不采取组织股份有限公司的办法，直接把企业分给个人，意味着退回到维多利亚时代的"曼彻斯特私人资本主义"。这意味着拆散大企业使之"原子化"，然后再经历一个很长的历史过程逐步社会化。在 80 年代的今天，很难设想中国能够在这种迂回漫长的路途中生存。第二，将国有财产全部以股份公司股权的形式交给部分个人的办法似乎行不通。因为原来的国有资产属全民所有，全民所有变成一部分个人有、另一部分个人没有，是一次比以往任何变革规模都要大的利益重组，会同绝大多数人的价值判断发生尖锐冲突，因而不可能得到社会的支持。第三，产权以股票形式平均分配给每一个公民在技术上有很大的困难。弄得不好，原来名义上归公众的财产被少数人攫取，同样会出现第二种情况。第四，即使真正做到了股权大体平均分配，也会由于股权过分分散而使产权对经理人员的监督大为削弱。产权学派的两位大师阿门·阿尔奇安（Armen Alchian，1914—2013）和哈罗德·德姆塞茨（Harold Demsetz，1930—2019）在 1972 年的一篇文章里说，由于股权分散而产生的这类问题，是通过股权集中和代理投票解决的。[①]在我国目前的文化教育状况下，绝大多数居民缺乏必要的经济知识以及作出投资决策和监督经理人员的能力。在这种情况下，股权的全民分散化和平均化，会使所有者对企业经营进行有效监督成为一纸空文，董事和监事的正确选择也会发生困难。因此，情形就会如有的同志批评平均分散到个人时所说的那样，如此分散的股份，事实上并没有明确产权关系，与国家所有相比，倒不如说是使产权关系更加模糊了。

刘吉瑞： 产权落实到个人也可能是指将大型的国营企业资产作股后卖给买得起又愿意买的个人。如果不贱卖的话，同中小企业的拍卖、租赁相比，我想这个过程可能要缓慢得多。日本战后在高速成长期间，直接金融比例都很低。除非采取其他特殊措施，同日本有着大致相同的东方文化心理的中国人，居民个人购买股票不可能太踊跃。虽然这几年商品经济的新名词传播得快也学得快，但对绝大多数没受过现代经济学训练的人来说，股票到底是什么玩意儿，确实不

---

① Alchian, A. A., & Demsetz, H. (1972). Production, Information Costs, and Economic Organization. *The American Economic Review*, 62(5), 777–795.

太清楚。在没弄清其中奥妙并打好算盘以前，中国人对掏自己口袋里的钱向来是小心谨慎、丝毫不马虎的。

吴敬琏：在讨论我国大中型骨干企业的改革时，也有同志主张实行企业集团所有制或企业全体在职职工所有。南斯拉夫的经验证明，企业全体在职职工所有也是一种没有所有者或所有者不明确的所有制。

刘吉瑞：南斯拉夫人说，斯大林体制下的国有制，产权"既不是你的，也不是我的，因而是大家的"，而在工人自治模式中，产权则"既是你的，也是我的，因而是大家的"。

吴敬琏：南斯拉夫"自治模式"下的企业产权，"形式上是一切人的，实际上又不是任何一个人的"。因为这种企业的所有者，即在职职工集体是一个不确定的主体，老工人在退休，新工人在进入。所以，企业职工所有制的产权不可能明确。有的南斯拉夫经济学家认为，南斯拉夫目前的经济困难同这种没有所有者的所有制有直接的关系。这大概是国际上所公认的。不过在中国，主张实行在职职工所有制的还是大有人在。

刘吉瑞：目前像"企业股""职工共有股""从全员集体承包向股份化过渡"这类提法应有尽有，总的是想把国家所有制改变为职工集团所有制。这些概念确实需要澄清。譬如一些赞成产权学说的中国经济学家也鼓吹设立"企业股"，这种企业股到底是谁所有呢？是股东所有，经理所有，还是工人所有，或者是三部分人共有？

吴敬琏：我觉得"企业股"这个提法本身就有些古怪。本来股份制"企业"就是指由众多股东集体组成的法人，这怎么又反过来变成了股东的一分子了呢？显然这里所说的企业，不是指由股东组成的法人，而是指全体股东以外的人，比如本企业的经理或由经理代表的全体职工。如果是这样，还不如叫职工共有股票清楚。"企业股"这种说法大概最初出现于 1986 年冬季。当时有的领导同志要求各地迅速进行股份制试点，倡导"股份制"的经济学家建议将国有企业股份划分为三类，一是国家股，二是企业股，三是职工个人股。这个企业股的股东既不是原来的国家，也不是职工个人，而是在职职工集体。后来这种划分被写入了不少地方当局制定的股份制条例。

刘吉瑞： 不是还有个人股吗？企业股同职工个人股有什么区别？

吴敬琏： 职工个人股的产权是很明确的，对于与股票相对应的资产，所有者既能获得红利，又承担风险。但企业股这部分，资产所有者是谁实在说不清楚。如果是职工共有，刚才说了，在职职工具有流动性，是不固定的主体。即使固定了，这种股份形式必然导致类似于南斯拉夫企业所有制条件下那种"短期行为"——有人仿照本杰明·沃德（Benjamin Ward）"伊里利亚模型"的说法，把这种行为称为"伊里利亚综合征"。凡是在职职工集体掌握所有权的企业，都表现出多分少留，不愿积累投资的偏好。

刘吉瑞： 用现代经济学的标准术语来说，他们的目标函数不是长期利润最大化，而是当前个人平均收益最大化。

吴敬琏： 由于企业的投资要过一段时间才能获得收益，到那时，现在在职的职工可能已因故离开企业或退休，而新工人将分享投资收益，因此人们会倾向于把盈利分掉，把现钱掌握在自己手里更可靠。与其将来分不确定的股息，不如现在拿看得见摸得着的奖金。这种心理必然导致"伊里利亚综合征"。

刘吉瑞： 有的同志承认在职职工集体所有制会导致"伊里利亚综合征"。但是，他们说，在企业股在全部股本中只占少部分的情况下，它不能对企业的目标函数起支配作用，就不会导致这样的弊病。

吴敬琏： 在职职工的影响显然比"不在所有者"——厂外股东要大。他们能直接影响企业经理，而且在一般情况下，经理是公司的"法定代表人"，或称"法人"们的代表。这样，经理就有了两重身份：既是整个企业的代表，又是企业股股东的代表。这就必然导致经理行为的偏差，即优先考虑企业股的利益而损害其他股东的利益。这样，就会出现产权经济学家所指出的、在产权界定不清情况下必然出现的社会资源的"过度使用"和浪费，也就是所谓"短期行为"问题。

刘吉瑞： 根据以上的分析，看来企业股或工人自治的最大的弊病，在于妨碍在企业这个层次形成股东、经理、工人三个阶层互相制衡的机制。这极有可能导致追求企业长期发展的经理阶层被追求短期收益最大化的职工集团利益所左右，和在职职工共同对付厂外股东。在我国目前的企业中，经常出现一种厂长和职工一起"用足政策、用活政策""团结起来挖国家"，不惜牺牲社会长远利益的现象。未来的企业组织中，必须消除这种现象存在的体制基础。

吴敬琏： 在现代工业国家的股份公司中，股东、经理、工人三部分人的利益通过一定的制衡关系，既互相分离又互相联系。股东的利益通过股息红利和股票升值实现；经理人员则希望发展企业，扩大企业的市场占有份额，因为这样经理人员的报酬和社会地位就能提高；工人希望个人收入有保证，工资每年有所提高。在企业繁荣发展对大家都会有利的同时，这三种利益之间又存在一定的矛盾。例如所有者希望多分红与经营者希望多投资有矛盾，工人要求多增加工资同所有者要求多分红、经营者要求多积累都有矛盾。在现代公司中，力求通过从利润中给予工人和经理人员一部分红利（奖金）、允许经理人员和工人以优惠价购买一定量的股票或股票期权等机制，把三者的利益联系起来。在社会主义大企业里，实际上也存在这三种不同的利益主体。我们应当借鉴已有的经验，采用股份公司的形式，使三者利益得到调节，而不宜采用在职职工共有制（包括所谓"全员股份制"）的办法。

刘吉瑞：问题的核心在于职工共有或职工集体在经营企业方面起支配作用的做法，不符合现代大企业组织制度演变的趋势和商品经济的基本原则。

吴敬琏：我认为，应该强调大企业不适合搞职工共有制。各国的小厂商，都有合作制、合伙制搞得好的先例。我们曾经研究过日本职工共有搞得好的案例。这些职工共有的厂商没有出现短期行为的主要原因是：①企业规模小，企业整体发展同每个个人的关系紧密。②处在激烈竞争的环境中，为了企业的生存，大家都能同意把企业的长远利益放在个人的短期利益的前边。

刘吉瑞：大工业发展到现代，一个最基本的要求是经理阶层在决策中起主导作用。而这个经理阶层，就其本性而言，应当以积极进行创新活动，追求企业的扩张、发展等长远目标为其行为准则。而普通职工往往以眼前收入最大化为目标。职工如果在本企业拥有过大的股权并对决策起决定性的影响，就会影响企业长期目标的实现。

吴敬琏：工人收入应根据其劳动贡献决定，具体的机制就是劳动力流动和市场竞争。当然也要采用一定的方式使工人关心企业资产的积累，增强认同感。如各国都有从利润中提取一定比例的公益金作为工人红利或奖金的做法。另外，如盈利较多，也可让工人以优惠价格购买公司的股票，但数量和比重应有所控制。

刘吉瑞：在讨论国有大中企业的改革时，还有一些同志建议实行一种没有明确的最终所有者的"法人所有制"。这似乎为我国大中型企业的改革指出了一条既不同于国有制，又不同于职工所有制的道路。您对这种"法人所有制"有什么看法？

吴敬琏：1987 年以来有一种说法，叫"强化经营权，淡化所有权"。具体落实，就是"法人所有制"的理论。按照这种理论，股东并不是公司财产的所有者，他们所有的只是一张股票。那么，公司财产的所有者应该是谁呢？所有者就是公司这个法人。在中国，经理是所谓"法人代表"，所以经理代表这个法人变成了企业事实上的所有者。一位教授在总结1987 年关于企业制度理论的研究成果时指出，1987 年经济理论的新动向是从强调两权分离走向两权合一，即所有权和经营权都统一在企业这一层次，由经理来行使。

不过我觉得这种理论对市场组织中的法人制度有一些误解，法人所有制是从奥村宏教授的"法人资本主义"的说法演化来的。他所说的法人所有制是相对于早期资本主义股份公司中以自然人持股为主而言的，即指的是第二次世界大战后，主要资本主义国家的公司股份持有者大都是法人，而不是自然人。美国大公司的股份中，养老金（年金）基金等法人持股占大多数。日本法人（"机关投资者"）持股，如公司之间互相持股占全国大公司股份的 70% 以上。根据日本证券交易所协议会调查，1984 年日本公司的股份分布情况是：金融机构持有占全国 38.5% 的股份，事业公司等持有 25.9%，投资信托公司、证券公司和政府地方公共团体持有 3.2%，外国法人和个人持有 6.1%，国内个人仅占 26.3%。法人股权最终要落实到自然人即代表该法人的经理阶层来行使。但需要注意，这里所谓法人持股不是指的本法人，而是别的法人，而法人代表也不是本法人的代表，而是持股法人的代表。本法人持有本法人的股权，也就意味着法人代表自己监督自己，这势必导致所有者丧失最终支配权、经理人员不受制约和监督的状况，导致经理阶层职业道德的败坏。关于这个问题，不妨看看前几年有关日本"三越丑闻"的记载[①]。

刘吉瑞：您刚才这一段话是否可以简单地概括为：企业高层经理人员能以法人股东代表的资格去对别的企业实施最终控制，但他作为雇佣来的领工薪的经理人员，又要受本企业股东的最终控制。

吴敬琏：是的。至于企业持有自己的股份，当我们同奥村宏教授谈及我国的流行观点时，他断然说，这是一种舞弊行为。因

---

① 《三越总经理罢免事件》，《经济社会体制比较》，1988 年第 3 期。

为本企业购买本企业的股票，意味着它不用花钱，资产也丝毫没有增加，而资本额却大大地膨胀了。

刘吉瑞：所以一般而言，本企业购买本企业的股票，是不妥当的。

吴敬琏：香港曾出现过一个很有名的丑闻。有一个人冒充菲律宾前总统马科斯夫人的代表，开了一家公司。然后这家公司以母公司的身份持有子公司的股票，再叫子公司买母公司的股票。经过循环持股的来回倒腾，将资本扩大了几十倍。后来有一家子公司发生了清算问题，整个集团就垮了。有鉴于这种循环持股的弊端，现代各国法律不但禁止本公司持有本公司的股票，而且禁止子公司持有母公司的股票。这方面有例外的规定，如美国公司法规定在增资时可以有一部分保留股暂时不卖，但对这部分保留股有明确规定，一不能分享利润，二没有议决权。保留股只是暂时保留，将来还得出售。没有上述法律限制，就有可能出现经理人员上下其手，损害其他股东权益的现象。因此，我们不赞成把企业自己持自己的股票作为企业制度改革的目标。不过这并不意味着我们反对公司之间互相持股。

刘吉瑞：在法人化（corporatization，也可译为公司化）的讨论中，还有一种意见主张政府持股为主，或者政府股保留相当大的比重，以确保社会主义全民所有制的性质。但我想把政府股作为公有股的主要形式有许多值得商榷的地方。且不说它具体推行中的困难，政府持股后，很难避免一种两难的境地：政府干预少了，很难保证股本增值，而政府干预多了，又势必导致行政干预、政企不分。可能的结局是，换汤不换药，政府与企业的"父子关系"依然如故。在一些发展中国家，也有国家持股的情况，但国有股比例必须受到严格限制。同时，由于在国有企业的外围存在大量的非国有企业，从而造就了国有企业也必须进行竞争才能生存的格局。否则，国家持有股份的企业效益就不会好。

吴敬琏： 关于政府设立国有资产机构经营国有财产的思想和方案，早在 1984 年就有人提出来了。如金立佐提出，要一下实现政企分离是困难的，最好先使政府的两种职能即政府作为全民所有制代表者的职能和作为社会经济活动调节者的职能分离开，设立专门机构，行使所有者职能。[①] 世界银行1985 年关于中国经济的考察报告，也有类似的建议，主张作为股份化的最初步骤，设立各级政府的财产管理部，同进行宏观调节的政府机构分开，由各级财产管理部持股。[②] 当然，可规定财产管理机构持有企业股份的比例，使股权分散化，以免企业重新变成某一级政府机构的附属物。在1985 年 9 月的宏观经济管理国际讨论会（"巴山轮会议"）上，耶鲁大学的詹姆斯·托宾（James Tobin，1918—2002）教授提出，由国家投资公司持股不如由各种民间的基金和基金会持股。这种企业的"公共所有"的性质比国有制更强一些。当然，有一部分财产仍然可以由国家持有，例如公用事业，就可以是国有或以国有为主的。我记得你们几位 1985 年在北京西山设计的体制改革总体规则中，也是

---

① 金立佐（1986）：《审势·反思·选择对我国现阶段经济体制改革的战略考虑》，载《经济社会体制比较》，1986 年第 2 期。

② 世界银行 1984 年经济考察团（1985）：《中国长期发展的问题和方案》，北京：中国财政经济出版社，1985 年。

把设立国有财产管理局作为政策建议提出来的。但国有资产管理局的功能如何、怎样设置，值得重新研究，如要设立，恐怕也不宜隶属于政府，而以隶属于各级人民代表大会为好。

刘吉瑞：我倾向于竞争性行业大企业改革的方向是由各种公有法人持股为主的股份制，因此，资产管理局即使持有国家股，也只限于基础设施或自然垄断部门的某些企业。如按国有制的模式，中央成立了资产管理局以后，地方也依样画葫芦，按原有企业隶属关系层层设立资产管理局，那么，肯定难以改变行政干预企业的状况。

吴敬琏：上面讨论了竞争性部门国有大企业改革的各种思路，并对"私有化""集团共有化"，以及"企业股""国有股"等方案作了评论。那么我们的主张是什么呢？目前我和周小川、钱颖一等几位正在进行一项大企业股份化的研究。我们的设想，是在我国大企业建立以公有制法人（即各种代表公众的机构）持股为主、自然人持股为辅，符合现代市场经济要求的法人制度（即股份企业制度）。所谓代表公众的机构持股为主的股份制，具体说来，就是以养老金基金、社会基金会、保险公司、信托投资公司、开发银行、各级国有资产经营机构持股，大学、科研单位、医院等非行政的公共事业机构持股以及企业交叉持股为主的股份制度。基金、基金会、大学、科研单位等机构可以自己直接经营它所有的金融资产，也可委托专门的资产经营机构，如投资公司的信托部经营，得到的收益用于自我发展。政府在划拨国有企业股权给这些机构的同时，取消或减少对它们的财政预算拨款。

刘吉瑞： 这种构想与其他思路比，确有其特点。首先，法人化从公有制的实现形式上消除了政府行政直接干预企业的基础。假如经济运行机制的改革与大企业股份化的改革配套进行，经过这样的改革，竞争性行业的大企业有可能较彻底地摆脱行政干预。其次，它打破了传统国有制同私有制二者只居其一的思维方式，在公有制的框架下设计了一种发展市场经济的新的所有制形式。最后，这种思路排除了国家股、企业股等非规范的股份制形式，股份化一开始就从现代形式起步。大企业社会化程度高，是我国国民经济的支柱，其财产制度和管理体系的演变改革没有必要也完全有可能不重复西方国家历史上走过的漫长道路：先在分散的私人所有制的基础上将产权明确到个人，建立家族企业或企业主企业，然后再两权分离，由经理阶层管理经营企业的道路。当然，这一构想是否存在大的疏漏，能否实施，实施过程中会发生什么问题，最终效果如何等，都需要进一步研究并由实践来检验。就目前而言，社会主义国家的改革还未能在这方面提供可供借鉴的国际经验。

吴敬琏： 法人化的设想孕育了相当长的时间。问题最先是 1985 年初吴稼祥、金立佐的论文《股份化：进一步改革的一种思路》[①]提出的。世界银行 1985 年的中国考察报告《中国：长期发展的问题和方案》介绍了国外经验，并对中国如何在公有制基础上建立法人组织（股份有限公司）提出了更具体的方案。1987 年以后广泛进行了法人化的试点。1989 年

---

① 《经济发展与体制改革》，1985 年第 1 期。

试点企业扩大到 3000 家以上。现在看来，要设计成熟的实施方案，亟须总结试点的经验，探讨一些疑难问题，使公司化的工作做得更扎实、更规范。

刘吉瑞： 按照以上设想进行改革后，社会所有制结构将出现一种新的格局。中小企业包括商业这一层次，个体、私营和集体经济成分将相互竞争和发展。竞争性行业的大中型骨干企业，被改造成为一种公有制为主、多元化的所有制形式。股权可以在各种所有者之间自由转让。至于天然垄断部门，如某些基础设施部门，将仍然或基本上保持国家所有制，当然其形式也要相应改革。另外，在讨论企业组织制度时，还必须顾及新建企业的融资方式问题。在我们这样一个发展中国家，在相当长的一段时间内，政府还要进行部分生产性投资，那么就会有一个投资采取何种形式组织的问题。

吴敬琏： 关于新投资，我想国家应该建立开发银行和若干个相互竞争的投资公司。同时由于在我国间接融资可能成为主要的融资形式，因此需要建立一些长期信用银行来办理长期信贷或资本业务。基本的框架建立以后，盈利性企业都自主地进行融资、集资，进行新的投资，建立新的企业，再也不需靠政府的财政拨款自上而下地建立企业了。

刘吉瑞： 那么基础设施或某些垄断性行业采取何种融资形式呢？

吴敬琏： 投资回收期很长而利润率很低的某些基础设施或基础工业部门，如能源开发，我看可以采用日本的办法，建立所谓"政策性金融机构"为它们融资。这些机构有权发行债券和吸收某些低息存款（如邮政储金），加上财政贴息，政府就可以借助这种机构，用低息贷款帮助重点部门发展。

刘吉瑞： 虽然目前还很难描绘我国企业制度演变的具体过程，但从上面的讨论看，我国企业组织和产权制度的演变，估计同英、美、法等国会有所差异，至少不会重复它们的历史过程，而可能较接近日本和亚太地区其他国家和地区的模式。

吴敬琏： 日本和亚太地区一些新兴工业化国家和地区，根据后起国家经济社会的特点和经济发展的要求，创造出了某些同东方文化和行为方式相一致而又能推动现代经济发展的组织形式，我们在进行企业制度改革时，很有必要吸取它们的经验。但我国经济制度的社会主义性质，又决定了改革过程中必须兼顾财产分配的公正性，从而又与它们存在某些重大的区别。

刘吉瑞： 刚才主要从目标模式的角度讨论了企业制度的改革，更重要的可能是目前采取哪些具体的措施来实现上述目标。譬如说，各种股份制的设想都与某种形式的股票市场相联系，而股票市场形成又取决于经济市场化的程度，那么我们怎样一步步地通向股份化的目标呢？

吴敬琏： 首先，应该建立各级国有资产管理机构，清产核资，弄清我国国有资产的现有状况。目前有一种倾向，在还未清楚企业的产权归属或资产实际价值以前，就开始进行产权的买卖和转让。在清产核资、明确产权、建立公平交易的产权市场等基本工作还未做以前就转让产权，势必造成混乱。到底是谁卖给谁，如何作价，价款归谁等都没有明确地界定，这就免不了发生多种侵权和舞弊行为，低估资产价值、化大公为小公甚至瓜分全民财产的现象都有发生。即使产权确属地方，价款给地方政府，地方政府也必须把卖得的钱作为国有资产专项基金，交专门的部门管理。

同时，加快同法人化有关的立法工作，包括制定股份有限公司法、证券交易法、商业银行和非银行金融机构组织法等。还要进行有关这些法律的基本知识的宣传工作。

第三，各种基金、保险机构以及证券交易所等基础设施的建设工作，也宜于提前着手。

刘吉瑞： 基金、基金会对我们是一种新的组织形式。它们应当怎样建立呢？

吴敬琏： 我们考虑，这项工作可以同社会保险保障制度改革结合起来进行。这就是说，建立养老金基金会、失业保险基金会时，将相当大的一批国有大企业资产作股划归这些基金会（以后新增职工，用人单位和个人需交纳一定的费用）。这些基金在无偿获得国有财产的同时，承担发放由其负责的那部分人的养老金的责任。这样，养老金受益者也就成为该基金的主人。这些基金成立理事会，负责资产经营。基金理事会由金融专家、社会福利部门代表、经济学家以及其他由基金受益者代表会议选定的人员组成，负责资产经营（或委托其他非银行金融组织经营）。

目前，建立社会失业保险制度具有很大的迫切性。不做好这件工作，市场的建立、企业的独立经营，都很难做到。在竞争强化以后，会出现一部分工人的结构性失业，甚至有的企业会倒闭，如果没有失业者最低生活保障制度，这些改革就不可能推行。这种保险基金，都应当允许用来进行投资。此外，现有的保险机构、基金会组织，如残疾人基金会、由捐赠款项形成从事特定公益活动的捐赠基金会等，也应当允许它们购买股票，如此等等。

刘吉瑞： 在上面设想的企业制度中，企业家阶层将是经营和管理的主角。而在传统的体制中，这一阶层并不存在。在这方面我们在改革前的情况可能比苏联、东欧要差。在苏联、东欧国家，长期实行一长制和专家治厂，因此有一个技术专家阶层。我国在相当长的时间内，批判"白专道路""专家治厂"，因而连这样的阶层也不存在。

吴敬琏： 主张通过私有化改造我国企业的一些同志指出，现代股份制度是长期发育演变而来的，我们如果要一下子实施这种制度，会碰到缺乏一个热心事业、善于经营、讲究信用的经理阶层的困难。他们这种意见，并非全无道理。譬如以机构持股和企业交叉持股为主的企业制度，实际上是合格的经理们集体控制财产的经营，如果某一经理出现失职，作为持股法人代表的经理集团就会对之进行惩罚，甚至将他逐出经理阶层。如果完全缺乏经理阶层，这种企业制度就很难运行。就像目前一些国营企业的董事会，由退休的行政官员做董事，经营状况同原来国家直接经营并没有什么区别，有些则更糟糕。但经过近十年的改革，我国目前的情形也并不像这些同志设想的那样，一点企业家阶层的影子也没有。应该说，经过这几年的改革和开放，涌现了一大批富有事业心、很能干又具有很强的市场观念和竞争意识、富有创新精神的厂长经理，问题是我们没有一套制度促使他们在竞争的过程中不断成长壮大。所以，我认为这方面还是可以有所作为的。

刘吉瑞： 在我们这样一个泱泱大国，具有企业家才干和素质的各种人才，应该说并不缺乏。这同一些不发达的小国不一样。所谓缺乏企业家阶层，主要是指传统的体制压抑了企业家的成长。中国封建社会的政治结构，原本就是不利于商人、企业家成长的。20世纪上半叶，在沿海主要城市逐渐涌现了一批自主自立、非官僚化的企业家。在中华人民共和国成立后，本来这些人有可能转变为社会主义企业家，但"左"的错误使他们在政治运动中逐渐消失。在国有部门，政府定价、指令性计划、实物调拨等行政干预使中国只有工厂而没有企业，因而也就不可能有约瑟夫·熊彼特（Joseph Schumpeter，1883—1950）所定义的那种企业家。中国传统文化重"义"轻利，重官轻商，引导人们"一齐向官看"，追逐权力、地位，也是企业家阶层形成的障碍。另外，我国历来缺乏保护商人、企业家阶层基本权利的法律，使得工商业者只得仰承官僚鼻息。最后，解放以来，厂长经理阶层工资待遇水平实在太低。一个国有大企业的厂长或经理，在改革已进行了10年的今天，其薪金和报酬可能还不如一个个体户的收入，而其所承担的责任，即使在指令性计划体制下也是相当大的。

吴敬琏： 目前妨碍企业家成长的，主要是现存的"双重体制"，或者更准确地说，是以行政控制为主的商品货币经济，以及与此相联系的不公平竞争。在这种体制下，虽然经济活动都已商品化、货币化了，但是行政权力还在资源配置和企业评价中占支配地位，而远非市场配置、市场评价和市场选择。因此，善于管理、敢于创新的企业家，即使施展千般本领，也不如走"门路"获得上级行政领导的一项"特殊政策"、一张"批条"更有所谓"效益"。无怪乎一些有才能、有抱负的厂长感到很苦恼。他们有志于从事熊彼特视为企业家天职的创新活动,但在今天的环境下,却不得不用主要的精力去从事自己所不愿为而又不得不为的"政治"活动:找路子,行游说,拉关系,甚至献贡赋,施贿赂,这样才能跑"步"(部)"前"(钱)进,得到与别人一样或更加优惠的"政策",以求得企业的生存和发展。所以,市场取向的改革不深入,没有公平竞争的市场,企业家便缺乏演出威武雄壮的话剧的舞台,企业家阶层也难以成长壮大。这又是一个企业与它们活动的环境的关系问题。我们所要争取的,自然只能是两者互相推动、互相促进。我想通过这两方面相互促进的配套改革,在中国也是一定能形成一支宏大的企业家队伍的。

第四讲　竞争性市场的形成

刘吉瑞： 现代企业作为一种生产单位，和传统农业社会中的村社和家庭不同，它不是由道德、习俗或指令直接调节的，而是由"看不见的手"——市场来协调其活动。市场既是企业活动的场所，又确定了企业必须遵循的规则。经济体制改革确实必须创造出独立自主、自负盈亏的企业来，但企业又必须面向市场，在市场的海洋中游泳。要发展商品经济，市场的形成和市场体系的建立，就成为改革的一个主题。

吴敬琏： 许多经济学家把社会主义国家的改革称为市场取向的改革，这确实揭示了改革的本质。我们上面谈到一定要使企业自主经营、自负盈亏。可是从另一方面看，仅仅扩大生产单位的权力仍然不能解决问题。因为我们现在搞的不是小农经济和自然经济，而是社会化的商品经济。独立决策的生产单位之间有着错综复杂的分工协作关系。它们彼此如何协调，有限的社会资源怎样在它们之间作有效的配置呢？在传统社会主义体制下，靠的是行政命令（指令性计划），在商品经济中，就要依靠市场。在旧的体制下，全社会是一个大一统的工厂，经济协调依靠看得见的手——中央计划机关进行，这就像孤岛上的鲁滨逊（当然，这是一个规模无比巨大的鲁滨逊，马克思称之为"社会的鲁滨逊"）似的，用全社会都必须执行的计划在自己的各种需要之间分配资源，保证社会经济的协调。如果不是大一统的经济，社会上存在许许多多各有自己利益的生产者，又怎能保证每一个单位的自主决策互相协调呢？在企业都是独立自主的主体的情况下，只能通过市场关系，靠交换中的利益变动来引导它们。换句话说，基本的协调者首先是市场。

刘吉瑞：市场协调最初的表现形式是信息传递。在传统体制下，信息结构是自上而下或自下而上的纵向垂直结构。行政机关向企业下达指令，企业向行政机关报告生产经营情况并提出这样那样的要求。市场经济中的信息结构是横向的，企业之间的信息传递通过价格机制进行。价格升降是生产活动和购销活动的指示器。当一种产品价格上升时，这种产品的消费者（不论是生产消费还是生活消费）就要尽可能地节约使用，而生产这类产品的企业，则会拼命扩大生产，增加供给。反之则反是。通过市场传递信息、企业对信息作出反应这样的过程，企业就能按照社会的要求进行生产。

吴敬琏：从理论分析来说，只有在价格能够反映资源的稀缺程度的情况下，进行商品交换才能使全社会效用（"福利"）总量最大。这是我们初学经济学时埃奇沃思盒状图（Edgeworth box）告诉我们的道理。它假定只有两种资源和生产两种产品，说明这两个追求自身效用最大化的生产者按照反映资源稀缺程度的均衡价格进行交换，就能达到资源的最优配置，达到帕累托最优状态。市场的功能就在于通过竞争提供了能反映资源稀缺程度的价格信号。

刘吉瑞：当然，在任何经济系统中都存在横向的信息流和纵向的信息流。但如果排斥了市场，信息主要由行政渠道纵向传递，就有可能造成两种不良后果：一是获得和传递情报、信息的成本很高。比如说，一个生产某种产品的工厂，它通过月报、季报、年报及计划这些形式，把信息从基层层层上报，上送到中央计划机关。由于中间层次极多，只要某一中间环节出了问题，就会出现中间梗塞。即使不出问题，由于信息传递速度慢，也会使决策滞后。这样看来，纵向传递信息的交易费用就太高了。另外一个问题是，在排斥了市场后，中央或上级行政机关就得用指标来考核企业，评价企业经营成绩，而在用指标考核企业的情况下，企业上报的信息往往是不真实的。在传统体制下，我们的统计有很大的水分，即使千方百计改进统计方法也无济于事，原因在于这是纵向信息结构的本质特征，而不是个别人的品质问题。与一定的利益结构联系在一起的纵向信息结构，必然造成信息扭曲。改革统计方法固然可以使信息虚假程度降低，如从虚报粮食亩产 13 万斤降至亩产 1.3 万斤或 1300 斤，但不能从根本上消除虚假和扭曲。市场也可能给人以虚假的信息，特别是在通货膨胀的条件下，某些长线产品也可能因货币投放过量而走俏，从而使价格信号扭曲和失真，但一般来说，市场信息是资源稀缺性和供求的反映，其真实性比较高。

吴敬琏：这里讲的市场主要还是商品市场。事实上，要使一个社会化程度比较高的经济能够顺畅而高效率地运转，不仅要有

商品市场，而且要有各种生产要素的市场。拿资金市场
（即长期融资市场）来说，这对保证资源通过价格（盈利
率）波动，在各个部门和各个企业之间自由进入和流出是
必不可少的。如果只有商品市场而无要素市场，商品经济也
不可能有效率。在社会主义国家改革的早期，在相当长的
一个时期内，由于意识形态的原因，人们只承认商品市场
而拒绝承认要素市场，资金市场、劳动市场被看作资本主
义经济特有的。我国是改革的后起者，而在许多方面还走
在前面，现在对建立一个包括各种要素市场在内的完整的
市场体系认识比较一致，从而为正确处理一般商品市场和
要素市场的关系创造了条件。

刘吉瑞： 商品市场和要素市场既有区别又有联系，市场体系及其发
育形成遵循一定的规律。它有什么特点呢？

吴敬琏： 一般说来，商品市场的发育和成熟要先于要素市场。商品
市场的成长，会对要素市场的形成和发展提出强烈的要求。
同时也只有在商品市场初步形成以后，要素市场才有可能
发展起来。

刘吉瑞： 市场协调资源配置之所以比较有效，更重要的原因在于，
它在向生产者和消费者提供信息的同时，可以自动地调整
他们彼此之间的利益关系。

吴敬琏： 更准确地说，是市场把信息系统和激励系统联结在一起了，
因而其调节就十分有效。我们以前谈到过现代经济学中的
"产权学派"。他们指出，在产权明确的情况下，社会经济
的各个独立的参与者，不管是自然人或者法人都会从权衡
自身的利益出发，互定合约，协调他们的行为，最终使资

源得到最有效的利用，达到社会效用的最大化。然而必须注意的是，这种权衡和协调所用的基本尺度，乃是由市场自由竞争所形成的价格。所以，主张产权明确界定的"产权学派"也并不否认竞争性市场、自由价格制度与明确界定的产权相联系的市场这一条件，科斯等人在论述他们的产权理论时，无不是把价格决定同产权界定看作合二而一的事情的。

刘吉瑞：看来，只考虑市场的信息作用而不考虑它的激励作用是有片面性的。

吴敬琏：这正是我们以前谈到过的兰格模式存在的问题。兰格设想由中央计划机关代替市场，用模拟市场运作的方式来规定价格，抛开计划机关灵活反映供求在技术上存在的困难不说，它还存在一个难以解决的问题，就是模拟市场不像真实的市场那样，能在提供信息的同时改变其生产者的利益。中央计划机关模拟市场，提供给各企业一定的信息，但这种信息与企业利益并不是息息相关的，结果模拟市场的效率就远不如真实市场。真实市场集信息传递和激励机制于一身，有一个评价和奖罚企业的客观标准，从而保证最有效率的企业能支配较多的资源。

刘吉瑞：亚当·斯密在《国富论》中对市场调节利益关系作了很好的描述。他说，我们所吃的猪肉、面包等并不是靠指令或其他什么方法送来的，是市场这只无形的手，也就是价格信号的指令，驱使屠夫、面包师生产居民需要的东西。生产者的直接目的是追求个人或本位利益，但这也没有什么坏处，在反映资源产品供给和社会需求的信息的指引下，追求私利的行为却满足了社会的需要，从而使社会利益得以间接实现。

吴敬琏： 这一切都说明，要建立能使国民经济有效运行的新体制，除了使企业有自主权之外，关键问题是建立市场体系。从这个角度看，1984 年党的十二届三中全会决定关于价格改革是整个经济体制改革成败的关键的提法，是完全正确的。

刘吉瑞： 这方面依然存在不少误解。在一些同志看来，只要产品是通过商品交换进入消费的，那就有了市场。其实，缺乏竞争的市场，并不具有合理配置资源的功能。

吴敬琏： 这是因为，正像新古典经济学所精确地证明过的那样，市场制度之所以能够有效地配置资源，是因为市场信号——价格能够灵敏地反映各种资源的相对稀缺程度。而这一点，只有在市场具有竞争性的条件下才能达到。理想状态的市场是完全竞争的市场。现代经济学从纯粹状态开始它的分析，就是分析完全竞争市场。不过，要达到这种完全竞争的状态，不仅企业的数量要足够多，而且每个企业要相对小，使得每个企业都是价格的接受者而没有一个企业能够操纵价格；另外，进入市场的人对于价格有完全的信息。实际上，完全竞争的市场即使在现代的发达国家也不存在，多数行业只存在不完全竞争的市场，或称垄断竞争市场，也有的教科书把这种市场称为竞争性市场。

刘吉瑞： 对垄断竞争的市场，不同的经济学家有不同的定义。熊彼特、爱德华·哈斯丁·张伯伦（Edward Hastings Chamberlin，1899—1967）、琼·罗宾逊（Joan Robinson，1903—1983），都有自己的定义。现代发达国家的市场尽管有一定的垄断性，但基本上还是具有竞争性的。

吴敬琏：对。完全竞争的市场与垄断竞争的市场，究竟谁优越，经济学家的看法有分歧。如熊彼特认为，在过度竞争的条件下，企业容易偏向短期利益而缺乏长远的考虑。当然，完全垄断的市场因为不能提供一个合理的价格信号，肯定是不利于资源最优配置的。所以，抑制垄断倾向，确保市场的竞争性，是非常必要的。

刘吉瑞：这就牵涉到市场秩序的问题。我们经常听到这样的议论，即体制改革何必搞得这么复杂，政府只要放开不管就行了，通过"松绑放权"、取消行政管理，就能放出一个市场来。从建立竞争性市场这一角度来看，仅有"放"即解除行政管制是不够的，不少经济学家已经指出，在社会主义国家市场取向的改革中，不仅要"放"，而且更重要的是"立"，就是组织市场和建立市场秩序。没有"立"就不能"破"、不能"放"，或者说至少必须边"放"边"立"。王琢同志有句名言，"没有张三，不要枪毙李四"。确实，还未建立资源配置的替代机制，行政一味地放权，就会留下"管理空白"，从而导致经济生活的混乱。

吴敬琏：王琢同志提出了一个非常好的论点。经历过"文化大革命"的同志都知道，当时有一个叫"破字当头，立在其中"的"超级革命"口号。后来我们都认识到了，这是一个貌似激进的破坏口号。人是天天都要吃饭的，经济体系不能停止运转，因而体制也不能出现真空，所以体制改革只能采取"边立边破"，甚至"先立后破"的办法。

刘吉瑞：可是有的同志说，从历史上看，市场的建立和完善是需要很长时间的，如果要立起来才能破，改革不是要拖到很久以后才能进行吗？

吴敬琏：这里我觉得有两点需要注意。第一，所谓"立"并不意味着一下子就"立"出一个十分完备的市场，而是说，只要这个市场具备了竞争性市场的基本要素，能够初步运转，可以代替旧的行政控制机制，多少发挥些有效配置资源的功能就行了。第二，老的工业化国家市场的形成和市场秩序的正常化，的确经历了几百年的发展过程。但我们作为一个后起国家，应该运用政府的力量，自觉地建立市场秩序。战后像联邦德国和日本从统制经济转向市场经济的开始阶段，就制定了《反对限制竞争法》（联邦德国 1957 年，又称"卡特尔法"）和《禁止垄断法》（日本 1947 年），设立了"联邦卡特尔局"（联邦德国）和"公正交易委员会"（日本）等机构，不仅用法律和行政的手段反对垄断，保证市场竞争的公正性，而且还积极致力于建立一种促进商品生产、保证市场顺利运行的文化价值观。后者除了重然诺、守信用等以外，最基本的是养成交换者人人平等的观念。

刘吉瑞：我国目前存在的价格双轨制，在国外一般是不允许的。同种商品卖给甲是一种价格，卖给乙又是另一种价格，这不仅违反《反垄断法》和市场公正交易原则，而且违反了商品经济中交换者人人平等的价值观。

吴敬琏：各市场经济国家的反垄断立法和公正交易立法都明文规定，不得对顾客实行价格或其他歧视。否则是违法的。所以，市场行为的当事人，是无名无姓的（anonymous），不能因为身份、地位不同或与对方的关系不同，就受到不同的对待。

刘吉瑞： 要实现公平竞争，一个很重要的问题是参与市场交易者，不能因权力、地位而形成等级差别。我总感到行政权力同商品经济中的个人行为结合在一起，就会破坏市场。从这个角度看，没有竞争的市场，甚至比没有市场更危险和可怕。战后第三世界经济发展中，权贵资本膨胀，垄断了市场，实际上也就破坏了正常的市场机制。经济生活中表面上存在市场，但又没有竞争。一旦进入了这样一种状态以后，整个国家的现代化进程可能大大延迟，甚至在相当长的一个历史时期中都难以自拔。国际上有些专家把这种现象称为"印度综合征"或菲律宾的"马科斯陷阱"。

吴敬琏： 认为只要存在买卖，就有了我们所需要的市场，这是一种误解。竞争性市场不仅要求存在商品交换关系，而且要求参与交换活动的人在市场上受到平等对待。关于这一点，马克思早就讲过，商品是天生的平等派。[1] 虽然马克思对商品经济在社会主义经济中的作用持否定的态度，但他对市场机制的运行原理和规则是十分清楚的。只要是商品交换，那就必须平等进行。保持双轨制就意味着公开宣布人们（包括自然人和法人）身份的不平等，他们的政治地位、政治背景、政治影响决定了交易的条件。

刘吉瑞：《经济社会体制比较》杂志上发表过江西贵溪冶铁厂厂长苏尚广的一篇文章。他对目前这种状况作了一个形象的比喻，说双轨制下如果有竞争，也只是喝"健力宝"的运动员与喝白开水的运动员之间的竞争。他列举事实，从原材

---

[1]　参见马克思（1867）：《资本论》第 1 卷，北京：人民出版社，1972 年，第 103 页。

料、能源到资金，都存在价格高低悬殊的不平等对待。另外，市场实际上是商品生产者和消费者之间的一种相互关系，生产者和生产者、生产者和消费者、消费者和消费者之间，都应该是公平竞争的关系。但也有一些经济学家不太重视市场的这种相互关系而强调交换主体的重要性，他们认为重点应放在主体即企业的培育上，有了主体以后，就能产生相互关系。这种看法固然有一定的道理，但不全面。特别是现代系统哲学，认为相互关系才是具有决定意义的。我们现在进行的是社会化的商品生产，这种生产通过相互关系的网络来联结。打一个比喻，我们要组织一场体育比赛，最重要的是什么呢？当然是制订一个公平竞争的规则，也就是确定比赛参与者的相互关系。至于主体运动员，可以是专业的，也可以是业余的；可以是男的，也可以是女的；可以是国内的，也可以是国外的。但不管你身份如何，有何来头，你要参加比赛，就得遵守竞赛规则。一旦这种规则确立，优胜劣汰的机制就起作用，自然而然地要求参与者具有一定的条件和素质，而不管其原先的状况如何，差别有多大。我们看到，正是公平竞争的规则，促使参与比赛的主体刻苦训练，提高技能，奋勇拼搏，从而造就了一代又一代的体育明星。而如果事先没有这样的规则，我想运动场可能会变成战场，将军们就会取代足球明星在足球场上大出风头，长跑健将可能跑不过王孙贵族，相声里说的"段祺瑞式的围棋比赛"就会重演。我们今天搞体制改革，不正是为了建立新的规则、新的秩序，建立企业与企业、人与人之间的新型关系吗？

吴敬琏：主体和相互关系之间存在一种很辩证的关系。作为市场经济系统，如果没有独立的企业，那就不可能形成彼此之间市场交易的关系；反过来，如果没有公平交易的规则和相互关系，那么生产单位也就不成其为企业了。我很欣赏这样一种分析：就像马克思说的，"人是社会关系的总和"，没有人这种社会主体，自然不会有人们之间的社会关系，但是没有社会关系，人也不成其为人。企业是什么呢？企业就是市场关系的总和。

关于市场问题，还有一个问题要探讨，就是在经济改革中，市场形成应该摆在什么位置？有的同志认为，市场形成是一个自然演化过程，人们对它的发展速度无能为力。只有经过一个相当长的历史时期，比如说，几代人的时间，才能从规模很小的市场向规模比较广大的市场、从混乱的市场向规范的市场逐渐过渡。在开始时，好歹有个存在交换关系的市场就行了，然后让它自然而然地发展。

刘吉瑞：这种论点似乎是说，在我们这样一个国家，第一步应该从建立局部的、原始化的、带有许多旧经济残余的地区性市场开始，然后通过自然演变走向比较高级的健全的市场。从各国的经验特别是后起国家的情况看，这样的自发过程太漫长了，我们等待不起。商品经济有它自身的发展规律。市场的产生、发育，确实有一个从初级到高级的过程。但是，作为后起国家，没有必要完全重复发达国家用几百年的时间才走完的这个过程。我们今天毕竟已到了 20 世纪，就算不能跳过若干阶段，至少也可以大大缩短这个过程。假如从一开始就采取各种措施，使市场发展的起点较高，那么，市场发育的过程便能大大加快。

吴敬琏：我想，这里有两个问题要弄清楚。第一，市场确实有一个发育过程，但从各国情况看，进程有快有慢，人们在它的面前并不是无能为力的。即使从老牌资本主义国家看，英国和法国市场形成的进程也不尽一致，快慢相差上百年。英国在"光荣革命"以后，走了一条发展全国统一市场的道路，到 18 世纪后期，全国统一市场就初步形成，从而为产业革命的到来准备了条件。相反，法国在 17 世纪末开始，采取了科尔贝（Jean-Baptiste Colbert，1619—1683）主义的财政政策，依靠地方势力，用一种简便的方法——"包税制"（tax farming）征集税赋，结果关卡林立，市场分割。面对这种状况，法国工商业者在 18 世纪 30 年代提出了现在人们所熟知的"自由放任"（laissez-faire）口号。有一位很熟悉法国经济史的欧洲共同体的专家波伊索特（Max Boisot，1943—2011），有一次问我知道不知道自由放任政策的出典。我告诉他，我读过苏联学者、著名经济学家卢森贝（David Iokhelevich Rosenberg，1879—1950）的《政治经济学史》，他说"自由放任"的口号的意思是"让他来吧，让他去吧"。我们这位教授朋友笑着说，看来大名鼎鼎的卢森贝也不知道当时法国的情况。那么当时法国的情况是什么呢？就是由包税制导致的严重市场割据。地方政府向中央政府包税，交足承包上缴中央的，留下的都是地方自己的。在这种情况下，各地方政府就设立关卡、互相封锁。这严重阻碍了国内统一市场的形成。于是，法国工商业者就提出了"让他过去，不要用关卡来卡他"的口号。

这就是 laissez-faire 的真实含义。

刘吉瑞：用历史作简单的类比总不太妥当，但您刚才所说的法国的包税制，是不是同我国目前实施的中央地方财政包干制很相像？

吴敬琏：有几个外国人，差不多同时提到了这一点。一是英国《经济学家》杂志 1987 年 8 月 1 日发表的一篇关于中国经济的文章，二是世界银行 1987 年关于中国国有企业的调查。这些作者不约而同地指出，中国目前实行的财政包干制度或财政分灶吃饭制度，是和法国 18 世纪的包税制十分相似的。当前面提到的那位共同体专家讲到法国历史的时候，他特别指出，你们应该知道，包税制这种方式虽然不失为一种简单易行的征集财政资源的办法，但由于它造成市场的分割，延迟了统一市场的形成，使法国的起飞比英国几乎慢了整整一百年！这话虽然刺耳，但确实应该引起我们深思。

刘吉瑞：在经济改革中，有些被冠以改革名义的措施，实际上并不是真正的改革措施，并不符合市场化的改革方向。至于它们的效果如何，我觉得有一个很好的判断标准，这就是看它是否有利于竞争性市场的发育和统一市场的形成。并不是所有的措施都符合市场化的方向的。虽然有些阻碍市场形成的措施早晚要纠正，但如果我们不注意汲取国际上发展市场经济的经验教训，先糊里糊涂地实行这些措施，待付出了相当高的"学费"后再倒回去，改革的社会成本就太高，现代化的进程就会延缓。因此，我们从一开始就有必要深入研究，采取一些比较规范的、以市场为方向的措施。

吴敬琏：我们应该把每项较重大的措施放到历史的长河里进行观察。如果说市场形成是一个较长的历史过程，那么我们就应该观测起点在哪里，应该朝哪个方向前进，目前又处在什么位置。一定要使我们的改革措施符合历史的潮流。

我想说的第二个问题是，中国原来已经在某种程度上形成了国内统一市场，这与作为西欧经济发展起点的中世纪的状况很不一样。在《史记·货殖列传》里，太史公就用一段相当长的话描述了中国人民所"喜爱"的各种商品在全国流动的状况，说明即使在公元前 2 世纪，中国经济与中世纪欧洲由一个一个基本上自给自足的独立庄园组成的经济相比，统一程度要高得多。当然在近代史上，清朝政府为镇压太平天国，只得依靠地方封建势力，于是在当时的中国出现了一种非常奇怪的历史现象：在国民经济进一步货币化的同时，市场割据日益加剧。其中一个突出的表现，就是清政府从咸丰三年（1853 年）开始，首先在货币化程度最高的苏南地区建立"厘金"，然后把它推向全国。"厘金"这种税收的特点，是每过一道关卡就征一次税。仅江苏的苏州、松江两地区，就有厘局 37 个、厘卡 217 个。在产出地、通过地、销售地多次完厘。而且名目繁多，各地的税率和课征方法都不相同，额外需索更无一定之规，过往客商只能任凭厘卡人员宰割。这种市场割据现象严重妨碍了工商业的发展，曾被正在兴起的工商业者、市民阶级称作"厘祸"。后来在 1931 年，当时的中国政府采取了"裁厘设税"的措施，裁撤厘金，设立统税，从而对全国市场的形成起了推动促进作用。

刘吉瑞： 国外许多研究中国近代经济史的专家正是从这个意义上指出，中国的工商业化和商品经济一度取得较大进展，但后来由于种种原因，现代化过程没能继续下去。用他们的专门术语讲这种现象叫现代化的"break down"，意即现代化进程的中断或受挫。至于全国市场与区域市场历史的状况，施坚雅（G.William Skinner，1925—2008）、费景汉（John C. H. Fei，1923—1996）教授已经作了较深刻的研究。譬如施坚雅，他认为中国从宋代以来就形成了范围极其广泛的市场。其结构大致是：以大运河为主体，沟通全国市场，这是第一个层次；在这下面就是中心市场，大概相当于现在的县城；最基层的是标准市场，相当于江南的三七市、二六市等集市。标准市场从总体上说是在自给自足的基础上农民互通有无的交换场所。在这个市场内，农民可以得到所需要的各种投入，出卖他生产的各种产品。这就是说，尽管那时商品经济的规模不能同今天相比，但通过标准市场、中心市场以及大运河使全国的市场串在一起了。而在鸦片战争以后，南北大运河这条商品流转的主渠道的功能开始衰退，随着长江航线的开辟，取而代之的是横贯东西的长江，中心市场和标准市场的结构则没有太大的改变。现在的生产力水平不知要比那时高多少倍，特别是有了一个比较完整的铁路、公路系统，建设全国统一市场应该说具备了比较充分的条件。但不知为什么，一些同志忽然提出中国生产力水平低、国土辽阔、发展不平衡，不能形成全国统一市场而只能搞区域市场。

吴敬琏： 我要指出，持这种观点的同志混淆了两对不同的概念。一对是统一的市场和分割的市场，另一对是全国市场和地区市场。他们把统一市场和地区市场对立起来看待，是不妥当的。所谓统一市场即一体化的、内部没有人为的税收或非税收壁垒分割的市场，地区市场则是由于运输成本、产品保存难易、生产和消费习惯等原因，使得有些产品只能在比较小的范围内交换而形成的市场。事实上，即使在统一市场内，有些产品由于自然原因，仍然只能在小范围内流转。我在1987年的《经济研究》上发表的《关于改革战略选择的若干思考》里讨论过这个问题。我讲过，俗话说"千里不运草"，这是因为在一定的条件下，千里运草成本过高，在经济上不合理，因而其市场半径必然有限。又如现在日本采用现代保藏技术，豆腐可以出口外销到美国，但在过去，豆腐绝不能长途贩运，否则就会像我们四川人说的"豆腐盘成了肉价钱"。这些产品市场半径相对较小，并非因为人为的垄断分割，而是出于自然技术原因。所以，不能以市场半径小、产品只适于在区域市场上行销为理由，来说明中国只能搞市场分割而不能建设全国的统一市场。

刘吉瑞： 看来，判断一体化市场还是分割的市场，关键还在市场规则问题。发展经济学中也有分割市场的概念。它主要指因市场规则不一致而引起的市场割裂。拿金融市场来说，一方面，发展中国家的国有银行、商业银行等组成现代金融市场，它们的组织形式是现代的，在贷款给工商企业时，利率是优惠的，业务手段是先进的。另一方面，在农村则存在古老的钱庄、当铺甚至高利贷、合会等传统的金融市场，其利率往往由投机者操纵而高得惊人。这样，由于存在规则很不一致的现代金融市场和传统金融市场，我们说这个国家的金融市场是不统一的、分割的。当然，这种分割也可能存在于不同地区之间。

吴敬琏： 所以建立市场规则是一件十分重要的事情。如果非经济的干预或垄断力量造成市场关系和行为扭曲，这个经济就很难发展成健康的、充满生气的商品经济或市场经济。在存在垄断的情况下，人们就不会去改善经营，追求阿尔弗雷德·马歇尔（Alfred Marshall，1842—1924）所说的合理经营利润或富兰克·奈特（Frank Knight，1885—1972）所说的风险利润，而只会想方设法去谋求由行政管制带来的利润，这种行为被国外的一些经济学家称为"寻租"（rent seeking）活动，或寻求"非直接生产性利润"（directly unproductive profit, DUP）活动。也有经济学家把一些发展中国家的权贵经济或官僚特权经济称为"寻租社会"（rent-seeking society）。艾伦·克鲁格（A. Krueger，1960—2019）1974年计算过，这种寻租活动大约耗费了土耳其国民收入的15%，印度国民收入的7.3%。斯里尼瓦桑（T. N. Srinivasan）引用的印度材料更认为，各类寻租活动带来的经济损失，大约相当于印度正式统计的国民收入的20%。国际上普遍认为，这种严重的腐败行为，是一些发展中国家经济长期停滞、大众陷于贫困深渊的重要原因。

刘吉瑞： 这样说来，中国各种各样的皮包公司、大大小小的"倒爷"，就是追求"租金"的机构和人。而要消除这种现象，唯有通过进一步的改革。因为追逐暴利的行为有一定的体制条件，只有革除这样的体制条件，才能从根本上解决问题。既然如你所说，没有竞争性市场新体制就无法有效运转，理性的价格体系又是竞争性市场的重要内容，看来我们得摒弃绕开价格走的战略，加快价格改革和市场形成才行。约翰·希克斯（John Richard Hicks，1904—1989）说过，经济发展一般会经历从传统习俗协调向指令协调，再从指令协调向市场协调发展。我国目前处于后一阶段。要转向市场协调就得理顺价格。传统经济体制下的社会主义经济，通常被视为自然经济或产品经济，这其实不是很精确的。因为在传统体制下，虽然市场受到限制，货币的作用是消极的，但确实也存在交换，也有价格，只不过价格由行政决定，比价体系被极大地扭曲。我们现在要建立一般商品市场和要素市场，就必须在校正扭曲的比价体系和形成新的定价制度两方面采取行动。

吴敬琏：要建立市场，当前有几项最重要的工作要做。一是进行价格改革，把竞争部门产品的价格基本放开。二是将原来物资调拨和商业收购分配制度改造成贸易制度，建立以相互竞争的商业组织为基础的流通体系。第三，要建立以平等竞争为基本准则的市场秩序，制定保护公正交易、反对垄断行为的法律。第四，要进行宣传教育，树立市场价值观念。价格改革是经济改革中关键的一步，也是最困难的一步。价格改革的目标，对多数经济学家来说是明确的，即除了某些农产品（如粮食）从长期看要实行保护价格，某些公用事业和自然垄断部门产品价格要由政府定价或者协定价格管理外，一般商品的价格都应由市场供求决定。但也有一些同志对于价格改革有两种不正确的理解。一种观点把价格改革等同于价格调整。他们认为既然比价是市场中最重要的信号，合理的比价能使资源配置优化，那么，即使在不改变行政定价体制的情况下，只要不断地进行调整，就能实现比价体系的合理化。这种理解实际上是不正确的。因为要使价格反映资源稀缺程度，只有通过市场的竞争，舍此别无他途。比价合理与否，不能由行政主管机关设定人为的标准去判断，而只能靠市场的供求来裁决。只有市场形成的价格才是合理的、能够反映资源稀缺程度的价格。所以，价格改革的目标是通过放开价格形成机制，让市场供求、竞争决定价格，使相对价格反映各种资源（包括商品、服务和各种生产要素）的稀缺程度。第二种不太正确的理解是，既然市场定价才是价格改革的目标，物价改革的方法就只能是放，而不能调。没有条件全部放开，就一点一点地放。我的看法有一点不一样。我认为应当区别情况，尽可能快地实现价格改革：对于目前供求比较接近、双轨价差不太大的商品，可以一步放开；对于双轨价差很大的商品，就要先调后放；对于个别供给弹性极小的商品，可能要在比较长时期内保留限价。放开第二类产品价格的改革为什么要采取"先调后放"的办法呢？主要原因是这类产品（例如钢铁类产品）目前的价格水平很高，生产结构又发生了很大的畸变。在这种情况下，生产和价格都严重偏离均衡点，如果价格一下子放开就会激发经济学蛛网定理（cobweb theorem）所描述的经济波动和社会震荡。即使这种价格波动和震荡是可以逐步平复的，但也要经过很长的时间才能达到新的均衡。所以我认为，这类商品在"放"以前要先"调"，把它们的牌价调整到邻近于均衡点的区间，保证在放开后价格能较快收敛到均衡点，以避免资源浪费和社会震荡。

刘吉瑞：有些不同意您的价格改革思路的同志，对您有两点批评：一是说您的价格改革主张是"只调不放"；二是说您主张价格改革"一步到位"。从刚才您的说明可以看到，第一点指摘是没有根据的。那么，第二点指摘，甚至说您主张"改革要一步到位"，这是怎么一回事呢？

吴敬琏：我只提出过调整价格时要争取一步到位，而从来没有说过"价格改革要一步到位""改革要一步到位"之类的话，后来怎么以讹传讹的，我也搞不清楚。提出调整价格要"争取一步到位"是在1986年春天，那时正在酝酿"七五"前期的生产资料价格改革。由于前面讲到的理由，我们建议对一些牌价、议价差距悬殊的产品采取先调后放的办法，1987年调价，1988年或1989年放开。当时我们用"争取在调价时一步到位"的说法表达调价要调到临近于均衡点的区间的意思。这个意见后来还写在《经济波动和双重体制》[①]这篇公开发表的文章里。可是到1986年末取消了价格改革计划以后，在国家体制改革委员会的一份文件里出现了对"价格改革要一步到位"观点的批评。经我提出质疑，以后的文件里不再出现这种说法，可是在别的地方进一步升级。例如有人说，1986—1987年之交中国出现了导致"经济稳定好转"的"改革决策思想的历史性转折"，其

① 载《财贸经济》，1986年第6期。

重要表现则是"摆脱了'一步到位'的气氛和压力"，显然就把"一步到位"形容为某种对整个改革的战略安排了。

刘吉瑞：我同意您对价格改革问题上两种极端观点的分析和评论。因为前一种理解只注重比价关系的调整，忽视了改变价格机制这个更为本质的任务。另外，这种看问题的方法是静态的，认为扭曲的价格只要进行一些调整就能趋于合理。实际上，从动态的观点看，价格要随生产结构的变化而变化（当然生产结构也会因比价变化而调整），如果不改变僵硬的行政定价制度，即使通过大调整使比价相对合理了，经过一段时间后又会产生新的扭曲。这种情况在社会主义国家，特别是苏联东欧国家曾经多次重复，可以说是屡见不鲜。所以价格改革除了调整比价外，还得从机制方面进行改革，形成一套能够及时反映生产结构变动、市场供求变化的价格制度。只放不调的观点，显然把价格改革这一十分复杂而艰巨的工作看得太简单了。在生产结构和价格结构都严重扭曲的情况下，一下子放开价格，由于生产结构调整的滞后，供给跟不上，结果可能形成轮番涨价。另外，价格一下子放开势必导致利益关系的大幅度倾斜，一些企业和个人得到大量的好处，而另一些企业和个人又承受不了，这就可能出现"一放就乱，一乱又收"的局面。所以，我们一定要把比价体系的调整理顺和定价制度的改变有机地结合起来，即如您所说的先调后放，先通过调整把比价体系大致理顺，然后就不失时机地把行政定价变为市场定价。

吴敬琏：当然，不论我们采取了什么缓冲措施，价格改革都有可能引起社会利益大调整和社会震荡。为了减少这种震动及其冲击，价格改革需要分阶段进行。消费品价格改革和生产资料价格改革孰先孰后，改革以来一直争论不休。1979年、1985年两次都是先调消费品价格特别是农产品价格，现在又有同志提出先改房租。我认为这样的时序选择不一定恰当。改革的顺序安排应当建立在各种改革的"成本—效益分析"的基础上。在能够投入的资源有限的情况下，应当优先进行那些成本低、收效大的改革。从这个角度看，我认为首先应该调整和改革原材料、能源、运输价格。因为这部分产品，一方面跟群众生活关系比较间接，要经过很多中间环节的传递才能影响消费品价格；在中间环节，工业企业能逐级消化一部分，国家也有较多的办法进行调节，所以它的风险比较小。另一方面，生产资料价格对于硬化企业预算约束、加强经济核算，有极强的刺激效应。相对来说，生产资料价格改革风险较小、成本较低而效益较大，所以应该优先进行。

刘吉瑞：生活资料价格先改，确实存在一些问题。生活资料价格最扭曲的主要是农副产品，价格的放开固然会对供给发生影响，但有些产品供给弹性小，价格放开后供给还是不能跟上，从而引起较大幅度的涨价。这是一。第二个问题是，造成生产资料价格扭曲的一个重要原因，是中华人民共和国成立以来长期让价格机制承担了再分配的任务。粮棉油价格压得这么低，同优先保证城市居民基本生活的政策不无关系，各种副食品补贴也因此越来越多。改革的方向自然是要让市场决定生活品价格，价格机制不再承担再分配职能，但居民的补贴等具有刚性，势难立即降低和取消。因此，如果生活资料价格先改，财政补贴会增加，国家就得有充分的财政后备基金。这一限制条件比较严厉。从这两方面看，我赞成在设计价格改革的总体方案时，应考虑先从生产资料价格改起。当然，鉴于现阶段粮价再次低得使粮农难以也不愿扩大再生产、生活水平下降这样一个现实，适当对粮价进行调整也是必要的。我想这一点不会妨碍和打乱总体部署。

吴敬琏：在一般商品价格和其他生产要素价格改革方面也有一个时序问题。一些同志一方面主张绕开价格改革，一方面又主张加快金融改革步伐，开放资本市场。实际上，正如华裔美国学者费景汉教授所说，价格不合理，利润就没有意义。而工资、利润不合理，利率、汇率也就不能不扭曲。至于股票价格，乃是对于预期盈利的评价，就更无从确定了，当商品价格不合理时，盈利高可能是由于善于经营，但也可能是由于从比价体系的扭曲中得到了暴利；盈利低可能是经营不当造成的，也可能是价格上吃了亏。而如果企业利润失去意义，对利润的预期就更说不清楚，用利润调节资金供求也成了问题。能承受高利率的项目不一定效益真好，无法承受高利率的项目也不一定效益就低。所以，从逻辑的顺序说，只有理顺了商品的价格，才能理顺要素价格。当然，现实生活中多方面的改革不能截然划分阶段，可以也应当有穿插和变通，但是"倒爬楼梯"看来是做不到的。此外，要素价格改革时，也要区别情况，譬如在劳动力要素中，可能越是稀缺的部分，越有可能先用市场机制调节。像工程技术人员、经营管理者等"白领工人",是我国的稀缺资源,可先开放这部分人的劳动就业市场。而"蓝领工人"的劳动就业市场的开放和工资的理顺,可能要困难得多,进程也不能不相对减缓。

刘吉瑞： 在一般商品价格和要素价格改革的时序配合上,要反对两种倾向:一是仅仅注重一般商品市场而使要素的形成过于滞后,即一般商品的价格改革孤军突进,而要素价格方面没有相应配合,甚至最为扭曲的要素价格也没作调整;另一方面,要反对在一般商品市场价格没有理顺或还未大致形成一般商品市场的时候,过分强调在要素市场、要素价格方面采取大动作。譬如说,有一种意见认为目前就应实行银行的企业化经营。事实上,在商品价格极不合理的情况下,银行实行利润导向、企业化经营,只会导致生产结构的更大扭曲。

吴敬琏： 与合理比价的形成、价格机制的改革紧密相联系的,是流通组织的重新改造。看来零售商业的改造困难要小一些,批发商业的困难就比较大。特别是生产资料,人们习惯了国家调拨,对如何用商业形式来组织流通,就更缺乏经验,需要及早着手改造。在这方面,早在1985年,王芹、周小川等同志就提出过组织大型生产资料公司的建议,不过至今进展甚微。现在正在清理公司,我看最好不要简单地采取"砍"的办法,而是把它们分别改组成不同性质的专业企业,例如独立经营、自负盈亏的大型商业、信托投资公司等。这样做,既有利于市场秩序的整顿,又有利于流通体制改革的推进。

这里需要注意的是：流通组织同价格改革应当协同进行。在价格不改的情况下，将原来的物资调拨制度改成批发贸易，这是苏联东欧国家改革中都采取过的行动，但都没成功。最近在我国也有人提出这种主张，并采取了一些措施，我认为效果也不可能好。因为价格改革和流通体制改革两者不能分开，只有配套行动才能解决问题。

刘吉瑞：当然价格改革还涉及指令性计划体制、税收体制、财政体制等的改革。这些我们可以在以后谈到改革的战略和策略时再加以讨论。我觉得，在市场形成、价格改革方面，一个需要着重研究的问题是通货膨胀与价格改革的关系。

吴敬琏：在总需求过大、出现持续通货膨胀的情况下，即使价格能放开，市场机制也很难发挥好的作用。因为价格机制要发挥合理配置资源的作用，公认的前提是形成买方市场，否则，竞争对生产者不会产生压力。并且，在通货膨胀时，价格信号的变化淹没在价格普遍上涨之中，"噪声"淹没了"信号"。对于生产者来说，此时环境是完全不确定的，正正经经的生产者常常受到通货膨胀的损害，做投机生意的却能一夜间发财，因而生意人就转向投机事业。

刘吉瑞：一方面，比价关系在调整，另一方面，又存在普遍的物价上涨，这时，如果某种产品的价格上升了，生产者难以分辨它是由比价体系变动引起的还是由通货膨胀带来的，如果企业不分青红皂白地扩大生产，就可能导致社会资源的错误配置。另外，通货膨胀给价格改革带来了很大的困难。因为相对价格的调整，虽然理论上可以使物价总水平保持不变，但实际上总是伴随物价上涨的过程。在物价总水平有所提高的情况下，调整比价相对容易。在这个过程中，如果再加上一个总需求过度引致的通货膨胀，那么物价总水平将大大上拉，很有可能引起社会各阶层的不安。

吴敬琏：还有第三个因素，就是改革过程中为了使利益调整不致损害多数人的利益，政府需要支付一部分改革成本。这样改革本身就会增加一部分社会需求。需求膨胀、结构调整、照顾多数人等几个因素叠加在一起，物价上涨幅度必然很大。

刘吉瑞：这样看来，在通货膨胀已经形成以后，大的价格改革措施的出台会受到威胁。要进行价格改革，首先应当控制总需求。

吴敬琏：米尔顿·弗里德曼（Milton Friedman，1912—2006）在谈到1948年西德货币改革的时候有一句名言：人们所说的"艾哈德（Ludwig Wilhelm Erhard，1897—1977）奇迹"其实并没有什么神秘之处，不过是简单的"八字方针"而已，即"管住货币，放开价格"。[1] 我认为他说得极是。因此，我在《再论保持经济改革的良好经济环境》[2]里，引用这句话来作为价格改革的正确战术原则。我到现在还是坚持这种观点，认为如果不管住货币，相反采取什么"通货膨胀有益论"的政策，不管是大规模调价还是放开价格，都是非出乱子不可的。

[1] 参见 M. 弗里德曼（1976）：《米尔顿·弗里德曼论通货膨胀》，杨培新译，北京：中国社会科学出版社，1982 年，第 33 页；L. 艾哈德（1957）：《来自竞争的繁荣》，祝世康等译，北京：商务印书馆，1983 年。

[2] 载《经济研究》1985 年第 5 期。

刘吉瑞：社会主义国家改革过程中，确实也曾经在价格改革方面作过努力，但由于各种不同的原因，都遭到了一些挫折。我国前阶段的价格改革，也因价格改革目标不明确、措施不配套、时序错误、总需求膨胀等原因而碰到一定的困难。而对这样的情况，有的经济学家提出了"绕过价格改革"先进行所有制改革的设想。在我看来，如果体制改革是以市场为导向的，那么不管你怎么绕，转了一大圈以后，还得回到价格这个问题上来，价格改革是绕不过去的。

吴敬琏：在价格改革能否绕过这个问题上，我们同一些同志已经争论了两年了。这里我不想全面展开论证，只想指出三点：第一，价格机制是市场机制的核心。要发展社会主义商品经济，那么就很难设想可以没有合理的比价体系和灵活的市场定价制度。第二，世界银行在 80 年代初，曾对 31 个发展中国家 70 年代价格扭曲与经济增长之间的关系进行过研究，得出的结论是：用 7 种价格扭曲指数的简单平均数表示的综合价格扭曲指数，与经济增长实绩存在明显的负相关关系。价格扭曲指数低的 10 个国家，经济增长率要比中间组高两个百分点；而价格扭曲指数高的国家，经济增长率则比平均数低两个百分点。两相对照，由于价格扭曲程度不同，经济增长率竟相差 4 个百分点！那些主张绕开价格改革的同志既然不否认我国的比价体系是严重扭曲的，也不否认经济增长是我们追求的目标，他们那种绕过价格改革实现高速增长的主张就很难让人理解了。第三，如果因价格改革很困难而想绕开它，那更不是理由。容易改的改了，困难的不改，整个体制还是转不了轨。既要舒舒服服，又要改革成功，是不现实的。更不用说，价格关系和产权关系只是从不同侧面对同一事物所作的分析，不解决价格这个最重要的交易条件由行政机关规定的问题，想要明确产权无异于缘木求鱼。

第五讲　宏观调控体系

刘吉瑞： 如果经济系统只是由企业和市场共同组成的，在它的上面没有宏观控制系统，那就是亚当·斯密当初所设想的模式。西方国家的经济理论和经济史都表明，斯密这种完全竞争的市场模式存在一定的缺陷。在理论上，现代经济学的非瓦尔拉斯均衡（Non-Walrasian Equilibrium）学派对这种缺陷作了分析，在实践中最典型的表现则是 20 世纪 30 年代大危机。从总体看，没有政府的宏观调控，现代市场经济系统不可能平稳地运行。

吴敬琏： 首先，那种认为只要存在足够多的互相竞争的"原子化"企业，又有一只"看不见的手"——市场价格体系来进行调节，就能使经济生活一切顺当的观念，是一种 19 世纪的观念。经济的发展证明，光有独立的企业和竞争性的市场是不够的。这一点并不是我们现在才发现的，在现代经济学的许多教科书里，都有一个概念——"市场失灵"（market failure）。市场失灵的意思是说，经济活动的某些领域，市场这只"看不见的手"是无能为力的。市场失灵，涉及的最核心的问题是经济的外部性。所谓外部性，是指有些经济活动的社会效用同个体效用之间、社会成本同个体成本之间有差别，它们的结果不能在一个企业内部表现出来。比如兴建一座工厂，它对整个社区的经济发展会产生好的影响，但这种影响并不表现在企业内部的经济计算上。相反，有些生产活动从企业看，是获得了经济效益，却污染了环境。但污染环境并不在这家企业的成本上表现出来，它造成的社会损失是一种外部不经济。这种外部经济和外部不经济，可以通过某种手段内部化，如收取污染费，使外部的不经济转化为企业成本。但市场机制不能够对外部经济或外部不经济进行评价，因此，凡是会引起外部不经济的行为，都要由社会来管理；使外部性内化的措施，也要通过政府、社会管理机关来执行和实施。

其次，除了市场失灵的情况，有些社会问题的解决，本来就是市场力所不及的。例如，市场机制本身不能够解决社会目标问题。根据所谓"福利经济学第二定理"（Second Theorem of Welfare Economics），在埃奇沃思盒状图上，均衡价格能够达到帕累托最佳状态的不是一个点而是一条线。在"契约曲线"的许多点上，都能够达到帕累托的最佳状态，但选择不同均衡点对社会各阶层的利益将产生不同的影响。这里就有一个不同阶层的不同偏好问题，要由一定的社会机构来调节，这也就决定了政府要具有调节财富在各个社会集团、各个阶层间的分配，把贫富差距限制在社会能够接受的范围内的一定权力。现代社会的政府一般运用奢侈品高额消费税、个人收入累进所得税和社会补贴、救济等转移支付手段来解决这一问题。

第三，国防、基础教育、城市环境、公共卫生等供公众集体消费的"公共物品"（public goods），是不适宜于由市场来分配的，这些部门要由政府来管理，其开支也应由政府来承担。

第四，市场调节是一种事后调节，它必然会引起经济波动，从短周期波动一直到长周期波动。这种波动靠市场机制是难以熨平的，也就是说，市场并不能保证这种波动具有收敛性质。自从改革以来，我国已经出现了一种最常见的短期波动现象，就是所谓蛛网定理，如猪肉、黄麻及许多农产品，从卖猪难到买猪难，两三年转一圈。这种现象的根本原因，就是因为市场调节是一种事后调节，当生产周期较长的时候，就免不了发生这种波动。它在市场经济本身的范围内有没有办法加以抑制呢？期货市场是一种可供选择的方案，但它不能完全解决问题，还是需要社会来指导和调节。

最后，市场秩序的维持，也不是市场本身能解决的。市场本身有一个悖论：所谓市场的好状态是竞争状态，不管是完全竞争的理想状态，还是垄断竞争这种市场常态，只有保持竞争，市场机制才能有效地发挥作用。可是，在对于规模经济敏感的部门，市场竞争有一种趋向：生产经营规模越大，效益越高。这种趋向导致集聚和集中，导致垄断，从而抑制竞争。所以20世纪以来，人们越来越清楚，还得有政府出来抑制垄断，保持市场充分竞争的状态。

刚才讲的所有这些问题，都不是市场本身能解决的，这就需要政府的宏观管理。

刘吉瑞：还可补充一点，市场确能起到调节生产结构的作用，但它的调节过程相对较长。如果一个国家要在短期内进行大的结构调整，靠市场机制就解决不了问题。总之，仅凭市场机制，第一，并不能保持资源的最优配置；第二，市场机制的交易费用可能会急剧上升。譬如说，对公路上行驶的车辆，如果不是采取政府征税并进行基础设施建设的办法，而是采取"谁建桥造路，谁收'买路钱'"的办法，每一辆车每过一次就得交一次钱，由于这样的桥和路又多得不计其数，这种体制运行的交易费用就会高得惊人。因而，还不如政府统一征收养路费或车辆税方便。无论在我国还是其他社会主义国家，在体制改革过程中都出现过选择何种经济模式的争论。在一些人的心目中，似乎亚当·斯密的模式仍是理想的模式，目前还可以走英国 19 世纪政府无为而治的道路。现已十分清楚，这种认识是不正确的。但宏观调控如何同市场机制相结合，却是改革中需要解决的最大难点。

吴敬琏： 为什么要有宏观调控，对发展中国家来说，还有一个特殊的理由。发展中国家要有效地积累和使用资金，改造经济结构，实行高速增长，这个过程如果完全由市场推动，即使条件允许可以完成这个任务，现代化过程也可能会拖得太长。所以对一个发展中国家来说，特别是在高速增长和结构剧烈变动的时期，社会调节和行政干预的意义就更加重大。亚历山大·格申克龙在《经济落后的历史透视》这一经典著作中已经指出，在经济起飞即大冲刺的时点上，经济愈落后，一定社会组织的作用也就愈大，而且采用的方式也愈带有强制性。第二次世界大战以后的一系列国家和地区赶超先进国家的历史发展证明，他说的这个道理是对的。国家的宏观调控运用得愈好，经济发展愈快。也就是说，一方面要有竞争性的市场，另一方面政府宏观干预要强有力，并同市场机制结合得好。只有这样，这个国家的经济发展才能成功。战后不乏这样的例子，即一些国家或地区在短短的二三十年间，就走过了欧洲发达国家花一二百年才走完的道路。这一点，在考虑体制改革的目标模式、设计我国的宏观调控体系时，必须引起高度重视。

刘吉瑞：实际上，您前面讲的市场的缺陷是一个发达的或者完善的市场的缺陷，后来的讨论则转到了经济不发达、市场不完全以及市场的发育对宏观调控的要求上。不发达国家都面临市场不健全的问题。有些国家，已经有了一般商品市场，但好些要素市场仍然是残缺的，或者一般商品市场也是分割的而不是全国统一的。在这时，要完全靠市场来调节全国的经济活动，显然不切实际。至于政府宏观干预对经济发展的作用，我有这么一个想法，也可称作一种假设，就是说一个长期停滞的经济，能不能进入如诺贝尔奖获得者、美国经济学家西蒙·库兹涅茨（Simon Kuznets，1901—1985）教授所说的现代经济增长时代，能不能从传统社会转向现代社会，要看该国是否建立了市场经济体制。在传统社会中，商品经济是不发达的，进入现代增长以后，经济之所以能这样高速地发展，就体制因素而言，是市场机制起了基本的或主要的推动作用。但对发展中国家来说，仅仅进入现代增长的轨道还不够，因为像西方发达国家经历过的那种每年2%—3%的常规增长，达不到在较短的时期内赶超发达国家的目的。只有像日本和其他东亚地区那样的超常规增长，才能使发展中国家后起而赶上先行国家。为什么会出现超常规增长，当然有现代科学技术的作用等原因，但从体制原因看，市场机制这一条件同西方发达国家大体是一样的，而政府的宏观调控体系则大不一样。像日本通产省那样的"推动经济奇迹的有形的手"，在西方发达国家当年是不存在的。因此，能否实现超常规增长，就要看政府干预是否强有力，并能同市场较好地结合在一起。可以把我刚才所说的概括为：能否从传统经济进入现代增长，主要靠市场机制；而能否在进入现代增长后实现超常规增长，则要靠政府干预的有效性。

吴敬琏： 所以，我们要从上面讨论的基础上来设计我国的宏观调控体系。进行宏观调控、建立宏观调控体系，首先是西方发达国家提出来的。30 年代的凯恩斯主义最先明确提出需要改变政府过去仅作为一个守夜人报报平安的作用，加强政府对宏观经济活动的调节。凯恩斯主义提出的宏观管理，主要是需求管理。第二次世界大战后，日本和亚洲其他的新兴工业化国家和地区，除了需求管理，还根据自己发展的需要，创造了供给管理的经验。所以宏观管理应当包括需求管理和供给管理两个方面。

刘吉瑞： 供给管理主要是指产业政策的制定和实施。

吴敬琏： 日本经济学家确实是这么说的。产业政策又具体表现为产业结构政策和产业组织政策两个相互联系的方面。

刘吉瑞： 即使从西方发达国家的情况看，各国宏观管理的框架也不尽相同。如联邦德国，经济体制的设计并不是以约翰·梅纳德·凯恩斯的理论为基础的，而是以社会市场经济理论为基础。他们通过建立法律规范或者秩序来进行宏观调控的做法，具有鲜明的特色。

吴敬琏： 联邦德国的宏观管理主要有两个方面的内容。根据弗莱堡（Freiburg）新自由主义学派的社会市场经济理论，一个完善的竞争性市场能够解决经济效益问题，政府需要做的是两件事，一是运用社会政策，实现社会公平；另一件事是保证市场的竞争秩序，即对货币总量进行管理和实施反卡特尔法，防止各种妨碍竞争的行为。

刘吉瑞： 宏观调控内容的侧重点不同，体制框架也就不一样。英美特别是美国以需求管理为主，它们有一套与之相应的体制。日本在需求管理的基础上又加进了供给管理，它又有另一种体制。联邦德国的宏观调控体制则带有社会市场经济的特征。那么根据我国的特点，我国宏观管理体制的基本框架应是怎样的呢？

吴敬琏： 如果采用需求管理和供给管理的分类法，需求管理要掌握三大政策，即财政税收政策、货币政策和收入政策。掌管这些政策的机构，主要是财政机关和金融机构。从供给管理来说，还得有类似于日本通产省那样的制定实施产业结构政策和产业组织政策的机构（可以将现有的各工商业部合并组成）。除此之外，国家计划委员会规划长期经济发展和结构调整，并对需求管理和供给管理进行协调。这样，宏观管理机构主要由中央银行、财政部、国家计委、"工商部"等组成，由它们制定和实施财政税收政策、货币政策、收入政策、产业结构政策和产业组织政策五大类政策。

刘吉瑞： 传统体制下应该说也存在宏观平衡问题，如计划工作中的三大平衡问题。当然由于原来的经济是大一统的，宏观直接干预企业的微观决策，表面上看起来宏观控制无所不及，但实际上由于宏观管理机制把主要精力放在微观干预和不该管的事上，以致本末倒置，宏观控制能力很弱，整个国民经济出现周期性的波动，产业结构极其扭曲。

吴敬琏： 我想这里需要澄清一些概念。现代经济学的一些概念到我们这里往往走了形。所谓宏观管理，指的是总量管理，而过去旧体制的特点是宏观、微观大一统，一竿子到底，无所谓宏观，无所谓微观。例如，我们的投资管理，总是在上面一层就分解了，而且层层分解，计划指标一直下达到企业，按照每个企业的具体情况，由计划规定应该给它多少投资，这时所谓宏观管理就变成微观干预了。现在有一种理解，好像是中央全国性的管理，都叫宏观管理。目前实施的调节税，也被认为是一种宏观管理。其实调节税是一户一率的，是典型的非规范微观干预。

刘吉瑞： 我想区分宏观管理与微观干预有两个重要的标准：第一，宏观管理的对象是总体，因而规划统一具有比较规范的特点，不因人而异、因事而异、因单位而异。第二，宏观管理通过"政府调节市场，市场引导企业"的程序进行，不必分解指标，直接下达到微观单位。如果层层下达到微观单位，就成了微观干预或科尔奈所说的行政管理。

吴敬琏： 这里需要注意的是，对于政府的微观管制（regulation），也不能一概加以否定。由于市场失灵现象的存在，政府往往不仅要进行总量调节，而且要运用法律和行政手段对企业或行业作出限制性规定。例如，对航空、运输、通信、金融等行业采取某些进入限制措施。发展中国家在实施产业政策时，就采取了更多的微观管制措施，如进出口许可证制度、产业组织优化办法等。但是，正像公共选择学派和国际贸易学派所正确指出的那样，对市场经济的行政管制会创造不平等的竞争环境并产生归一部分人享有的"租金"（rent），为了争夺租金，人们还会采用合法的或非法的手段进行"寻租"（rent-seeking）活动，从而造成经济效率的降低和社会浪费。由此看来，正确的态度应当是：第一，把政府的微观管制限制在必不可少的最小范围内，只要条件允许，都应当解除管制（deregulation）。第二，尽量把市场化的办法引入行政管制的实施过程，例如对许可证的竞争性拍卖，通过竞争把大部分租金收归社会。第三，实行公开化，提高管制规章的透明度，公布各种指标、配额、许可证的分配情况，强化公众对实施管制的官员的监督。

刘吉瑞：与宏观管理和微观干预相联系的，是另外一对概念：直接管理和间接管理。中国报刊通常把新旧两种体制下宏观管理的区别说成间接管理同直接管理的区别。

吴敬琏：我觉得这里也有一些混淆。的确，宏观总量管理在一般情况下往往是间接的，但并不排斥采用某些直接的手段，如信贷的直接数量控制（在日本叫"窗口指导"）。在商品市场、金融市场发育程度比较低的情况下，很多国家在管理货币供应量的时候，往往采取对贷款余额进行控制的手段。只要在规定一个总量以后，按照某种全国统一的原则去分配，而不是具体地规定哪个企业应贷多少款，"戴帽"下达指标，那么都应该看作一种符合市场经济原则的宏观管理。反过来说，间接管理有时候并不符合宏观管理的规范性原则，我国一户一率的调节税，或者匈牙利曾存在的几百种针对具体企业的特别税收和特别补贴，虽然它并不使用实物指标，而是使用货币手段的间接控制，但它们仍然是一种微观干预。

刘吉瑞： 为了根本改变传统体制，在建立新的宏观调控机构时，首先要对计划体制和计划机关实行根本性改革。

吴敬琏： 按照列宁的说法，所谓计划性就是自觉地保持平衡，就是使国民经济各个部门、各个地区按照一定的需要比例来分配资源，保持它的协调发展，这就叫计划性。过去认为计划性就是靠层层分解的指令性计划来实现，实际上计划性可以由不同的方式来实现，而且其他方式效果可能更好。正如前面谈到的，我们所设想的新体制，是以市场机制为基础来保持计划性。所以，所谓计划体制改革，就是把原来用指令性计划保持计划性的体制，改变为通过市场来保持整个经济的计划性，使国民经济协调发展的体制。其中的关键，用波兰学派的语言说，就是由行政命令的调节改变为经济参数的调节。

刘吉瑞： 您曾经说过，经济参数可以分成基本参数（商品价格）和调节参数（税率、利率等）两类。我觉得还可以进一步细分为三种不同的类型：第一类参数如税率高低、预算和国债规模的大小，通常是由政府根据需要决定的，可称为政府决定的参数或政府参数；第二类参数如一般商品市场的商品价格，应由市场供求决定，政府不能对之进行直接干预，可称为市场决定的参数或市场参数；第三类参数如货币供应量、工资率、利息率、汇率等，在市场供求关系的基础上由政府进行调控，可称为政府与市场共同决定的参数。当宏观管理从指令性指标管理转向以市场为基础的间接管理时，必须根据这三类参数的不同性质，有区别地进行调控。

吴敬琏：把过去宏观、微观大一统的指令性计划体制改变成通过市场保持计划性的体制，对于这一点，我们的认识是逐步发展的。我认为党的十二届三中全会《决定》提出的"有计划的商品经济"这一概念，讲的就是通过市场保持计划性。但对有计划的商品经济的理解有很大不同。有一部分同志认为，有计划的商品经济即国民经济中有一块是计划经济，另外一块是商品经济。这就回到了过去争论中的"板块论"，即国民经济的重要部门、主要企业由指令性计划调节，其余部分由市场调节的论点。党的十三大文件比十二届三中全会的说法更明确，称为"国家调节市场，市场引导企业"。虽然有些同志认为这个提法有简单化的缺点，因为即使在新体制下，也并不是一切宏观管理都通过市场，譬如说，直接数量管理、某些产业的结构调整，并不完全通过市场。但我还是觉得这个提法比较好，它描述了一个保持计划性的基本方法，即宏观管理的基本程序，同时表明只有通过市场才能使国民经济按比例发展。这样比原来那种市场一块、计划一块的提法就进步多了。在确定了"国家调节市场，市场引导企业"的调控程序后，我觉得你刚才谈的区分不同的参数就特别重要。国家能直接操作的参数有哪些呢？一般商品价格这个市场参数，原则上只能由供求决定，它与其他参数像税率、汇率、利率等的性质不一样。政府实际上不能直接调控价格参数，政府只有通过对政府参数、政府和市场共同决定的参数的调节，间接地影响价格参数。如果政府直接干预商品价格，必然导致整个比价体系的扭曲。

刘吉瑞： 我们常常可以看到一些分析我国体制改革目标模式的论文或专著，用"运用经济手段、经济杠杆"这样的说法来代替参数控制的概念。他们说，国家手中的经济杠杆包括价格、税收、工资、利率、汇率等，这些都可以由政府用来保持经济的计划性。

吴敬琏： 我觉得，这种说法是不确切的。在东欧经济改革早期的"计划与市场结合模式"或称"受管制的市场"（regulated market）模式里，就存在把应由市场供求决定的价格也看作政府可以"利用"的"经济杠杆"，从而使市场机制的作用无从发挥的问题。上面他们所说的几种"杠杆"，除税收外，都属于价格范畴。其中，利率是资本的价格，汇率是本币的外汇价格，工资是劳动力的价格。国家对这些所谓杠杆的可控制程度、可调节程度是不一样的。税收不是价格，却是政府最容易操纵的参数，而商品价格，一般情况下政府不能对它实行直接控制，只能通过其他参数的调节去间接影响它的变动。所以，把政府不能直接调节的商品价格参数，能在一定程度上调节的要素价格参数，以及政府能强制调节的税收等政府参数，都搅合在一起称作经济杠杆，就会导致一种否定市场机制作用，用行政方法任意破坏进行宏观管理的基准的危险。

刘吉瑞：记得三年前，您在一次会议上就说过，运用经济杠杆这个说法使人觉得这些经济参数是行政官员手下的"丫鬟"，爱用就用，不用就靠边，什么时候用，随叫随到。所以区分三种不同性质的参数，根据它们各自的特点、性质和运行规律进行宏观调控，是十分重要的。"国家调节市场，市场引导企业"的总命题无疑是正确的，但对政府怎样调节，调节的对象、次序、方式等，都要作基本的规定。如果各级政府一上来就通过调整和控制一般商品市场的价格来引导市场，那将必然破坏市场机制乃至整个国民经济的正常运行。在一个县城，我曾看到一批人在给蔬菜定价，茭白多少钱一斤，刀豆多少钱一斤，如此等等，说是最近学了文件，政府要调节市场。这真叫人啼笑皆非！

吴敬琏：关于刚才说到的"丫鬟"问题，需要说明，这个用语是孙冶方同志最先使用的，确实十分精辟。孙冶方同志生前非常反对"利用价值规律"这样的语言，这种用语现在还很通行。作为一种形象的说法，"利用价值规律"不是绝对不能用的。但是，它确实容易造成一种误解。最近报刊上一再讲到要"利用价值规律"，这种"利用"可以理解为政府主观选择的结果。孙冶方同志反对"利用"价值规律的说法。他说，我们从来没有听说"利用"牛顿万有引力规律这样的说法。他说，规律不是大观园中的丫鬟，不能听主人的使唤。人们不能使用或"利用"规律。不管你喜欢不喜欢它，规律都是事物运动的必然性，只要事物存在，就必然这样运动。只要价值规律存在，客观上就要求价格像党的十二届三中全会《决定》讲的那样，既反映价值即劳动耗费，又反映供求，因而是一种客观的运动。这种客观运动的规律我们是不能任意取舍的。

刘吉瑞：根据通过市场保持计划性的要求，在计划体制上就必须取消指令性计划及其各种变形，计划内容主要转到制定产业政策和发展战略上来，时期则以中长期为主。我们的目标是，在新体制下，市场关系构成计划的基础。有计划的商品经济只有一套参数系统，而不是存在计划、市场两套调节因素（regulators）。这套参数的实质就是一组有宏观管理的市场关系，或根据市场关系的内在规律和社会目标制订的计划。这一方面反映市场的供求，但又能有效地消除市场自发性造成的危害。

吴敬琏：我想，这就是党的十二届三中全会《决定》讲的："我们的国民经济计划就总体来说只能是粗线条的和有弹性的，只能通过计划的综合平衡和经济手段的调节，做到大的方面管住管好，小的方面放开放活，保证重大比例关系比较适当，国民经济大体按比例地协调发展。"

刘吉瑞：既然这个"粗线条的和有弹性的计划"是通过市场的作用和经济手段的调节实现的，计划体制的改革就和财政、税收、货币金融等方面的改革是合二而一的事情。

吴敬琏：的确是这样。我们不妨先来讨论税制改革。我们过去的税收体系是跟命令经济相适应的，政府通过税、利把企业的全部盈利收缴到财政的口袋里。这当然是同微观、宏观大一统，全社会是一个大工厂这种计划体制相适应的。现在，我们既然承认企业是一个独立的法人，那么就应该采用另外一种全新的税收体系。这种税收体制的首要任务是保证政府的预算基金来源，来弥补政府的各种开支，但采用的方法应该有利于平等竞争条件的形成，而不破坏平等的竞争条件。1956年以来的改革，多次提出要创造企业公平竞争的环境，使它们处于同一起跑线上。过去企业之间共同的起跑线之所以不具备，苦乐不均，是由于影响企业收入和盈利高低的若干外部因素无法排除。外部客观因素主要有这么几个：一是价格。企业所面对的价格不合理，有的企业可能从投入物的买进价或产出物的销售价中得到好处，而另一些企业则因此受损。二是企业的资金拥有量和装备量。长袖善舞，资金拥有量多、装备现代化的企业生产成本或交易成本会因此降低，如果资金不付费，无所支出，企业就可以得到一部分超额收入。第三个因素是企业所处的地理位置不同。交通运输条件不同，离原料和市场的远近不同，协作条件不同，从而造成级差地租的收益不同。第四个因素对采掘部门影响特别大。矿床的品位不同，埋藏的深浅不同，开采的难易不同，也使企业的生产成本不同。如果资源不付费，使用优良资源的企业也可以得到超额收入。所有这些因素都是外部的，跟企业的经营没有关系，因而由此造成的对企业利润的影响必须排除。价格的影响可以通过价格改革解决。资金拥有量和装备程度不同的影响，可通过流动资金全额信贷、资金付费以及产权明晰化后向资产所有者征取股息、红利等办法来排除。第三、第四个因素，可能要通过税收和征取地租等措施来排除其影响。这样一些外部因素排除以后，利润的高低就能反映企业的经营状况和它对机遇的反应。税收体制改革，就要有利于平等竞争环境的形成。

刘吉瑞：要达到您所说的要求，在税制改革时，就要将原来以产品税为主的税收体制改为以企业的个人所得税、增值税、资源税为主的税收体制。扩大所得税的比重，有利于变间接税为直接税。原来的产品税不利于专业化和协作，阻碍商品经济的发展，改为增值税即能解决这个问题。增值税的纳税人是工商企业，课征对象是企业商品销售收入中的增值部分，即企业的全部销售收入减去为生产和经营这种产品而支付的成本后的剩余。实行增值税后，小而全、大而全的企业的税负，与非全能的专业化企业没有什么差异，从而能够从根本上改变实行产品税时专业化分工越发达，税负越重的不合理现象。至于资源税，只要我们承认稀有资源具有价值，在我国这样一个人均资源十分匮乏的国家，其征收就具有必然性。并且如您刚才所说，这样做有利于企业在商品经济中公平竞争。

吴敬琏：同计划体制改革直接相关联的另外一个大问题，是财政体制改革。这几年的改革实践使我们感到财政状况对改革的制约太大，改革没有财政的支持，就难以大步推进。而要使财政状况根本好转，又有赖于包括财政体制在内的整个体制的改革成功。就财政体制本身来讲，目前采取的是一种中央、地方分灶吃饭的体制或地方财政大包干体制。经济学界对这种体制能否长期存续、是否符合改革的市场取向等问题一直争论不休。相当多的经济学家主张用比较规范的中央与地方分税制来代替目前非规范的财政"大包干"。财政"分灶吃饭"或者"大包干"体制的主要问题，是实行按行政隶属关系征交收入的制度。属于哪一级政府的企业，其利润和税收就进入哪一级政府的财政预算，从而使得各级政府与企业的利益紧密地捆在一起。这种办法企图在命令经济的框架内调动各级地方政府增收节支的积极性，虽然也取得了某些积极的成果，但同时也强化了各级政府对所属企业的干预以及自成体系、保护主义和市场割据的倾向，加剧了地区之间、局部与全局之间的矛盾。1980年实行财政"分灶吃饭"以来，各地重复布点的现象有增无已，基本建设战线越拉越长。地区一级自成体系，"小而全""同构化"的趋势日益明显。地区之间则相互封锁，"大战"不断。这种状况自然是不利于按照商品经济的原则在全国合理配置资源的。所以，切断企业的行政隶属关系以及这种关系和财政收入的关系，已经成为当务之急。否则，每个地方都要大量兴建自己的企业，同时用行政力量"调节市场"，对自己的企业进行保护，势必破坏统一市场和公平竞争。有人用非常形象的语言指出，当调节市场的裁判员和企业的运动员（经营者）是同一人或同一个家族的成员时，那些不与裁判员"穿连裆裤"的局外运动员（外地、外部门企业），就没有办法同裁判员、运动员合一的球队比赛。而要把裁判员与运动员分离，就必须实行规范的中央地方分税制，不是按行政隶属关系来组织收入，而是按税种划分。

刘吉瑞：按税种划分收入，把不同税种划给不同级别的财政预算的原则是什么呢？

吴敬琏：原则是根据不同税种的性质，与地方政府职能相关的税种划为地方专享税，与中央政府职能相关的税种划为中央专享税，其余的则定为中央与地方共享的税种。所以，实行分税制，首先要明确中央政府和各级地方政府的职能。在明确各级政府职能的基础上划分财政收支，实行收支对应的理财原则。哪个税种与哪一级政府的职能联系得最紧密，就将这个税种的全部或大部分划归给该级政府。总的来说，地方政府作为一个自治的管理机关，它的职能主要是进行基础设施建设、市政建设和改善投资环境，这样，从土地使用权得来的收入就应归地方政府，增值税、企业所得税可由中央与企业所在地方共享，由国家税务局统一征收。实行这两项措施后，地方政府本身就不必去建立企业，因为企业所得税税率和分成比例由中央统一规定，与其致力于自身组建和经营企业，不如创造和改善本地投资环境。如果其他地区企业纷纷到本地投资，本地的地价就会上涨，而由于土地资源税一般属地方，所以其财政收入能增加。这就形成商品经济发展与中央、地方收入增加良性循环的机制。当然，有些地方如贫困落后地区，其自身的收入不足以弥补和满足政府开支所需，这时中央政府可进行调剂。各国有不同的办法。联邦德国按照一个标准定额调剂，如低收入邦的人均收入低于一定水平，高收入邦就应调拨多少经费给低收入邦。日本则由中央政府给地方政府拨付名为地方支付税（LAT）的预定额补贴和名为国库支出金（CGD）的专项补贴。

刘吉瑞：与中央地方分税制相对应，税收机构也要相应改革。如果税收分为中央税、中央地方共享税和地方税三大类，那么税收机构就要分为国税系统和地方税系统。其中中央地方共享税可由国税系统代征，地方分成。这样，就能从制度上根本改变目前地方政府任意减免中央地方分享税，使税收严重撒漏和流失的状况。另外，我觉得在新体制下，必须明确政府是否还直接参与盈利性投资。这不仅与财政体制有关，而且同金融投资体制亦有紧密联系。

吴敬琏： 我认为政府完全不必直接参与盈利性投资。盈利性部门的外部融资可从投资银行等金融机构取得。由于这些金融机构是经营资金的企业，而不是像财政系统那样的地道的政府行政机构，因而两者的行为不一样。政府退出盈利性投资领域，有利于企业自主经营、自负盈亏。当然这样一来，金融系统在整个国民经济系统特别是宏观调控体系中的地位会比原来大大提高。金融系统应该由这样几个部分组成：首先，有独立制定货币政策权力的中央银行。它不是企业，而是准政府机构。中央银行及其附属机构构成金融系统的调节中枢，它运用公开市场业务、调整贴现率、调整准备金比率三大手段和对贷款总额的行政指导（"窗口指导"），调节货币、资本的供应和需求，调节金融企业的行为。其次是由大量的商业银行组成的金融日常业务系统。商业银行作为经营资金的独立企业，构成金融系统的基本要素。它们通过存、贷款之间的差额和提供各种金融中介服务盈利。第三，大量的非银行金融机构，如养老金基金会、保险机构、投资信托机构等。在以上这些市场融资活动中，资金价格——利率的自由波动十分重要（当然中央银行对此要进行调控）。台湾地区的蒋硕杰（1918—1993）先生说，台湾经济高速增长的最重要经验之一，就是金融方面的自由化加上高利率，这使得发展中国家和地区最为稀缺的资源——资金得到最有效的利用。

刘吉瑞： 蒋硕杰先生讲的这番道理，对于一般制造业当然是对的。但是，这里有一个问题。就是后进国家经济结构处于急剧变化之中，为了高速赶超先进国家，需要加强基础工业和落后地区的建设，如果都按反映资本稀缺程度的利率融资，由于这些部门和地区资本需要量大、盈利水平低、回收期长，就很难取得足够的资本。

吴敬琏： 你提出了一个很好的问题。金融自由化加高利率政策的确是促成台湾制造业高速发展的一件"法宝"，但是，恐怕单用这一手段又是它的重化工业在一段时期里发展不足的重要原因之一。为了弥补这方面的缺陷，我们在应用台湾地区的上述经验的同时，还应当充分注意日本、南朝鲜在高速增长时期创造的运用政府的"政策金融"来加速结构优化的经验。以日本为例，政府设立了输出入银行、开发银行和若干个"公库"，为特定的政策目的做经营放款、认购债券、对民间金融机构贴息等业务。政策金融机构同民间金融机构协调活动，虽然前者只占融资总量的1/4到1/3，却起到了"四两拨千斤"的调节作用。所以，根据我国是发展中国家这样一个特点，我们也应建立政策金融机构扶助基础产业、瓶颈产业、新兴产业以及落后地区的开发。当然，金融体制的改革始终要以中央银行独立化、专业银行企业化、投资主体多元化、融资筹资市场化为基本方向；同时，又要结合我国的特点，灵活运用战后新兴工业化国家和地区的经验，在市场调节的基础上发挥政府的作用。

刘吉瑞：前面我们曾经谈及经济不发达对市场机制的影响，同样的道理，经济不发达也会影响政府的宏观调控能力。发展经济学家在研究第三世界国家的宏观控制时，发现大多数国家政府的控制能力是比较弱的。从表面上看来，我国目前有庞大的行政机构，政府"无所不在，无所不知，无所不能"，但实际上，由于整个社会的不发达，行政部门的现代意识不强，管理能力和管理素质也比较低，尤其是不发达社会的封建特权、裙带风以及贿赂腐败现象等，也会严重侵蚀行政机构。因此我觉得，政府在保持清廉的同时，必须摆脱原来承担的过多的任务，把其管理重点放在最紧要的宏观问题上。诚如发展经济学的先驱者阿尔伯特·赫希曼（Albert Hirschman，1915—2012）所说的，对发展中国家来说，简明易行的管理方式，可能更切实可行。

吴敬琏：发展中国家的结构处于剧烈的变化之中，市场发育程度低，所以政府必须担当起市场承担不了的任务，或者主动配合市场机制共同促进结构调整和经济发展。但经常出现的偏差是，政府不是把主要力量放在建立市场、完善市场、维护市场秩序、弥补市场不足上，而是去取代甚至抑制市场，结果政府做了许多力所不能及的事。例如，我们的行政主管机关在规定各种产品的价格，在确定各种一户一率的税收或补贴，在为企业承包指标的高低而讨价还价，政府手忙脚乱，用新的干预去补充旧的干预，其结果不过是用新的扭曲去校正旧的扭曲，用新的失真去代替旧的失真。无怪乎有人说，我们现在穿的是百衲衣，补丁上面加补丁。所以，从政府与市场的关系看，政府千万不能去代替市场，而是要促使市场发育，建立市场秩序，保证市场的正常运行。在市场失灵的地方，则进行有效的行政指导乃至干预。

刘吉瑞：要提高政府的宏观管理能力，就要对政府机构进行改革，政府机关实行职能转变。我的想法是，国家计委要从分钱分物、用指标管理项目和企业的烦琐业务中解脱出来，主要制定产业政策和发展战略。现在的专业部，除农业部以外，大都应撤销，或改造成行业管理协会。这样，计委和行业管理协会构成制定实施产业政策、进行结构调整的机构，或者如您前面所说，成为进行供给管理的机构。财政部和中央银行，则主要进行需求管理。税收、海关、工商行政管理、审计、经济法庭等监督管理系统，应大大加强。没有一支宏大的监督管理队伍，整个社会主义商品经济就无秩序可言。另外，统计、市场预测、经济情报分析、政策研究等经济信息和咨询机构，也应健全和发展。它对于保证宏观决策的科学性，是必不可少的。但所有上述机构，都应择贤任能，高效廉洁。国务院任命的政务官要接受人大和人大专门小组的监督、质询等，事务官则要严格按照新的文官制度或公务员制度选拔。从这个意义上说，宏观调控体系的建立和健全，是同通常所说的政治体制改革分不开的。

吴敬琏：政府管理要有效，首先要廉洁。众多发展中国家的经验教训说明，一个按照裙带关系选拔行政官员、贪污贿赂成风的政府是不可能有效率的。即使依靠军事独裁暂时稳定住了局面，那也是外强中干，与增强经济开发的管理能力没有任何关系。在我国目前的情况下，也应该看到，行政官员以权经商、贪污受贿等腐败现象并未根除。一些外国分析家如美国的戈德曼（M. Goldman），曾撰文指出，行政官员的腐败是可能导致中国改革失败的一个重要因素。在近年来的人民代表大会上，反对以权谋私成为议论的主题之一。现在确实是在这方面采取强有力的措施的时候了。我想可以采取这样一些措施：一是堵塞经济体制中的漏洞，铲除孳生腐败现象的温床，例如，逐步取消价格、利率、汇率"双轨制"，减少"寻租活动"的地盘。二是明确规章制度，实行施政公开，强化大众传播媒介和群众的监督。三是在机构改革、裁减冗员的同时，提高行政官员和公务员的工资待遇，实行养廉工资制。四是建立诸如香港的"廉政公署"那样的机构，或者说强化行政监察机构，专门处理行政官员的违法乱纪行为。五是对忠于职守、为政清廉的，要重奖重赏，甚至要树碑立传。这样才能正气长、邪气消，使各级行政机关工作人员为国为民做实事。

刘吉瑞：政府官员树立一种新型的职业道德，对廉洁奉公意义极为重大。封建社会的一些官员，还有"当官不为民作主，不如回家种红薯"的气节，我们今天的行政官员，大都是立志"为共产主义奋斗终身"的共产党员，更没有理由以权谋私了。我们经常把社会经济生活的调节控制，简化为计划调节、市场调节或行政控制、市场协调，实际上，除了行政控制和市场协调外，道德协调在经济生活中也发挥着重要的作用。一位同志从英国考察回来，曾谈及两件事。一是第二次世界大战后，英国政府曾对汽车价格进行管制，刚出厂的新车价格还不如旧车的市价高。但英国的汽车制造商却没有违反政府规定去卖高价。除了法律约束外，这些厂商认为卖高价有失"绅士风度"。二是 1986 年英国十多万的税务人员中，只有十多人有违法乱纪行为。这说明即使在"一切向钱看"的资本主义社会里，由于文化教养等原因，一些人的道德价值观也已超越了狭隘的或庸俗的商业利益，去追求长远的商业利益和国家利益。因此，行政机构的清廉，除了要有制度、法律的约束外，还得有道德的约束。

吴敬琏： 从全社会看，我们目前的主要任务是发展商品生产，在观念上，要求人们逐渐形成一种社会主义商业文化价值观。但这并不是说，要人们都去追求眼前短期的、狭隘的甚至庸俗化的钱财利益。对行政官员来说尤其如此。政府官员直接经商，以权入股，必然破坏市场竞争和整个商品经济的秩序。正如一开头就讲的，在一些领域，市场机制不能发挥其作用。在政府、军队、科技、教育等领域，不能贯彻商品原则。从这个角度看，"官商""军商"以及教育、科技界的"创收"等，弊多利少，亟须纠正。正如一些同志所指出的，现在社会上"政府官员的市场意识太强，企业的市场意识却太弱"。政府行政机构本身还是要靠法律、行政和道德的力量来协调，而不能用市场来协调。

刘吉瑞： 上两次我们分别从企业、市场两个方面讨论了我国经济体制改革的目标模式，今天又谈了宏观调控体系的有关问题。概括起来，改革要建立的新体制的大体框架是怎样的呢？

吴敬琏： 这个框架总的来说，就是党的十二届三中全会《决定》所讲的有计划的商品经济。在我看来，有计划的商品经济就其运行特征来说，也就是有宏观调节的市场经济。作为一个经济系统，有宏观管理的市场经济由什么元素或子系统构成呢？它的基本元素是自主经营、自负盈亏的企业。这些企业可以是国有的、集体所有的，也可以是个体所有的、混合所有的。当然还可以是雇佣劳动的、外国资本所有的。但不论何种企业，都有一个共同的特点，即它们是独立的法人，在市场竞争中优胜劣汰，其间没有尊卑之别、高下之分。竞争性的市场既是它们活动的场所，也是它们的联系方式。通过市场把处于社会分工体系各个分支中的企业联结起来，并使其活动彼此协调。这里所说的市场不仅包括商品市场，还包括土地、劳动、资金等要素市场。由竞争形成的价格，则是这个经济系统的基本参数，它决定系统各个组成部分的运动轨迹。与此同时，政府作为社会的代表，通过经济的、法律的、行政的乃至道德的手段，对市场活动进行调节。

刘吉瑞：我觉得也可以把有计划的商品经济新体制或有宏观调节的市场经济体系，明确地称为社会主义市场经济体制。您曾经说过，商品经济不一定是市场经济，但市场经济必然是商品经济，而且是商品经济的一种比较高级的形式。而社会主义市场经济，无论是作为一种不同于先行国家现代化的发展模式，还是从其追求的社会目标看，都必然要求政府发挥较大的作用，对市场进行宏观调控。因而把经济改革要建立的新体制概括为社会主义市场经济体制，改革的目标可能更明确。

吴敬琏：我赞成社会主义市场经济体制的提法，它同社会主义商品经济和社会主义有计划的商品经济这两个提法是一致的。

我要强调的是，从所有制或财产关系的角度看，新体制是一种以公有制经济为主体的多元所有制或混合所有制。它一方面不同于传统的国家所有制模式，另一方面又不同于私人资本主义所有制。

刘吉瑞： 从体制与人的关系看，传统体制极大地抑制人的积极性、创造性，个人既无自由选择职业的权利，也没有进行直接投资的权利，虽然有消费品的选择权，但凭证供应、短缺等又极大地限制了这种选择权。而在新体制下，个人享有充分的基本经济权利，不仅享有家庭消费决策权，享有从事职业并在部门、地区、企业间流动的权利，而且享有投资的权利。在照章纳税、遵守法律的前提下，个人的财产和收入不受侵犯。这样必将大大解放受旧体制压抑的劳动者的积极性和创造性，促进社会生产力的发展。当然对企业和居民个人的预算约束将越来越硬，躺在国家身上吃大锅饭看来是不成了。

吴敬琏： 我们当然不能把新体制理想化，新体制也不可能完美无缺，其运行过程中也必然会产生这样那样的矛盾，但可以肯定地说，社会主义市场经济新体制的基本建立，将为中华民族的全面振兴和腾飞，提供一个必不可少的体制条件，从而有可能比较快地改变中国社会的落后面貌，实现好几代中国人梦寐以求的现代化理想。

第六讲　改革的战略选择

刘吉瑞： 上面几次我们讨论了经济体制改革的目标模式。如果把传统的经济体制作为此岸，把目标模式作为彼岸，改革就是一个由此及彼的过程。我们的任务好比过河，但过河有不同的方法。摸着石头蹚过河，还是先造船、建桥然后再过河，取决于过河者的选择。各国改革的经验表明，当市场取向改革的实际进程开始以后，选择一套推进改革、走向目标模式的正确战略可能比目标的细化更重要。就我国而言，1985 年以来经济学界对改革的战略选择展开了激烈的争论。在这场争论中逐渐形成起来的"协调改革论者"提出了全面规划、配套改革的战略原则。

吴敬琏： 改革的战略原则，也就是按什么样的方式推进改革，改革的时序怎样安排等问题。对此，社会主义各国在 20 世纪 50 年代开始改革后一直争论不休。改革战略涉及许多方面的问题，最主要的有"协调推进"或"全面改革"和"单项突破"或"局部改革"两种战略的选择。在我国，两个主要改革学派的重大区别表现在，"单项突破论"主张寻找突破口，通过解决国民经济运行和发展中的某个问题来带动整个改革；"协调改革论"则把经济体制改革看作一种系统向另一种系统的跃迁，因此认为应该在整个系统的各个组成部分，同步配套地推进改革。

刘吉瑞：一揽子改革与局部改革的争论，最初是与人们对体制改革目标模式的认识相联系的。苏联和一些东欧国家，相当长的一段时间内并不想对经济体制进行彻底改革，试图在原有经济系统内修修补补，"完善经济机制"，因此自然主张进行局部改革。而当匈牙利、捷克斯洛伐克等国走上市场取向的改革道路后，经济系统的彻底变革势在必行，这时，改革先驱者们就提出了全面、彻底改变传统体制的"一揽子"改革主张。

吴敬琏：改革先驱者一般都主张一揽子改革。所谓一揽子改革，不是毕其功于一役，一个早上解决传统体制的所有问题，而是说，既然经济系统是由许多要素、部分和子系统组成的有机整体，那么，要使系统发挥整体功能，就必须在它的各个基本环节上同时采取行动。否则，即使在某个方面冲破了旧体制，也很难动摇它的根基；即使新体制的若干因素在某些方面已经出现，这些因素也不可能配套成龙，发挥协调国民经济、有效配置资源的整体功能。通常做具体工作的人，对经济系统没有做过全面分析的人，不把经济体制看作一个大系统的人，认为旧体制的弊病不过是经济系统的某个部件、经济政策的某些方面出了问题，只要改变这些方面，问题就可解决。而协调改革论者认为，正如亚里士多德所说，整体大于局部之和。要克服旧体制的弊病，要使新体制发挥作用，必须采取整体推进的方式，通过改革将行政配置资源的命令经济改变成为以市场配置资源为基础的有计划的商品经济。

刘吉瑞：反对一揽子改革的人往往说，一揽子改革风险太大。他们之所以主张局部改革，除了您刚才所说的对经济缺乏系统观点这一认识上的问题外，还在于他们认为这样做能减少风险。

吴敬琏：从一个较短的时期看，也许这是有道理的。经济系统的全部改造，是一项巨大的工程，它要对利益关系作全面调整，往往引起大的社会震动，当然也会带来一定的风险。但从长期看，单项进行的、互不配套的局部改革不一定能避免风险。局部改革即使能在短期内取得某些成效，可是由此引起的双重体制的矛盾、冲突，最终会抵消这些成效。而由于新体制迟迟不能建立，国民经济长久带病运转，累积的风险就比全面改革的风险大得多。另外，协调改革并不排斥有计划地把整个改革分成若干阶段。否定旧体制、建立新体制是一个过程，我们不奢望新的因素一下子发育成长起来，而必须准备作长期的努力。但为了使新系统发挥作用，又要求改革每走一步都尽可能地保持运行中的经济系统各方面协调。所以，我认为应该采取这样的策略：分步骤进行改革，改革的每一步又保持经济各环节的协调运转。第一步，建立起新体制的基本框架，或者说，在较短时期内，建立新经济机制的主要支柱，从而使新体制初步运转起来。然后再在此基础上，进行新的一轮配套改革，使新体制逐渐完善提高。

刘吉瑞：单项改革或局部改革的最大弊端，是所谓的"双重交通规则"或如波兰经济学家杰林斯基（J. G. Zielinski）所说的

"异体排斥"问题。我们设想在英国进行交通改革，如果交通规则上不是将所有的机动车辆从靠左行改为靠右行，仅仅让出租汽车右行而其余车辆依然左行，那么撞车是不可避免的。同样，行政控制与市场协调是两种截然不同的资源配置方式，不改变命令经济的基本框架而只引入市场经济的个别因素，那么这些因素就有可能因"异体排斥"而难以存活。

吴敬琏：主张局部改革的同志，有时也承认经济是个系统。但他们说，为了避免风险，可以把国民经济这台大机器分解开来，个别解决。这样，每一次改的风险和社会震动就比较小，今年改一部分，明年再改一部分，经过几代人的努力，积之长久，完整的新体制也就建立起来了。这种观点的错误之处在于，经济体制不同于机器甚至工厂，一架机器或一个工厂是可以停机改造的，但经济社会系统一天也不能够停止运转，不能"停机修配"。在旧体制向新体制转变的过程中，经济生活不能够中断。总之，改革可以分阶段，但在每一个阶段上，改革所建立的各主要经济环节务必协调，保持经济系统的连续运转而不致发生"异体排斥"现象。

刘吉瑞：这样看来，协调改革或配套改革的策略原则主要有两个方面：一是经济系统各方面改革措施的横向协调，避免彼此的矛盾冲突；二是各阶段改革措施的纵向协调，即通过时序上的配合，使前一阶段的措施为后一阶段的改革创造条件而不是设置障碍，后一阶段的措施则是前一阶段改革的深化、发展而不是全盘否定和另起炉灶。刚才您已从经济系统各子系统的配合谈了些主要原则，请问从改革时序的角度看，在哪些阶段，主要有哪些子系统进行配套改革？在另外一些阶段，又需要哪些子系统配套？

吴敬琏：在我看来，同步配套改革有三个互相联系的基本方面，而每一个方面都有个轻重缓急的问题。譬如说，企业无疑要成为完全独立自主、自负盈亏的经济实体，但这一目标的实现需经过若干发展阶段：首先，实行完全的经济核算，计算盈亏，以盈补亏，按盈取奖；其次，把政府的经济调节权和财产所有权分开，把财产所有权和经营权分开，即初步实现宏观调节权、财产所有权和日常经营权的三权分离；最后，建立以基金会等公共机构持股和企业法人持股为主、个人也有权持股、股票可以自由转让的股份公司，形成与现阶段我国社会生产力相适应的、促进现代商品经济发展的企业制度。在市场形成上，首先应当建立和形成比较健全的国内商品市场，然后再发展起较为完善的要素市场。即令就资本市场来说，也有其发展的次序和逻辑。恐怕先应该充分发挥银行的中介作用，建立以间接融资为主的资本市场，然后再扩大直接融资，由企业发行股票、债券来筹集资金；证券市场本身，也有一个先发展一级市场（发行市场）、后发展二级市场（流通市场）的过程。宏观调节体系更是这样，现代市场经济分工发达、信息量大，有非常复杂的社会经济调节体系。我们在现阶段只能建立初步的适合商品经济的调节体系，很多方面还需保留行政手段。只有在发展到企业的自主性大大增强，市场发育较完全的较高阶段以后，直接行政手段才能大大减少甚至基本取消。由此可见，三个主要方面各自都有一个由低到高的发展过程。三方面综合起来，就可以划分成互相配合的不同阶段。从大的方面看，可分两步走。第一步，在不太长的时间内，如三五年，先把有宏观调控的市场经济的基本框架树起来，使国民经济开始在市场的轨道上运转。然后再经过一段时间，短则十几年，长则几十年，使市场经济体系完善起来。

整体性配套改革既不意味着没有重点的平均推移，缓慢的自然演进，也不是一步到位，而是分阶段有重点地、互相协调地从旧体制走向目标模式。在过程中既有相对缓慢的阶段，也有质的突变，需要进行大的战略决战。在我看来，现阶段我国的改革就面临着选择时机、进行三环节大配套的战略决战的问题。当然除经济体制本身外，我们还应该从更广泛的角度来看协调改革，还有改革、发展、开放三方面的大配套，经济体制改革和科技、教育体制改革的大配套，经济改革、政治改革与文化观念转变的大配套等。我们不是追求十全十美的"至善论者"，但协调改革、"同步配套"的战略原则能使我们在前进的过程中把握住最主要的问题，处理好事关全局的各种相互关系，从而避免出现大的失误。

把协调改革的战略原则具体化并据此设计可操作的综合方案，工作量十分巨大，任务极其繁重，但我们已经尝试过几次。如果说 1985 年你们几位（郭树清、楼继伟、刘吉瑞等）所谓"西山会议派"在北京西山设计的方案是初步的尝试，那么 1986 年在国务院主持下制定的"价税财金贸联动"的大方案是第二次。这次我们受国家体改委委托搞中期规划，则是第三次。应该说，经过这几年的工作，配套改革的思想为越来越多的同志所接受，全面改革方案中的部分政策建议已被决策者采纳。我们现在一方面需要加强理论研究，提高经济分析和制度研究的水平，完善协调改革的理论，另一方面要在科学研究的基础上，根据配套改革的战略原则，设计出更符合中国实际、更易操作的改革方案，供政府参考。

刘吉瑞： 与协调改革的战略原则对立的，是单项突破、局部改革的各种主张。这些主张互相之间也存在某些分歧，但在否定配套改革这一点上，它们又是一致的。大致归纳起来，第一种观点主张从经济体制的某一侧面突破，以此带动其余方面的改革。如所有制先改论或企业先改论，主张在5年或15年内价格体制基本不改，绕过价格等国民经济运行机制的改革，以所有制作为突破口单线推进；第二种观点与此有所不同，它强调在某些城市、某些地区进行改革试点或率先进行改革，分区域形成市场和建立新体制；第三种观点则主张在经济体制的各个方面，普遍实行双轨制。拿生产资料来说，一部分产品继续用命令经济体制管理，一部分产品则由市场调节。

吴敬琏： 我们逐个讨论这些观点。主张企业突破、绕开价格的同志，他们的理由是：独立自主、自负盈亏的企业是商品经济的微观基础，没有这个基础，价格改革是没有意义的，而有了微观基础，就可以自然地创造出理顺价格的条件。我认为，这无论在理论上或在实践上都得不到证明，因为企业就是市场关系的总和，而市场关系又是由企业关系组成的，两者谁也离不开谁。绕开价格，实际上企业是无法取得自主权的。在市场经济里，企业间有着广泛的分工协作关系，需要通过市场来协调联系。如果不通过市场，那就要有行政控制，即使暂时取消了行政控制，终究还要恢复。单纯进行企业改革，想给企业自主权也不可能。企业是个开放的实体，原材料、能源要通过交换取得，产品要通过交换提供给社会，有交换才有生产，交换不通过市场，就要通过行政手段。退一步说，即使能够离开市场的建立，把生产单位变成自主经营、自负盈亏的企业，它们又会怎么运转呢？自主经营、自负盈亏的企业在市场经济中是以价格为信号作出它的微观决策的。根据经济学理论，只要价格体系是合理的，就能保证企业的决策符合社会的整体目标和要求。而在目前的扭曲价格引导之下，企业的微观决策肯定会导致稀缺资源的错误配置，使得效率降低，即投入相对增加，产出相对减少。这又导致需求膨胀和物价总水平的上涨，造成经济的不稳定，从而需要加强宏观管理，而没有市场作为基准，间接管理就不可能，只好恢复旧的行政管理手段。我们已多次经历了从局部的、非配套的放权到恢复旧体制的收权这样一种放放收收的循环。

刘吉瑞： 北京大学的厉以宁教授多次说到过，北京两大改革学派——他和您之间的争论是"所有制改革先行论"和"价格改革先行论"之间的争论。在您的一些文章里，我也读到过反对企业改革先行和强调价格改革不能绕开的论述。您是不是主张价格改革先行呢？

吴敬琏： 不是。从系统论的观点看，无论是"所有制改革先行"还是"价格改革先行"的提法都是不正确的。因为如果你把经济体系看成一个由它的各主要方面有机组成的系统，就不会提出哪个方面应当"先行"的问题，而必须同步配套地进行改革。我所反对的，不是企业改革。相反，我主张积极推进企业改革。对于原有国有大企业的股份化，早在1984年金立佐等年轻的经济学家提出这个问题时，我就是赞成的。近两年，我还和周小川、钱颖一等一起，对在我国建立以代表公众的法人持股为主、个人持股为辅，股权可以自由转让的股份有限公司问题，作了进一步的研究，设计了四通股份有限公司的方案。我和厉以宁教授的分歧点在于：他认为可以"绕开价格改革"，先用若干年搞"所有制改革"，把价格改革放到所有制改革以后去进行。而我则认为，这是行不通的。如果硬要这样办，只会对经济发展和经济改革造成不好的后果。

虽然我坚持"三环节同步配套改革"的原则，但在刘国光同志正确指出的需要"双向推进"的企业改革和价格改革这两者中，目前的确更强调后者的必要，原因是：第一，我赞成孙冶方同志的说法，即政治家采取"求同存异"的原则来争取友军，学者则要用"存同立异"的办法切磋学问。既然大家都同意推进企业改革，就不必重复彼此都同意的论点。是否要在推进企业改革的同时进行价格改革，正是"异"之所在，应当深入讨论。第二，在经济体制改革的主要环节中，价格改革是最受忽视的一个。1984年城市经济改革以来，工业品价格改革始终没有迈出决定性的步子，因而合理价格体系和竞争性市场的建立成为最落后的环节，应该尽快赶上去。

刘吉瑞：从系统改革的观点看，确实不存在企业改革和价格改革哪个优先的问题。企业改革、市场的建立以及宏观调控关系这三方面应该互相配合。如果非要分出谁先谁后，需要计量经济学的实证分析。比如可以建立两个指数，一个叫企业惰性指数，反映企业对市场信号反应的灵敏度；另一个叫价格扭曲指数。只要知道两个指数哪个大，哪方面的改革就需要快一点。然而，这种计量经济学的检验是非常困难的。从我国目前情况看，如果要求放松些，不用计量经济学检验，那么，我们可以说，两方面问题都非常大，两方面改革都非常迫切，需要配合。而从策略角度看，比价体系是一个整体，价格调整和价格机制改革需要联动，配套要求高。相对说来，企业改革可以分期分批进行，并且，企业有多种组织形式，命令它采取某种形式或齐步走，客观上也不可能。所以，不少外国经济学家也同意这样的观点，即价格改革要一揽子进行，而企业改革可以分期分批进行。

吴敬琏：我国改革中还存在一种以试点代替全面改革的倾向。由于经济体制配套改革的过程一旦开始就很难重新恢复到初始状态，因此在改革过程中，对某些确属理论分析暂时无法把握、风险较大、确定性又较小的措施，先进行局部试验也是必要的。但是，要用试点经验指导全国改革，无疑受到许多严重限制，想以普遍试点来代替全面改革，更是一种错误的选择。首先，试点单位的改革是在全国体制基本未改的条件下进行的，其外部环境与全国改革时不同；其次，试点单位一般自身条件较好，或得到政策优惠，全面推开时其他单位就不具备这些条件；第三，试点单位不具有整体的许多特点，特别是宏观经济特点。这些原因使得"点"上成功的经验在"面"上难以推开或推开了难以收到满意的效果。举例来说，当初广东省率先放开蔬菜等副食品价格，出现了"一放就涨，一涨就多，一多就降，一降就活"的情形，但之后全国大中城市都这样做时，却没有立即产生同样的效应。原因在哪里？当广东放开价格而其周围地区仍然实行价格控制时，邻近省区的产品就大量流向广东，供给骤增，因而出现了上面的良性循环。当全国大中城市大致同时放开价格时，资源流入的条件、供给有限，"一放就涨"，价格是涨上去了，但涨了并未出现"多"，结果是，尽管暗补加明补，市场还是活不起来。

刘吉瑞： 对局部来说是正确的，对整体不一定正确，甚至可能是错误的。一个后排的矮个子观众看不到戏时，可以找一条小凳子，站在上面就能看到演员的表演。但如果全体观众都这样做，情形又会怎样呢？我记得萨缪尔森的《经济学》教科书一开始就讲分析经济问题要避免犯"合成谬误"的逻辑错误，把对局部微观正确的东西（或仅仅是对局部、微观正确的）不加分析地当作对整体、宏观也正确的。这几年，我们花了相当大的力气搞试点，单项的、综合的试点城市和部门加起来，可能不下百十个，但全局性的改革仍未取得实质性进展，恐怕与此有关。

吴敬琏： 至于体制改革能否区域推进，在下面要专门讨论。这里我想指出，在分工不发达、生产单位彼此间联系较松散而受自然条件影响较大的经济部门（如农业）中，区域推进可能取得较大成功。如目前在农村，有不同的模式，不少地区性模式都富有生命力。但从根本上解决农业问题，还得进行城乡协调的配套改革，当前面临的农业问题说明了这一点。以较发达的社会分工为基础，且已形成互相联系的网络的城市现代工商业，离开了广阔的市场是无法存活的。市场的规模越大，商品经济的发展也越顺利。而且，地区推进势必引起国内各地区之间矛盾激化和离心倾向的加强。因此，除非万不得已，不宜采取分区域推进。

刘吉瑞：什么是您说的"万不得已"呢？

吴敬琏：我的意思是说，只有在全国统一市场不可能形成的情况下，才能采取区域推进的办法。但在这样做的时候需要注意几点：第一，先行地区必须有足够的规模，目前流行的在"计划单列城市"试点办法把市场切割得过于零碎细小，是不恰当的。第二，先行地区需要选择那些商品经济已有较高发展程度的，而不能靠恩赐"特殊政策""揠苗助长"。

刘吉瑞：作为长期过渡战略的"双轨制"，最初来自"板块论"。"板块论"者认为国民经济的一部分可以由指令性计划及行政直接控制调节，另一部分由市场调节，从而形成双重体制。同时，既然传统体制向新体制的过渡是一个较长的过程，在他们看来，"双轨过渡"是极其自然的。但正如前面已谈到的，双重规则必然导致国民经济既没有计划也没有市场，而且为贿赂腐败行为提供土壤。其实，在体制转轨过程中，虽然要经历新旧因素并存、亦旧亦新的混沌阶段，但不一定要采取双轨制。我们在几年前的一份研究报告中就指出，过渡时期的体制具有两重性，但仍存在两种选择：一是选择像双轨制那样的冲突型过渡体制；二是选择一种本身保持统一连贯的协调型过渡体制。双轨制并不是历史的必然。

吴敬琏：在以前的命令经济中，在占支配地位的行政控制经济的旁边，也或多或少地存在着"第二经济"，因此自由市场上的自由定价办法多少存在。但是双轨制的合法化、公开化和普及到一切经济领域，在社会主义各国改革中并不具有普遍性。因此，它的赞成者就提出了这是"具有中国特色的改革道路"的说法。

刘吉瑞：如果把"地下经济"或"黑市"也作为双轨制的一轨，那么，只要存在配给，就存在"黑市"，也就存在双轨制。即使在战时共产主义时期的列宁格勒也存在黑市交易。

吴敬琏：在比较严整的命令经济条件下，"计划外交换"和"计划外价格"一方面是非法的（黑市），另一方面所占的份额也比较小。可是在中国，1958 年分权以后，这个部分比例就比较大，当时把它婉转地称为"协作"和"协作价"。"协作价"就是高价。1961 年以后执行"八字方针"，这种"计划外"的部分保留得仍然比较大，于是，指令性计划的约束力不强，就成为中国经济体制有别于其他命令经济的一个特色。1984 年 5 月明文规定了企业完成计划后的部分可卖高价。当时作出这个规定是一种绕开意识形态暗礁、推进改革的办法，因为 1981 年流行的一种思潮曾经认为，指令性计划是社会主义经济基本特征，否定了指令性的行政定价办法就是否定了社会主义计划经济。调拨产品由国家定价是个不可动摇的根本原则。在这样的情况下，进行"增量改革"，即计划内价格不动，计划外可以卖高价，是一种绕开意识形态争论的比较灵活的办法。一位美国政治学教授说，这是一种很聪明的办法。

但是，这种变革毕竟只是一种局部改良，而且不可避免地带来某些消极后果。因此 1984 年 9 月，我在上海作过一个报告"城市改革的关键是增强企业的活力"，一方面肯定了放开自销部分价格的积极作用，同时指出在"低对低"和"高对高"两个领域不能做到泾渭分明的情况下，"高进低出"的人们受到无端的惩罚，"低进高出"的人们却可以不付出任何努力而得到很大收益，一些不法分子会利用这种漏洞牟取暴利。当时我据此指出，长时期地保持多重价格体制对改善企业经营、提高社会经济效益是不利的。应当积极进行价格调整和定价制度的根本改革。

1984 年党的十二届三中全会在意识形态上有了很大突破，"社会主义经济是商品经济"为中央文件所确认以后，这时有条件在价格上进行大的改革。所以，1984 年下半年以后，应尽快地改变双轨制，两价归一。这时反而把双轨制固定下来，甚至把它上升到"具有中国特色的改革道路"，不能说不是一个失误。双轨制的存在，使新旧体制的摩擦加剧，经济运行中漏洞很多，为以权谋利的腐败行为大开方便之门，并造成持续的通货膨胀的压力。因此，关于双轨制的争论主要不在于当初如何，而在于全面改革展开后应不应该迅速采取措施使双轨合一。

刘吉瑞：双轨制不仅指价格，还包括计划、物资、劳动就业、金融等方面的双重体制。就价格双轨制而言，根据瓦尔拉的理论，只要有某种产品的价格扭曲，或一种产品的一部分价格扭曲，价格体系就需要校正，故对市场经济较熟悉的经济学家一般都主张价格改革宜于一揽子进行，把竞争性部门的价格尽快放开，而不能搞零敲碎打，今天调一点，明天调一点，否则，就只能从一种扭曲的价格体系走向另一种扭曲的价格体系，而不能使价格体系得到校正。

至于价格双轨制在实践中的弊端，1985年我们在"总体规划"里曾指出了8条，它们是：①计划外产品虽只占一部分，但其价格上涨极快，对整个制成品价格上涨的推动作用非常强大，使企业经营的外部环境极不确定，增强了通货膨胀预期；②企业内外财务关系混乱，不合理收入差别急剧扩大，所谓"两本账""小金库"现象因计划外价格存在而更趋严重；③由于计划内和计划外的比重在各企业都不相同，微观经济活动失去透明性和稳定性，税制改革、工资改革、外贸外汇改革都难以进行，即使政策调整也无从下手；④计划内部分纷纷流向计划外，合同兑现率不断下降，重点企业和重点项目的原材料供应，普遍达不到要求；⑤牌价和市价的巨大差额客观上为各种倒买倒卖不法活动提供了可乘之机，而且削弱了市场监督的有效性；⑥由于宏观方面事实上无法调节和引导计划外产品流向，助长了地方和乡镇企业的盲目发展，投资与物资流向日益违背宏观意愿，加剧了产业结构失调；⑦为寻求相对稳定的经济环境，各地区纷纷组成独立的物资供销体系，这又加剧了地区割据、贸易壁垒和"以物易物"的弊病；⑧某些企业和个人，不是靠劳动和经营提高效益，而是靠差价轻而易举地获得高收入，引起普遍的攀比效应，消费基金越来越难以控制；如此等等。从目前的实际情况来看，我认为实行双轨制不能算做成功的价格改革。当前，不少人已认识到，原来通过小步走的价格改革、通过双轨制来避免通货膨胀的目标，事实上并没有达到。

吴敬琏：各种局部改革的观点，虽然从一时一事一地看，可能不无道理。但由于偏离了事物的系统性原则，不能从整体上把握经济改革的方向。按照这些观点进行改革，或早或晚都要进入"双轨制陷阱"。而社会主义各国的改革经验告诉我们，一旦进入这种既无计划又无市场的状态，不但改革的成功将遥遥无期，国民经济还会因为结构恶化和效率降低而或迟或早陷于停滞膨胀的两难困境。从冲突型的双重体制是很难走向市场经济新体制的。现在看来，协调改革论者当初对局部改革论点的批评和对双轨制将持续带来严重后果的忧虑，绝非庸人自扰，杞人忧天。

刘吉瑞：一位同志在看了协调改革论者的理论文章和改革方案后指出，三环节大配套的改革要获得成功，取决于两个条件，一是配套方案设计的科学性；二是政府较强的实施能力。只要设计的方案中一个环节出了问题，前后左右环环紧扣的整个改革步骤就会打乱，总体方案也就不能收到预期的结果。而如果政府的控制能力较弱，采取的政策措施时常不落实、不到位，那么，是很难进行这样的战略决战并取得胜利的。我觉得，不论这位同志赞成还是反对配套改革的策略，他的这番话还是很有见地的，而且确有不少同志持此相同的认识。他实际上触及了配套改革理论隐含的两个假设条件：第一，改革过程是否可预测、可控制、可操作；第二，政府是否理性。如果回答都是否定的，那么协调改革就无从谈起。有的同志正是从这里出发，认为改革过程极其复杂，其困难和风险都难以预测，得出了我们只能"撞击反射"，错了再试，走到哪里算哪里的结论。如果政府缺乏现代意识和施政能力，那么一方面，经济学家方案设计得再好，它也听不进去；另一方面，即使政府愿意实施这样的方案，由于力不从心或利益集团的阻挠反对，改革措施在实践中会产生巨大的变形和扭曲，配套改革就不可能成功。

吴敬琏： 这位同志的意见和类似的批评，都需要我们认真研究。但我这几年思考的结果是，这两个假设大致可以成立。社会主义经济体制改革确实是前无古人的事业，并且是调整社会各阶层利益关系的"第二次革命"，再加上中国国情特殊，情况复杂，因而没有可以现成套用的固定程式。但是另一方面，改革经济学的分析批判使人们对传统体制的"庐山真面目"认识得越来越清楚，这样，我们对改革的起点就有了一个清醒的认识。而我们要建立的有计划的商品经济，或者说是有宏观管理的市场经济，这类经济在世界上已经存在了很久很久。它发生发展的规律、运行机制、调控手段和规则，作为现代经济学的研究对象，已被人们研究了百来年。从 19 世纪 70 年代以来，经济学已有一定程度的数学精确性。社会主义经济与资本主义经济是有区别的，但它们之间的区别只在于所有制基础不同，而不在于有完全不同的运行机制。社会主义市场经济也要服从市场经济运行的一般规律。现代经济学对市场经济一般的研究，使我们有可能比较快地认识和把握社会主义市场经济的机理。至于由此（旧体制）及彼（新体制）的改革过程及其运动规律，50年代以来的改革经济学也已作了总体描述，应该说基本的线条和轮廓是越来越清晰了。我国经济学界对改革的研究起步较晚，但后起并不等于落后，经过10年左右的努力，在改革战略研究的某些方面，显然已经走到了前列。因此可以得出这样的结论：我们不可能预见改革过程的具体细节和计量一项项措施的效应，也不希冀像进行自然科学实验时那样对社会变革的动态过程进行封闭式控制，但现代经济学使我们能够把握改革的总体方向、基本过程、重大措施的相互关系及其社会效果等，从而有可能在此基础上设计、制定科学的改革方案。

刘吉瑞：如果认为改革过程完全不能预测、不能控制，那就无异于宣布人类对其自身生存其内的社会过程不可认知，无异于宣布现代社会科学是一派胡言，无异于宣布发动改革本身就是一种错误。社会变革无疑是有条件的，既有客观条件也有主观条件。社会主义国家历史上曾经出现过无视这种主客观条件而随心所欲地发动政治变革的情况，"文化大革命"就是其中一例。但面对已经确立的弊端众多的传统体制以及人为扭曲的经济社会关系，社会主义国家的人们也不是无能为力，只能听天由命。经济社会关系的人为扭曲不能光靠社会的自然演进去校正，而要积极通过具有一定程度的人为性质的社会变革行动来校正。当然，校正扭曲的社会变革不能采取"以毒攻毒"的办法，应该在现代社会科学的指导下，选择时机，有规划、分步骤地进行。我想，古今中外自上而下的社会变革成功的事例，已经提供了改革过程可预测、可控制的经验证据。

吴敬琏：关于政府是否理性，现代政治学已经作了详细研究。我们这里只讨论政府的经济行为是否理性的问题。国内有的经济学家认为，政府是非理性的，因而主张改革要从所有制改起。据说理由是所有制改革只需政府"一次推动"，经过所有制改革的"一次推动"以后，好歹能出现从事商品经济的主体，形成商品交换的市场。而协调改革或配套改革却需政府多次推动，并且要求政府是完全理性的，这样才能前后左右、方方面面都照顾到。我的看法是：一方面，政府不是完全理性的。一些社会主义思想家曾经假设政府是完全理性的，无所不知，无所不能，能把社会生产、交换、分配、消费安排得井井有条，有计划按比例地发展。事实证明无论在何种社会制度下，要求政府完全理性都是一种不切实际的幻想。但另一方面，除了所谓"革命英雄主义时期"（战时共产主义）和诸如"文化大革命"那样的史无前例的年代，政府也不是完全非理性的。因为，如果政府是完全非理性的，我们所需要的，就将不是由政府自上而下的倡导和群众自下而上的支持相结合的改革，而是自下而上改变原有经济基础和上层建筑的革命。无论出于什么原因，只要政府支持乃至倡导改革，就表明它有某种理性的考虑。作为社会中坚的改革力量的一项重要职能，正在于监督、推动、支持政府推进改革的理性行动。同时，组织社会力量，防止或阻止政治上的非理性行动。

刘吉瑞： 非理性的政府假设，构成当代自由主义经济学的哲学前提；
完全理性的政府假设，则是斯大林经济学的信条；政府有
限理性或相对理性的假设，则比较切合实际。政府是天生
的干涉主义者，具有官僚化的倾向。政府同任何其他组织
机构一样，其行为是由各种政治力量和利益集团矛盾冲突，
彼此讨价还价及妥协决定的。一些不发达国家的政府还带
有牵亲引戚、滥用特权等特点，再加上政府关于经济活动
的信息也不完全。一方面，这四条原因使得政府的经济行
为不可能是完全理性的。但另一方面，一般说来政府官员
是社会精英的一部分，政府更多地考虑社会长远利益，其
立场比私人机构更公正，其组织控制能力远胜于社会其他
组织；从社会的角度看，政府的行为又具有一定的理性成
分。因此综合起来看，政府是有限理性的。社会主义国家
的经济改革是由党和政府自上而下发动的社会运动，一面
认为政府是非理性的，不能指望它正确地指导改革；一面
又为政府设计种种改革方案，认为这种自上而下的改革能
够成功；这里岂非存在不可克服的逻辑矛盾？

吴敬琏： 说政府是有限理性的，并不是说政府有关改革的政策都是
完美无缺的，也不是说政府的现代意识已经十分强烈，政
府控制社会、领导改革、驾驭改革的能力已很强，改革已
经胜券在握，更不是说行政机构的官僚主义现象已经克服，
为政清廉已经实现。恰恰相反，我们有充分的理由认为，
这些方面都需要通过政治体制改革和调控体系的建设加以
改进，指导改革的政府本身也需要改革。总结刚才讨论的

内容，我们的结论无非是，在现代经济学等科学理论的指导下，经济学家们可以设计出推进改革的比较科学的方案。而主动发起改革、志在建立资源配置新体制又具有相当的控制能力的政府，可以取得各科学者的帮助，在多数社会阶层的支持下实施改革方案和措施，争取经济改革的成功。否则，就取消了经济改革这个命题。

刘吉瑞：您在《中国经济改革的整体设计》[①]一书的前言里，还深入一层，从哲学的角度分析了不同改革战略选择的认识论基础。这是一个很有意思的题目。我认为协调改革论者具有一种系统思想，强调整体大于部分的总和，注重研究系统内各子系统之间的相互关系。同时，协调改革论者分阶段全面推进改革的思路，也反映了社会有机体从低级向高级发展的一般规律。而单线突破论，走一步看一步，或如有人总结推广的"撞击反射"等策略原则，似乎多少带有小生产的思维方式的印记。当然，在一些同志看来，这样说也许太苛刻了，容易伤害感情。

吴敬琏：如果我们不把它看作意识形态的帽子，而只看作一种学术观点隐含的思想方式，那么这样说也未尝不可。协调改革与局部改革的争论，确实反映了系统思想和不把国民经济看作一个系统的两种思想的对立。系统思想在早期是整体把握事物的结果。现代系统思想则是现代社会这个复杂的有机系统在思想方法上的反映，是社会化大生产的产物。而把世界看成互相分离的观点，恰好反映了小生产孤立、静止、停滞的特点。另外，协调改革或整体改革的理论，

---

① 吴敬琏、周小川等著，北京：中国展望出版社，1988年。

都相信世界是可以认识的，规律也是可以发现认识的，因此，改革的后果是可以预期的。而单项改革或局部改革理论认为只有直接的经验才真实可靠，改革既然是创新的事业，新的体制是将要出现的事物，不可能预知，人们只能在黑暗中摸索，错了再试。"眼见为实，耳听为虚"，只相信自己的亲身经验这种思维方式，在中国相当流行，它有深刻的历史根源。1941年孙冶方给刘少奇的信和刘少奇给孙冶方的复信（即《答宋亮同志》），讨论了中国共产党的历史上主要的倾向到底是经验主义还是教条主义。结果得出了一个共同的结论：经验主义占着主要的地位，中国革命的理论准备是很不足的。这个问题至今还没有解决。尽管社会主义建设对理论提出了更高的要求，但只相信本人亲身经验的想法，在我们的经济工作中，在党的队伍中依然很流行。比如在基本建设中就有过"三边改革"，即"边设计、边施工、边生产"。在"文化大革命"期间甚至说，"草鞋无样，边打边像"，成为治理国家的根本原则。当然，实践是认识的本源，但对每一个人、每一代人来说，他们的知识大部分都来源于人类世世代代积累起来的、别人的、间接的经验，而不可能事事都亲见亲知。如果把只相信自己亲身经验的想法发挥到极度，那么世界就完全不可知了。所谓"改革不可设计论"，我认为就是受到了只相信自己的经验这种思想观念的影响。而且，否定经济学理论的认识价值，不注意以往经验的总结提高，用以指导今后的工作，使我们重复已经犯过的错误，反复付了不少冤枉的"学费"。

刘吉瑞：有人说，走一步、看一步，走到哪里算哪里，就是现代系统论和控制论的"随机控制"。

吴敬琏：按照系统论和控制论的原理，只有在对解决问题所必需的条件完全不了解，对于对象的性质一无所知时，"随机控制"才有意义。如手中有一大串钥匙，但不知其中哪一把能把锁着的门打开，不妨一次次地试错，直到把门锁打开。但即使如此，采用随机控制法仍有两个重大缺陷：一是速度太慢，费时费力；二是控制对象必须是静止不变的。而这两点对我们目前的经济改革都是致命的限制。改革的任务是如此繁重，需要改的方面是这样众多，如果每项措施都要一次次试错，何年何月才有完？另外，改革过程的控制对象是社会经济系统，而人同这个系统的"人机对话"是一个博弈过程，每一次试错都可能引起对象状态的改变并且具有不可知性，即令你手中真有打开门锁的钥匙，但若锁也在不断地更换，瞎猫还碰得到活老鼠吗？因此，当我们的任务是过小溪小河时，摸着石头也许能蹚过去，而当任务是跨越黄河、长江甚至太平洋时，造船、建桥就必不可少了。

刘吉瑞：持改革不可能搞总体设计而只能不断"寻找突破口"、不断试错观点的论者，对协调改革的理论和战略是很不以为然的。他们认为协调改革是"理想主义"，"照搬西方书本"，而像遍地试点、"撞击反射"等做法，却是"具有中国特色的"。当一些明显违反社会化大生产要求的"土办法"如现代工商业中搞承包，教育、科技部门搞"创收"遭到人们的批评时，他们却认为，正因为"土"，才有生命力。

吴敬琏：中国特色和共同规范的关系，很值得我们研究。各个国家由于经济、文化、社会条件不同，历史、传统和民族心理不同，在发展方式和经济体制上，自然存在各种差别，因而带有民族特色。中华人民共和国成立后相当长一段时间内，由于不顾本国的具体国情，全盘照抄苏联模式，我国的经济建设走了弯路，人民吃了苦头。因此，摒弃教条主义，从中国的具体国情出发搞建设，是非常正确的方针。但对这个方针不能作小农式的理解，实事求是不等于就事论事，中国特色更不意味着排斥外国经验。只要理论、科学技术、组织管理方法和制度是反映了社会化大生产的共同规范并对我国的社会主义现代化建设有利的，我们就应在认真研究的基础上，汲取其精华和养分，把它们应用于社会主义建设的实践中，而不管它是中国土生土长的，还是从外国移植过来的。传统的政治经济学隐含的哲学前提，具有强调个性、忽视共性，强调特殊性、排斥一般性的倾向，因而在经济建设中长期否认商品经济发展的一般规律，时时处处与资本主义经济"对着干"。实践证明，不能恰当地把握社会主义经济与资本主义经济的区别，拒绝接受市场经济的共同规范，给社会主义经济带来了无可估量的损失。党的十二届三中全会《决定》已经正确地指出："社会主义经济同资本主义经济的区别不在于商品经济是否存在和价值规律是否发挥作用，而在于所有制不同。"传统体制留给我们的，只是排斥、否定商品生产和交换的经验而不是发展商品经济的经验。因此，当我们走上发展商品经济的道路时，社会主义很难只从原来的历史经验中获得指导经济建设和管理国民经济的知识，而必须向现代商品经济发达的国家的有用经验学习。另外，对"具有中国特色"的东西也要具体分析。农村包围城市的武装斗争道路具有中国特色，使我们很快取得了新民主主义革命胜利，这是一类。"文化大革命"也不能不说具有中国"特色"，但对中国人民是一场大劫难，这是第二类。第三类恐怕既没太多的坏处也没什么好处，如打麻将、穿旗袍之类。我的结论是，我们固然要反对"月亮也是西方圆"的民族虚无主义，也要反对拒绝接受科学理论指导，拒绝接受发展商品经济共同规范、不愿遵循社会主义经济改革基本战略和策略原则的一种心理状态和思维定式。

刘吉瑞： 看来，在理论研究和改革的指导思想上，也要多一点系统思想，多一点现代开放意识，少一点传统社会主义政治经济学的教条，少一点小生产的封闭意识。这对我们制定正确的由此及彼的改革战略和策略，成功地走向目标模式是必不可少的。

第七讲　行政性分权，此路不通

刘吉瑞：协调改革派设计的改革策略可以说是一种经济性分权，也可以称之为市场性分权。协调改革派和主张单项突破的同志之间的分歧，也表现在经济性分权还是行政性分权上，两者的争论在我国改革以来的十年中没有间断过。确实，如何处理好中央和地方的关系，在我国这样一个区域广大、经济发展十分不平衡的大国，既牵涉到改革的目标模式，又牵涉到改革的策略选择。如果在这个问题上走了弯路，就会大大影响改革的进程。

吴敬琏：关键在于商品经济或市场经济要求形成统一的国内市场，而行政性分权不利于这样的国内市场的形成。协调改革派把改革后的经济看作一个有宏观管理和市场调节的经济体系，所以，也必然把统一市场的形成摆在首位，反对行政性分权。但是在社会主义各国，总有一些人把行政性分权，主要是中央政府向各级地方政府层层分权看作改革的主要内容。我认为，这有深刻的认识根源和政治根源。

从认识根源上说，这是由于对于现代经济和现代经济学不熟悉，人们在研究旧体制的弊病时，首先没有分析它作为一种协调社会经济、配置稀缺资源的方式所具有的优点和弊病，而是看它对个别生产者和地方长官的激励作用如何，结果看到的是中央权力过分集中，束缚了下级的积极性，所以要分权。这种认识只看到了问题的现象，没有看到本质。旧体制确实存在权力过分集中的现象，但这不是事情的本质。问题的本质在于：旧体制是通过行政系统来协调经济、配置资源的，要使这种资源配置方式行得通，就必须搞得十分集中，由中央机关统一下达指令性的计划。否则政出多门，整个经济系统就不可能运转。所以，权力集中是采取行政控制方式的必然要求。要解决这个问题，就应该变行政控制为市场协调，而不应该舍本逐末，只从现象上着手，搞行政性分权。

刘吉瑞：这样我就明白了，命令经济天然需要有个命令中心，要严格执行下级服从上级、地方服从中央的原则。这同行政指令系统内部必须有明确的等级区分，实行分级管理，是另一码事。原来我们的体制，从中央、省、市，到县、公社、大队，等级分明。可以说，如果没有这套等级体系，旧体制一天也存在不下去。

吴敬琏：这里要顺便说一下，有的人看到我们反对"行政性分权"，就望文生义反驳说：难道行政权力就不应当在各级政府间有所分散吗？这种批评，违反了要按被批评对象的定义进行批评的学术争论规则。我们在讲到"行政性分权"时，从一开始就把它界定为在行政社会主义（或称命令经济）的框架下实行的分权。最早在这个意义上使用这个概念的是美国比较经济学家莫里斯·博恩斯坦。他在 1977 年向美国国会联合经济委员会作证、分析东欧各国的改革战略时指出，有两种不同性质的分权：一种是行政性分权，这仍然保留了行政性协调方式，只不过是以若干个或若干级行政机关进行协调；另一种是经济性分权，就是让企业成为独立的商品经营者。中国的传统经济体制同苏联的传统经济体制比较起来，一方面行政权力干预的范围更大，一直管到了就业等个人决策的事情；另一方面又有行政权力比较分散的特点。

刘吉瑞：一些国外学者比较了中国和苏联的体制后认为，如果说苏联有一个斯大林模式，那么中国就有二十几个。意思是说中国省一级的权力相当大。然而，即使旧体制下行政权力分工比较合理，也不能解决资源有效配置的问题，传统体制的根本弊端在于缺乏市场调节。

吴敬琏：人们主张向地方政府分权，还有一种政治上的策略考虑。他们认为，这样做能吸引地方官员支持改革，然后，再逐渐地向下面层次分权，这样新的市场体制就容易形成。这种想法看起来似乎有一定道理。因为传统体制下，中央机关起着脊梁的作用，中央机关某些人比较留恋旧体制。要发挥市场的作用，他们的权力就会受到削弱，在某些情况下，这类人就会变成改革的阻力。而向地方分权，就会有更多的人支持改革。但这种想法有个致命弱点，它没考虑到行政分权后，地方利益必然使市场分割，从而为形成统一的国内市场设置了障碍；同时，地方行政机关得到权力后，往往不愿意下放给企业，对企业控制反而更加紧，"走了贾探春，来了王熙凤"。由一个中央行政机关来发号施令，变成许许多多个地方行政机关来发号施令，使得国民经济统一性发生问题，容易造成经济上的混乱。

刘吉瑞： 行政性分权符合一些利益集团的要求。社会主义各国经济改革的经验表明，一旦中间层次如以部、局为代表的"条条"和以省、地为代表的"块块"成为相对独立的利益集团以后，这些中间层次的利益，就成为推动行政性分权的基本动因。中间阶层通常扮演改革具体措施贯彻执行者的角色，其态度和行为往往取决于改革措施是否符合这个阶层的利益。如果改革一开始，中央就挥舞大棒，精简和削弱过于臃肿的中间层次，就可能因中间层次的抵制和反对而出现"中间梗塞"的状况。但如果中央在开始时向中间层次放权让利，给"胡萝卜"吃，最初的改革或许能较顺利地发动和推行，而一旦改革深入到不触动中间层次既得利益、削弱中间层次权力就不能前进时，又会出现"尾大不掉"的局面。改革领导者面对中间层次的利益要求，客观上存在一种两难的选择。

吴敬琏： 这种两难状况是客观存在的。问题在于改革的领导者在处理这个两难问题时，始终要把权力下放给面向市场的企业作为改革的基本方向。离开了这个原则，中央与地方"公说公有理，婆说婆有理"，中央政府放权也不是，收权也不是，这就叫"不审势则宽严皆误"。

刘吉瑞： 用向地方政府分权的办法来达到发展商品经济的目的，这样的考虑其实包含了一个假设条件，即地方政府比中央政府更想发展商品经济，更愿意形成统一市场，或地方政府比中央政府更理性。我以为，这个假设至少在目前还没有得到充分的理论论证和经验支持。就政府行为而言，地方政府相对来说较了解当地的具体情况，也可能采取一些符合当地情况的灵活政策，但是，它与中央政府比，更为短视，行业往往从地方利益考虑，更加短期化。在发展商品经济这一方面，地方不见得比中央政府更理性，对微观经济活动的干预动机和倾向也不见得比中央弱。另外一方面，改革的目的固然是为了使权力分散，但由于改革是自上而下进行的，在改革过程中，先要有一定程度的集中。所以地方分权的办法，与发展有计划的商品经济的目的并不一定吻合。

吴敬琏： 讲到这个问题，我们应该回顾一下现在的发达国家，它们在从中世纪的自然经济转向市场经济之时，是怎样处理集权同分权的关系的。拿西欧来说，原来有为数众多、自给自足、相互隔绝的领主庄园；从政治体制上看，则是诸侯林立，各据一方。在这种情况下，自然没有统一的市场可言，连商旅通行都很困难。罗伯特·海尔布罗纳（Robert Heilbroner，1919—2005）在他的成名作 *The Worldly Philosophers: The Lives Times And Ideas Of The Great Economic Thinkers*（《几位著名经济思想家的生平、时代和思想》）里，曾经引述一位名叫李夫的 16 世纪巴登①商人在莱茵河沿岸经商的故事，说明当时中欧地区市场发育不良的情况。李夫所到的每一个社区，都有自己的货币、自己的章法和规则、自己的法律和秩序。仅在巴登地区，就有 112 种长度标准、92 种面积标准、65 种干量标准、123 种液量标准以及 80 种磅重标准。除此之外，商路上关卡林

---

① 巴登（Baden）：位于德国西南部。

立，李夫几乎每走 10 公里就得停下来缴一次关税。直到中世纪末期，新兴的市民阶级与王权联合起来，借助王权才建立统一的民族国家和统一的国内市场。国内市场的形成与民族国家的建立是同步的。等市场形成，王权逐渐成为进一步发展市场关系的障碍时，王权才被推翻，变成民族国家。当然，具体的历史过程是各不相同的，但我们可从中借鉴到一点：在形成全国统一市场的过程中，中央集中权力可以起到积极的作用，为分权而集中，为统一市场形成而加强中央权力，这也可说是一种历史的辩证法。

刘吉瑞：在后起国家的现代化过程中，也不乏这样的例证。如日本，现代统一主权国家的建立与国内市场的形成在方向上是一致的，日本明治维新前，相当长的时期内幕府与宫廷两个政权对立，并且幕府与各藩的大名也存在尖锐的矛盾，因而这段时期政治和经济实际上是分裂的。德川幕府的倒台以及"废藩置县"的改革，消除了政治不统一的基础，使权力集中到了朝廷手中，终于形成了统一的现代主权国家。与此同时，国内市场的形成和对外门户开放的步伐大大加快。总之，统一的强有力的中央政权对商品经济的发展发挥了推动作用。

吴敬琏：更近的例子如南朝鲜的经济自由化，是在军人政治领导下进行的。只是当市场发展起来后，决策权力的分散化才提上议事日程。

刘吉瑞：当然，这并不是说当前在进行市场取向的改革时，把行政权力都集中在中央，地方什么权力都不留。中央和地方还是要有分工的，行政系统内部规范化的分权改革势在必行。

我们只是想强调，传统体制的主要弊端不在中央权力过大、地方权力过小，而在于行政系统排斥了市场，代替市场担当了资源配置的责任。从改革的目标模式看，中央和地方对微观经济活动的干预都要大幅度缩减，政府从微观领域全面撤退，因此，无论中央还是地方，相对于传统体制，权力都要缩小。企业和个人的权利要相应扩大，而企业又必须面向市场。把中央政府和地方政府原来的若干决策权下放给企业或交给市场，才是分权的本意，才符合改革的方向。

吴敬琏： 如果不从改变协调机制即变行政配置资源为市场配置资源的角度考虑问题，只是在中央、地方放权收权的范围内打转，那么改革就很难取得成功。前面我们已经讨论过南斯拉夫的情况。苏联赫鲁晓夫 1957 年进行的改革也如此。那次改革的目的是把国民经济的中央和部门行政管理改为地区行政管理。采取的措施不可谓不大：撤销了 25 个联盟共和国部，113 个加盟共和国部，把它们的职能交由新成立的 105 个经济行政区委员会行使；将本来隶属于联盟和加盟共和国的企业下放给地方，中央管辖的工业产值比重由 45% 降至 6%；计划物资也由中央平衡改为地区平衡、中央综合。可是这样做的结果是什么呢？不仅经济体制未发生实质性改变，不能克服行政直接控制的固有弊端，而且由于打乱了原有的经济联系和格局，加剧了地方主义而使经济出现混乱。所以赫鲁晓夫下台后，苏联经济再次迅速地回到部门管理。1965 年的"柯西金改革"的显著特点和优点，正在于它是按部门原则进行的。

刘吉瑞： 我国 1958 年国民经济管理体制的改革也与苏联相类似，基本上是以地方行政性分权为方向的。当时总的基本思路是在原有行政控制的体制框架内实行"体制下放",将"条条专政"改为"块块专政",把中央政府的职能下放到大区、省、市、县甚至区、街。当时在企业归属、计划管理、基建审批、物资调配、财政预算和信贷管理六个方面向地方下放权力,试图以此调动地方的积极性。但这次尝试最终以失败告终。实际上正是这次中央地方分权,构成"大跃进"的制度基础。可是以后在总结"大跃进"失败的经验教训时,大家对"头脑发热"指导思想偏差谈得较多,对"大跃进"的体制原因——行政性分权则从未作出详尽的分析。

吴敬琏: 1958 年行政权力下放后,国民经济出现混乱的局面。问题出在哪里呢?那次分权,是在命令经济的框架里进行的。企业的微观决策,依然完全听命于上级主管机关,所不同的只是管辖权的下放。当时所有国营企业,除国防工业和一些试验性的企业外,都下放到了很低的层次。而且,把生产计划管理权、固定资产投资管理权、物资分配权、财政和税收管理权乃至信贷权,都层层下放了。命令经济本身需要高度的集中,我曾说过,命令经济需要"秦始皇",如果有许许多多的中心,那必然要招致混乱。要克服混乱,在命令经济的框架里,只有重新回到中央集权。所以从 1959 年开始,进行了调整,特别是 1961 年、1962 年执行"八字方针"时,在体制上有重要变动,颁布了一系列恢复垂直领导的条例,迅速恢复了中央集权。这是在命令经济框架下进行行政分权的必然结果。

刘吉瑞： 当改革确立了发展有计划的商品经济的目标模式后，就从根本上否定了体制问题的"行政解法"。但在实践中，经济性分权的思路经常受到干扰，先后出台的部分措施如财政"分灶吃饭"组织行政性公司，中心城市计划单列，以及投资、外汇、物资等的切块包干和部门包干，依然不同程度地带有行政性分权的性质。现在看来，行政性分权倾向无疑是双重体制胶着并存的重要原因之一。

吴敬琏： 我们以财政"分灶吃饭"为例，来分析行政性分权与统一市场的关系。财政系统具有经济和行政双重功能，它的分权是行政性还是经济性的，取决于改革是否削弱了政府对企业的微观干预，促进了竞争性市场的形成。1980 年我国财政体制改革的核心是改变中央与地方的关系，由满收满支改为"分灶吃饭"的体制，也就是"划分收支，分级包干，分成比例一定五年不变"的体制。当时希望通过这一措施，在巩固中央统一领导和统一计划，确保中央必不可少的开支的前提下，明确各级财政的权利和责任，充分发挥中央和地方两个积极性。而后来暴露出来的问题主要有这样几个方面：首先，财政收入与该级政府管辖的企业挂钩，导致地方政府一方面向中央讨价还价，要求下放企业，另一方面又对从属于自己的企业"管、卡、压"，程度一般要超过上一级行政机构。对此，饱受干预之苦的企业发出了"不怕婆婆大，只怕婆婆管"的怨言。其次，地方为保护本地企业，特别是那些产品质量低劣的落后企业免受外来企业的竞争，采取了地区封锁和割据的各种措施，严重破坏了市场的统一性和竞争性。第三，为增加地方收入，地方千方百计扩大基建规模，盲目发展短期内高盈利的企业和产业，加剧了重复建设。拿你工作的杭州市来说，就有几十家电冰箱厂，它们的生产批量都很小，没有一家达到了最小合理规模，成本自然就很高，质量也难有大的提高。最后，中央与地方分灶吃饭后，宏观调控体制的改革和产业结构的调整都受到制约。一些为推进市场形成所必需的改革措施因被认为是"中央开口子，地方出票子"而不得不作罢。而外贸等体制的改革，也只得在财政包干的基础上实行中央与地方、地方与地方的层层包干。最典型的表现在，中央为了压缩总需求，降低超高的速度，竟要一年开四次省长会议。

刘吉瑞： 从"分灶吃饭"体制本身看，这是一种中央地方讨价还价的非规范的体制，因而具有行政性分权的性质。在新体制下，北京、上海、天津实行统收统支，江苏实行"比例包干"，广东、福建分别实行定额上交和定额补贴，八个边远省区实行特殊照顾，其余十五个省"划分收支，分级包干"。这样的体制，犹如一个大拼盘。不同的规则来源于讨价还价的斗争、妥协和行政酌情处理的原则，而不是商品经济一视同仁的本质特性。

吴敬琏： 1980年实施"分灶吃饭"体制时，原打算只实行五年。遗憾的是，在稍经调整以后，中央地方财政包干的体制基本上保留下来了。现在还在酝酿把它固定化，实行"财政大包干"。这就使得通过经济性分权形成统一市场的改革面临严峻的挑战。因为如果在"八五"期间继续保留行政性分权的财政体制，经济性分权的其他措施就难以贯彻，体制转轨也因此而不可能取得实质性进展。

刘吉瑞： 这一点在"七五"期间已得到证明。那时提出的一些正确的口号和措施，因财政分灶吃饭而在实践中不能贯彻或变了形。例如，中央提出的地区经济发展要"发挥优势，扬长避短"的方针，是完全符合经济学的比较优势原理的。这也是各国发展商品经济的通常做法，因而是面向市场的改革应当采取的方略。然而由于财政分灶吃饭的体制，地方政府即使明知不合理，也不得不去追求本地短期利益，在原材料供应上就出了好多问题。上海的资源转换率在全国来讲是高的，但其他地区政府出于本地财政考虑，纷纷在本地区建小厂，直接加工，一方面重复建设，另一方面使上海高效益的工厂得不到原材料。这样，不仅这些地区的资源优势未能转化为商品优势，上海和沿海省区的商品优势也被大大削弱了。

吴敬琏： 发挥每个地方的比较优势，是振兴各地经济的必由之路，所以，国务院早就提出扬长避短、发挥优势的方针。要发挥动态的比较优势，而不是静态的、结构不变的比较优势，前提是各地区之间商品自由地交换。李嘉图所说的国际贸易中自由贸易有助于比较优势的发挥，这个道理也适用于国内地区间的交换。但在行政保护之下，各地往往不是发挥优势，而是去生产同一种产品，成了发挥劣势，结果造成经济部门结构的所谓"同构化"，整体经济效益降低。可以说，由于现行财政体制的弊端，最近几年各地经济结构"小而全""大而全"态势不仅没有被根本扭转，而且是越来越严重了。几乎每个省、市、自治区，都在追求建成一个门类齐全的工业体系。而在现有的财政体制下，中央促使结构优化的产业政策很难贯彻下去。

刘吉瑞：与行政性分权相关联的，还有中心城市以及若干个计划单列城市的问题。1983 年，国务院就提出了发挥中心城市优势，把中心城市变成商品交换中心的设想。这是正确的思想，城市对沟通城乡、地区间的商品流通，形成全国统一市场有巨大作用。上海、江苏、浙江经济之所以比较发达，与上海为中心的城市群带动整个经济区发展有很大关系。然而，在实践中有个倾向，就是不把中心城市作为流通网络的中心，使中心城市商业化，而是把中心城市行政化。我认为，如果不能扭转中心城市行政化的倾向，很可能又变成另一种行政性分权。

吴敬琏：1983 年提出这个问题时，已经有经济学家注意到了这个倾向。我们有许多发展商品经济的方针和政策，在实施中被曲解了，一些人总是从自然经济、行政社会主义的观点去解释这些口号。你所说的以城市为中心组织经济网络的问题，就是代表性的一例。城市的产生有政治原因和经济原因两种，所谓经济原因，就是说市场网络的枢纽点往往形成城市。发挥中心城市的作用，从建立有计划的商品经济的观点看，就是要城市充当商业中心、外贸中心、金融中心、信息中心。可是，在行政性分权的影响下，常常把中心城市当作一个"块块"概念。与此相应，把与中心城市关系比较密切的县划归城市领导，在指令性计划体制里，由中央或上级直接下计划给中心城市，再由中心城市把计划分解下达给县、区和企业。这样，中心城市没有起到商品交换中心的作用，而是起了一种新的"块块"的作用，只不过这个"块块"比省小一些罢了。

刘吉瑞： 如果我们不是把中心城市作为经济中心，通过它来沟通城乡之间、地区之间的商品流通，促进统一市场的形成，而是把它当作一种行政中心，那么就会产生新的条块之间的矛盾。原有的体制中，省是进行行政管理较实的层次，地区（市）相对来说比较虚，而提出发挥中心城市作用的方针之后，原来地区这一级大都变成了城市（大约有200多个）。这样，不仅加剧了省市矛盾，而且，市的权力越来越大，这有点类似汉朝贾谊所说"众建诸侯而少其力"的情况，以致一些同志开玩笑说，变来变去，只是把下象棋变成了下围棋。下象棋只需挪动32颗子，下围棋却要挪动300多颗。

吴敬琏： "众建诸侯而少其力"的做法，在中国古代史上，对削弱地方割据势力、加强中央集权曾经起过积极的作用，因而不失为促使"天下大安"的"治安策"。但我们今天是在搞市场取向的改革，行政权力的划分要有利于竞争性市场形成，促进各地区比较优势的发挥、区域间的要素流动和优化重组。我最近经常考虑，假如行政性分权的倾向继续发展，若干年后中国的经济格局将会怎样？答案是很可能出现既没有行政控制又没有市场协调的混乱状态。你上面已谈到苏联有一个斯大林体制，中国则有二十几个的问题。拿计划体制讲，中、苏两国还有一个差别，苏联全国的计划总盘子和各地区加总的计划盘子是相等的，中国则不然，由于地方对计划指标层层加码，省一级计委加总的计划盘子要比国家计委的盘子大得多，县一级计委加总的计划盘子又比省一级加总的大。物资调配、基本建设也如此。相对于中央计划和中央财政来说，"地方计划"和"预算外"部分太大了，形成一种尾大不掉的格局。这样一种状况，使得中国很难有强有力的宏观调控。另一方面，由于地方指令性计划指标层层加码，面向市场的份额就相对缩小。又由于各级政府对本地市场进行保护性"调控"，各个市场的容量缩小，国内统一市场难以形成，从全国范围看，资源也就得不到有效配置。这样，既没有强有力的宏观调控，又没有竞争性的市场的状况就出现了。而这恰恰是与我们追求的改革目标背道而驰的。

刘吉瑞：可是有些人却认为，你前面讲的这种在较短时期内形成竞争性市场的想法，即所谓"统一市场道路"，是一种不切实际的幻想。他们说，市场的形成是一个"自然发育过程"，中国由于地区间差异大，交通运输又不发达，只能走"地区性市场的道路"，待到同一产品在不同地区生产的成本差异变小，或运输费用降低以后，全国统一市场才能逐步形成。完成这个过程，大概要花费"几代人"的时间。

吴敬琏：你说的这种理论在中国改革的构思里很有影响。不过从理论上讲，它把好几件不相关的事混在一起，以之作为立论的基础。最基本的一点，是把"分割的市场"同"地区性市场"混为一谈了。我们知道，所谓统一市场（integrated market），是指没有行政性限制、没有税收壁垒、商旅可以通行无阻的市场。和统一市场对立的概念，是存在上面这类障碍的"分割的市场"（segmented market）。至于一种商品是拥有地区性市场，还是全国性市场，则取决于这种商品本身的属性（如它是否适宜于长途运销和长期保存）和其他经济性考虑（主要是成本差异同运费的对比）。即使在统一市场已经形成的条件下，也总有一些产品只适宜于在地区市场上行销，绝不能以此为理由断言市场割据存在的必然性。

刘吉瑞：在"地区性市场道路"不太有人讲了以后，又有一种理论，说是形不成全国统一市场，先形成区域性市场也是好的。以后可以像欧洲共同体那样，在区域之间订立某些协议，形成共同市场，然后再取消区域间的各种限制，逐渐形成统一市场。因而地方政府权力大，并不妨碍统一市场的最终形成。沿着这条路走，就可以形成地方政府有很大权力，同时又有全国统一市场的格局。

吴敬琏：我觉得这种观点多少有点似是而非，因为它把我们建立竞争性市场的历史起点搞错了。我们在改革开始时面临的任务，并不是在千百个分割的市场的基础上建立统一市场。中国一直是一个统一的国家，这对统一市场的形成是一个很好的条件。我们在前面已经谈过，在经历分割市场的"厘金之祸"以后，1931年正式"裁撤厘金，设立统税"。在那以后，虽然市场割据的现象并没有完全消除，但是设立税收或非税收壁垒、破坏市场统一性属于违法行为，则是明确的。中华人民共和国成立后，国内政令统一，割据更不允许存在。在这种情况下，只要摒弃原来排斥商品交换和自由竞争的做法，采取适当办法把调拨改为贸易，全国统一市场就能够形成。在这种情况下，提出改革之初要先把市场切割得很小，然后再让它们经历漫长的过程逐步融合，这到底是促进还是促退呢？

刘吉瑞：经您这样一讲，坚持市场取向改革和反其道而行之两种改革思路的原则分歧就看得更分明了。事实上，行政性分权的"改革"路子造成的恶果，现在已经很明显了。自从财政"分灶吃饭"特别是财政大包干政策施行以来，市场割据的现象越来越严重，以致报刊上有的文章大声疾呼，认为"三千诸侯各据一方"，市场被"切块、切条、切丝、切末"的严重状况不能再继续下去了。1988 年 5 月 12 日，《文汇报》上登了新华社记者写的一篇文章，讲在从闽北到上海的"毛笋运输线"上关卡林立，苛捐杂税多达几十种，这些"买路钱"使毛笋成本成倍增加，产地只卖 4 角 1 公斤的毛笋在上海要卖 2 元多。这并不是个别现象。现在地区间相互封锁，在商路上到处设关设卡，征收什么"开发费""离境税""管理费"，简直有"厘祸"重现的味道。这不能不说是对市场取向改革的极大讽刺和严重挑战。

吴敬琏：至于说到有些同志津津乐道的"共同市场"道路，我想强调的一点是：欧洲由诸侯林立到民族国家的统一国内市场，再从各国独立市场到欧洲共同市场，固然是一种进步。然而欧洲共同体经济发展的经验证明，统一的欧洲市场较之共同市场有更大的优越性。现在共同体各国间已在多方面消除了关税壁垒，但还没有统一货币和建成统一市场。现在计划到 1992 年形成欧洲统一的大市场。前段时间，欧洲共同体花了很多钱，组织专家对大市场的效益进行估计。研究结果表明，欧洲统一市场形成后，可以使生产成本节约 3150 亿美元，国内生产总值增长 4.5%，消费品价格下降 6%，失业总人数减少 1/8。所以，规模宏大的市场，经济效益是非常大的。欧洲从各民族国家的国内统一市场到欧洲统一市场的建立，用了 100 年时间。中国从来就是有统一市场的。如果我们现在重新把它分割成几百个、几千个小的地区市场，经过长时间商品经济经验的积累，认识统一的大市场比分割的小市场好的道理，再通过各小市场地方政府间长时期的谈判，用几十年甚至上百年时间形成统一市场，那么，经济上、时间上的损失都是惊人的。因此，这种舍近求远的做法断不可取。

刘吉瑞：还有一个与经济性分权还是行政性分权相联系的问题是，体制改革由中央统一部署进行还是分区域推进。最近，分区域推进的主张很多。其中一种认为，各级地方政府都可以根据自己的财力和对改革的理解，实施本地改革，还有一种观点是中央统一部署，分区实施，如有的同志提出了全国稳定、东部积极推进的主张。如果这两种意见被肯定，就会同原来设想的中央统一推进改革的部署在方向和具体做法上产生一定的冲突和矛盾。

吴敬琏：你刚才讲的两种主张，我觉得应该分别进行分析。第一种主张实际上是一种地方行政性分权的思路，不是市场经济的思路，它只是把一个大命令经济划分成若干个小范围的命令经济。第二种主张是赞同实行市场取向改革的，但不是首先形成全国统一市场，而是先在某些先进的大区域实现市场化。这是在对实现全国统一市场不抱希望的情况下提出来的。国家体改委的金立佐很早就提出这个观点。他认为，在中国，市场发育程度很低，如果硬要形成全国统一市场，会拖住先进地区的后腿，而且，在短期内形成统一市场也不可能。所以，落后地区先暂时靠边，首先在先进地区形成市场，再向其他地区推进，使整个国民经济市场化。1986年冬天，建立全国统一市场的思路被否定，绕开价格改革、绕开统一市场来进行改革的观点在全国范围内占了优势。在这种条件下，仍然主张市场取向改革的人们，又重新提出了这个问题。他们的出发点是，既然中央政府没有在全国范围内放开市场的决心和意图，那么，要给先进地区一条活路，首先应该在这些地区放开市场。通常他们所举的例子是广东省。广东在实行特殊政策以来，改革的步子比其他地方走得快一些，这对于广东地区的经济繁荣、对外开放起了较好的作用。现在广东的经济体制已经走到了这一步，如果不能放开市场，原来已有一定生机和活力的经济或者被扼杀，或者演化成一种依附于行政权力的腐败的货币经济；同时，在一个地区放开市场，也比建立全国统一市场阻力更小、更易于达到目标。虽然我认为，这种办法与形成全国统一市场的办法相比较，还是后者的损失小、效果大。因为广东放开市场比其他地区快，有个先决条件：中央把它的上交税利固定在每年10亿元，这样，它就可以在放开市场后，把价格水平和工资水平都保持在比别的地区高的基准上，因此，外地的物资源源不断流向广东，本地居民也可以承受，而邻近地区则产生了不满。如果形成全国统一市场，就给了各地平等竞争的条件，对全国资源的配置，对各地在竞争中共同提高，显然比个别地方开放更为有利。但是，如果中央政府确认不能走形成全国统一市场的道路，不得已求其次，那么，若干先进地区首先开放市场，比起先进地区被拖住后腿来说，也还是要好一些。不过，这样做要注意几个问题；第一，首先放开的地区，要确实是先进的；第二，这个区域要足够大，有较大的规模，否则，只能形成狭小的市场，也不能促进商品经济发展。从这两点来说，在沿海地区选择若干个开放地区和市场就很重要。如果要排个先后次序，我认为上海经济区、珠江三角洲、闽南应是首先考虑的。第三，对因采取地区推进策略而引起的地区矛盾的加剧，要有充分的估计。因为要保证这些地方有充足的资源，其价格水平，包括劳动力价格水平（即工资水平）都要比别的地方高。这样，别的地方就要采取保护措施，否则，受到的冲击是很大的，所以，要预先设计好能够弥补这些缺点、缓解这些矛盾的对策，才能采取这个战略。

刘吉瑞：我对这样的战略表示怀疑。这个战略难以解决两个重要的问题。第一个问题，价格、金融、税收这些体制，如您刚才所说，在客观上要求全国统一行动，很难分区域推进。如果强行分区域推进，会造成双重体制间的激烈冲突，尽管可能采取一些化解的措施，但效果如何，很难预测。第二个问题，这几年先进地区和落后地区之间的差距有扩大的趋势，事实上，在发展政策上，不管采取何种措施，地区发展肯定有先后。在这样的情况下，我们在改革部署上，在先进地区搞先一步的改革，搞所谓的"政策投入"，势必会进一步扩大地区间的差距。现在实际上投资已向先进地区倾斜，落后地区已不可能得到像"三线"建设时期那样多的投资，而且中央在这些地区的投资远低于全国平均水平，如果再在政策投入上让先进地区走在前面，像刚才所说长江三角洲、珠江三角洲先改革，从而产生一种"先改革优势"，那么，地区之间的差异将会越来越大，这种强烈的反差，不仅在经济上造成严重的问题，而且在政治上也可能产生一定的压力。另外，先进地区突破的策略在操作上并不比全面改革容易。如上海经济区要在体制上全面突破，没有全国整个宏观体制改革的配合，是断然不可能的。

吴敬琏：从这几年广东省先放开市场的试验来看，你所说的问题确实已出现了。广东邻近各省采取的办法有两个，一个是行政保护。如果各地纷纷采取行政保护，那么，整个国民经济就会变得四分五裂。而先开放的地区，由于得不到其他地区的粮食、能源、原材料等资源，它的发展除了依靠国际市场外别无出路，而能源、原材料依靠国际市场，实行所谓"两头在外"，实际上是不可行的。另外一种对策，现在有些省已经实行了，就是也放开自己的市场。比如，猪肉调出量最大的四川省，放开了猪肉市场，肉价上升后四川的损失就减小了。那么，有人就会说，这样不就逐渐形成全国统一市场了吗？是的，地区推进的确有这种积极的传导效应。但我们也要看到，内地放开市场后，自己的财力是无法承担的，它必然要求中央给它同先放开市场的地区同样的政策优惠，这又会加剧国家财政负担。所以，靠一地先放开市场，然后自发传导到各地形成统一市场的办法，比起由中央统一部署来形成全国统一市场的办法，前者的成本代价要高得多，政治上的代价尤其值得考虑。有的经济学家批评我们说，主张按照中央的统一部署进行价格改革和市场组织，无异于把政府推到第一线去，面对各种可能发生的责难，承担风险。这种意见，从为领导上尽量减少政治责任着想，当然是有道理的。因为改革是一项艰巨万分、充满风险的事业，经常有可能出现失误。但是从改革的利益着想，还不能不要求政府对人民的事业负起责任来，加强领导；而对自己的工作负完全责任，则是一个负责的政府所理应做到的起码要求。

刘吉瑞：先进地区放开市场，如果同后进地区之间没有边界隔开，使用同一货币，就会对相对落后地区造成巨大压力。相对落后地区会被迫做出各种反应，封锁保护、"远交近攻"、以放对放等，无所不有。但即令以放对放，与其被动地、零乱地、各地区先后不一地做出反应，还不如中央统一布置，统筹安排进行改革。

吴敬琏：总而言之，我认为要建立新的经济体制，必须进行分权改革。分权要建立在两个前提之上，或说新体制的两块基石之上，一个是政企职责必须分开，各级政府都不能对企业进行微观干预，企业要成为真正的商品经营者。第二个就是各级政府的行政权力都不能妨碍全国统一市场的形成。在这两个基石之上，行政权力在各级政府之间进行分割，实行中央、地方规范化的分层经济管理。

由于协调改革论者多次提出反对行政性分权，这往往造成一种误解，似乎这一派经济学家是主张中央集权，反对任何分权的。其实，协调改革派不仅赞成根据商品经济的原则，把作出微观经济决策的权力交还企业和市场，而且主张在经济性分权的过程中，在行政系统内也进行分权改革。但后者必须符合经济性分权的大方向。这是因为相对于命令经济而言，商品经济本来就是一种分散决策的体系，在这种体系中，行政系统内部需要进行一定的分工，并且使这种分工规范化、制度化。

刘吉瑞： 一谈到中央与地方分权，有些同志就主张在中国实行联邦制，说这更有利于发展商品经济。我觉得实行联邦制还是中央集权色彩比较浓的分权制，要从我国政治、经济的实际情况出发。从其他国家的经验看，联邦制未必就能确保市场统一，中央集权色彩较浓的分权制也未必一定与市场经济矛盾。南斯拉夫实行联邦制，所谓"多中心国家主义"既削弱了宏观调控能力，又破坏了统一市场。日本、英国、法国则实行中央集权色彩较浓的分权制，国内市场分割的状态却没有出现。根据我国的历史和现状，实行中央集权色彩较浓的分级管理体制可能更可行。

吴敬琏： 适应和促进商品经济发展的中央—地方分权制，建立在三个必不可少的前提之上。首要的前提就是分权制必须建立在统一市场的基础之上。像美国，虽是联邦制国家，每个州都有相当大的立法权。但美国宪法规定，任何州的立法，如果妨碍了统一市场都属于违宪，这种立法即被宣布无效。在统一市场的基础上，根据各级政府的职能划分职权，地方政府有广泛的行政权力。在我们这样的非联邦制国家，地方政府的主要职能应该是：建设好地方基础设施，规划好地方的发展方向，促进地区经济发展，同时，各种有关文化教育、居民福利的设施，要由地方政府建立、管理。第二个重要前提是若干个主要宏观总量指标的调节权，必须集中在中央。这里所指的总量指标，主要指财政收支总量、金融收支总量和外汇收支总量。如果分散调节它们，必然造成宏观经济混乱。这是南斯拉夫地方行政性分权给我们最重要的教训。南斯拉夫是个多民族的国家，实行联邦制，六个共和国和两个自治区有广泛的权力，包括货币总量控制权这种最重要的宏观经济总量的调节权。而当每个地方都有了货币总量控制权后，就形成了谁多发货币谁得利这样一种机制，使得每一个有权发货币的地区，都多发货币，来取得其他地区的资源。于是，地区间矛盾激化，通货膨胀压力越来越大，中央政府失去调控能力，不但税收，而且利率、汇率也都是这样。所以，在总结了他们的教训之后，1987年南斯拉夫宪法修改时特别作了规定，这些最重要的宏观经济指标，只能由联邦进行调节。第三个前提是政府财政收入要与企业隶属关系脱钩。在实行了较彻底的企业制度改革后，则要做到行政管理机关与企业完全脱钩。也就是说，这种中央—地方分权制是建立在政企彻底分离的基础上的。

刘吉瑞： 这三大前提确立的过程，实际上也就是经济体制改革不断深入并取得成功的过程。在这三大前提下，地方政府上没有宏观调控权，下没有微观干预权，因而就可以专心致志地做好其发展各种基础设施、创造和改善投资环境、为企业生产和居民生活提供服务的本职工作。相对于原来大一统的命令经济体制，地方政府一些方面的权力要大大缩小，与此同时，另一些权力则会加强，如地方性法律法规的立法权、基础设施的建设权、制定区域经济社会发展规划和方针的自主权，以及地方财力的支配权等。十分明确的是，地方政府的职能变了，从一个单纯的执行中央政府政策、对经济活动进行行政干预的机构变成一个地方自治性质的机构。

吴敬琏： 在规范化的中央—地方分权制下，地方政府的职能主要有这样几个方面：首先，根据宪法或其他全国性大法的规定，进行地方性立法，用法律规范调节本地区的经济社会关系；其次，制定指示性或意向性的区域发展规划和战略，尤其是根据比较优势原理对本地的产业结构作出规划；第三，根据财政预算，搞好基础设施建设，吸引各种企业到本地投资；第四，发展教育、卫生、文化事业以及其他服务事业，兴建和改造城镇；第五，利用财政预算收入和调整地方税等方法，实施收入再分配政策，提高就业率，救济贫困阶层；第六，与工商界和企业保持经常性联系，通过行业协会等组织对企业提供服务和指导；如此等等。从这些方面看，地方政府在经济生活中仍然负有重大责任，也能对经济发展发挥积极的作用。根据我国是后起的发展中国家这样一个特点，地方政府在经济生活中的作用，在相当长的时间内，无疑比现在的西方市场经济国家要大些。

刘吉瑞： 中央—地方分权制的核心则是分税制。在明确中央政府和地方政府各自职能的基础上，根据事权来划分财政收支，实行收支对应的原则。具体说来，就是把与中央政府职能相联系的税种划为中央税，收入进入中央财政预算；与地方政府职能相联系的税种划为地方税，收入进入地方财政

预算；除此之外，一些税种作为中央—地方共享税，比例
分成。这样做的直接好处是，无论中央和地方，其职能的
实施有财力上的保证。同时，财力的严格划分又使得它们
不能拆东墙补西墙，必须加强自我约束，实现收支平衡。

吴敬琏： 我们已经在宏观调控体系部分较详细地讨论了分税制及其
运行原理，这里就不需重复了。分税制与目前的中央—地
方承包制有两点本质的区别：第一，分税制是以市场统一、
政企分开、总量调控大权归中央为前提的。当然，分税制
也能反过来促进这三大前提的实现。而中央—地方财政承
包则与这三项原则相悖。第二，分税制是一种规范的、一
视同仁的体制，而中央—地方财政承包制则一地一率，承
包条件以中央、地方政府之间的讨价还价为转移。说得苛
刻一点，在改革进行了将近十年的今天，中国目前还没有
统一的税制。

刘吉瑞： 可是不少同志总觉得中央—地方政府的承包制比较实用，
在中国行得通。因此，在财政承包的基础上，1988 年又普
遍推开了外贸包干制。由于外贸承包实行的时间短，它的
影响、后果现在还不能完全把握。但我认为，从长远看，
外贸包干制可能弊多利少。

吴敬琏： 刚才我们已谈到南斯拉夫的经验，外贸、外汇的总量调节
权应该归中央，如果分到地方，会造成各部门、各地区在
国内互相封锁、抬价抢购，在国外低价倾销、自相残杀。
南斯拉夫出现过这种情况，有的共和国低价出口原料，其
他共和国则高价进口同一种原料。我国实行外汇留成以后，
同样的事例也已发生。现在进一步实行外贸大包干，就把

这一套办法固定下来并大大强化了。看来，在国内抬价争购出口物资，在国外互相压价倾销，以及耗用宝贵的外汇大量进口洋烟、洋酒及其他价高利大的"洋货"的局面，会进一步加剧。

刘吉瑞： 对我国这样一个经济落后的大国来说，应该是国内互相竞争，对外要统一。而在外贸大包干下，统一对外很难实现。

吴敬琏： 而且国内的竞争也很难开展起来。因为有行政保护，地区间很难开展公平竞争。有的同志说，外贸承包后，对在国内抬价抢购，就有了一种财务上的约束。我看这种想法可能是过于天真了。从表面上看，地方承包了外贸盈亏以后，如果抬价争购，换汇成本就提高了，给地方财政造成很大负担。其实，承包时已把相当大的进出口权力给了地方，而在进行行政管理的和追求经营利益的是同一个主体的情况下，地方政府就会利用行政权力，来谋取利益。比如说，紧俏商品如某些家用电器国内价格很高，是进口这类商品的官价汇率价格的几倍，甚至是按平均换汇成本计算的价格的好多倍。利用国内外的巨大差价和外汇官价、市价的巨大差价，地方政府只要有权或有办法进口这类商品大量盈利，那么，把出口商品的收购价格抬得再高也能弥补。而这样一来，一方面国内价格因为抬价抢购上涨得很厉害，另一方面进口结构恶化，宏观经济利益受到严重损害。

刘吉瑞： 看来，行政性分权的道路走不通，已经为国内外的经验反复证明。我们当前的改革要取得实质性进展和最终胜利，必须坚持经济性分权的正确方向，排除各种行政性分权措施的干扰。

第八讲　跨越企业承包制

刘吉瑞：经济生活有其内在逻辑，承包也有承包的逻辑。如果在某一层次如中央和地方之间实行了承包制，地方要完成承包任务，就得将承包指标层层分解，一包到底。因此，我们面临的选择可能是要么不包，要么层层承包，一包到底。应该说，企业承包制的思路是很早提出来的。农业生产责任制取得初步成功时，一些同志就很自然地产生了一种朴素的想法：让"包"字进城，将承包制引入城市工商企业，走"农村包围城市"的道路。从1987年开始，这种思路成为改革的指导思想，所以企业承包制在全国很快推广开来了。一时间报刊上充满了对承包制的赞扬声，有的甚至说，"一包就灵""早包早受益，晚包晚受益"，要求"一包到底"。一些同志认为，企业承包制是在目前条件下我国深化改革的唯一途径，最近几年我们要靠承包吃饭。更有少数同志论证，如果社会主义初级阶段长达一百年的话，那么在整个初级阶段，我们都要靠承包。但是1988年上半年以来，承包制在实践中暴露出了不少问题，从而引发了承包制到底是通向体制改革目标模式的桥梁，还是下一步改革的障碍的争论。我以为，不管主观上对企业承包制抱什么态度，鉴于承包已是我国经济生活的现实，因此我们很有必要对此进行严肃认真的研究讨论。

吴敬琏：认准承包制是中国改革的最好道路的同志，有一个经常引用的也是最有力的论据，就是农业一包就灵。既然农业部门能一包就灵，那么城市经济也会这样，所以"包"字进城就应当成为整个改革的方向。我觉得这些同志在推论时忽略了极其重要的一点，即生产关系必须适合生产力性质这一普遍适用的原理。现代城市工商业同我国传统农业无论在生产的技术属性还是社会属性等方面，都存在根本的差别。国内外的经验表明，将现代工业的管理体制照搬到相对落后的农业中去，效果不那么理想；同理，也不能反过来将适应较原始的农业生产力水平的农业经营管理体制大体不变地引入城市工商业。从生产的自然属性或技术过程看，农业有这样一些明显不同于工业的特点：首先，现阶段我国农业的投入，除了种子、化肥、农药、农用工具等比较简单的原材料和设备投入外，主要是劳动投入。也就是说，农户利用自然条件，用自己的劳动耕种土地，生产各种原料和最终产品。这样，投入同产出的关系和单位之间的横向联系就相对简单得多。相反，工业品产品种类繁多，不仅生产最终产品，而且生产半成品，投入产出关系和横向联系极其复杂。其次，农户使用的土地可以平均分割，从而使各农户之间生产条件的差异比工业由于资本装备程度不同而又难以平均分割造成的差异要小得多；第三，农业的产出一般是大宗产品如粮食、棉花、油料。这些产品即使品种各异，总的来说品质差别不大，能用相对简单的技术、经济指标衡量和考核，而大多数工业产品则不是这样。就社会属性看，农产品出售的部分和国家需要对之调配的比例较小，农业推行承包制时这部分占整个产值的比例也不过 20%—30%。农业商品化程度的低下，使得实现承包制后，政府能在负担比较公平的前提下给农户包定承包基数。对农户来说，交足了政府的，留下就是自己的。留下部分的多少反映了各自努力的大小和效率的高低，因而能发挥农户积极性。而农户的积极性提高，产出的增长，一般来说与宏观经济利益不会发生太大的矛盾，或者至少说在现阶段矛盾不是很大。即使发生矛盾，政府调控也相对容易。但工业的社会化、商品化程度很高，不论采用行政方式还是市场方式，客观上总需要社会有一种统一的机制来进行调节。并且工业企业本身的效益与宏观经济效益背离的可能性要比农户大得多，社会调控的复杂性大大提高了。在生产单位内部，农户以自然分工为主，管理和分配关系都是那么明朗、清晰，而现代工业企业内部的关系却要错综复杂得多。凡此种种，都使得适合我国前一阶段农业生产力水平和社会化程度的承包制，从总体上不能适合我国城市的现代工商业。1983 年初在一些城市工商企业中曾经搞过承包，引起了上半年的经济混乱。大家从那次承包中得出的教训是：承包不是城市改革的方向，还是要把理顺基本经济关系放在首位。而要理顺基本经济关系，当时设想在价格不能大改的情况下，先用税收杠杆来调节，实行利改税。后来又发现用税收弥补价格不合理，不仅是不充分的，而且会造成新的不合理。顺着这条思路走下去，人们逐渐地形成了以价格、税收、财政、金融等的配套改革来推进改革的设想。1986 年还设计了方案。后来这一思路在理论和实践两方面都碰到一些同志的反对，于是又转向承包这个一度放弃了的老办法，普遍推广由行政主管机关发包、企业承包，"包死基数，确保上缴，超收多留，欠收自补"的企业承包制。

刘吉瑞：关于工业企业是否实行承包，争论进行了多次。1987 年决定普遍推广承包制，除了上面您讲到的理由外，原因可能还在于短期的财政考虑。因为 1986 年财政赤字较大，当时判断 1987 年财政的窟窿可能进一步扩大。怎样增加财政收入、填补财政窟窿呢？从短期看，就是层层承包，通过承包迫使企业上交更多的税利，保证财政收入的增长。

吴敬琏：对增加财政收入来说，自 1987 年 4—5 月全面推行承包以来，乍一看确实起了一些作用。4—5 月承包后，7 月财政收入开始回升。其中一个原因是企业职工要拿奖金，必须先完成承包的上缴税利任务，这样使财政收入有了一个相对稳定的来源。而企业若增产增收，超过承包指标，国家财政又可以分成。可是从稍长一点的眼光看，承包也具有一些明显的缺点。我想主要有这样几个方面。第一，承包制推动企业追求数量增长。企业向政府承包的上交税利指标，表面上是一个价值指标，但在企业效益不能迅速提高的情况下，企业要完成每年递增的承包指标并且多创税利、多分奖金，不得不扩大产量。在承包制下，企业依然像在指令性计划体制下一样，具有数量增长的行为倾向。于是，表面上的价值指标转化为实际上的实物指标，增长主要依靠增加投入实现。第二，承包使一些企业出现行为短期化倾向。目前的承包期一般为三年，因此，承包者的经营目标自然是三年利润最大化。这使得企业追求短期利益而忽视企业长期发展。企业承包后忽视机器设备的正常维修保养，不愿进行技术改造和长期投资的现象相当普遍。更有甚者，我国本来固定资产估值和折旧率就太低，加之承包制下有的企业把折旧基金和扩大再生产基金用来抵冲税收，造成"假利润"，然后把这部分"假利润"当奖金分掉。这样就会形成"吃老本"的现象。第三个明显的缺点是，承包后企业的涨价冲动更加强烈。因为对企业来说，再也没有比涨价更容易完成上交指标、多得收入、多分奖金的办法了。所以，从短期看，承包的确有稳定国家财政收入的正效应，但是因为它损害了财政收入的基础——长期经济效率的提高，时间拖得越久，负效应就越明显。

刘吉瑞： 增加国家、地方政府的财政收入，是构成推广承包制的一个直接动因。不过当初在作出这个决策时，指导思想上还有通过承包扩大企业各项权利，促使其自主经营、自负盈亏的考虑。现在看起来，承包并不能起到这样的作用；它不能从根本上保证企业自主经营，也难以促使企业公平竞争。承包这个词，英文译作 contract，就是契约、合同、合约的意思。但实际上，我们的承包和西方市场经济国家的契约存在本质的区别。承包制中，发包方通常是行政主管部门，发包方与企业承包者的关系是行政上下级关系，两者的地位不同；而在市场经济中，合约双方都是独立的商品生产者，彼此的地位是平等的。就拿承包制中确定承包指标和承包基数来说，承包指标最初是一个综合性的价值指标，即上缴利税额。按照一些同志的设想，只要企业承诺完成这一指标，行政就丧失了干预企业的权力。但正如您刚才指出的，由于上缴基数指标管不住数量扩张冲动和其他各种短期行为，使得行政主管部门有充分理由追加各种考核指标，如投资指标、技术改造指标、安全指标、新产品试制指标、产品品种和质量指标等。这样，等于重新把原来的各项指令性计划指标下达到了企业。至于承包基数，也并不像一些同志想象的是由招标市场上的竞争决定的，而是在行政上下级之间一对一讨价还价的基础上确定的。我们曾在杭州花了相当长的时间，调查市政府、主管局、企业是怎样确定基数、层层承包的。发现情形大致是这样：市府根据本年度财政预算和上交中央、省的税利状况，匡算出全市企业上交税利的总额；然后市府将总额分解到各主管局，由主管局算细账，在局内将指标分解到所属厂；再由主管局同各厂进行一对一的谈判，落实承包基数。在主管局同企业谈判时，由于双方一时难以达成一致意见，主管首长也有可能物色其他投标者，搞竞争性招标。但实质是，上头财政的盘子定死了，企业包也得包，不包也得包，厂长经理可以调换，指标却只能就高不就低。因此，从某种意义上说，通过承包这种形式，企业的行政隶属关系比利改税时不是减弱而是加强了。

吴敬琏：承包的基本内容主要是确定上级行政部门给下级生产单位什么权利，企业对上级行政机关承担什么责任和义务，从总体上说，它使下级生产单位对上级主管部门的行政隶属关系更加紧密了。不过，同原有的指令性计划相比，情况有一些变化。表现之一在于，承包时企业可以向上级讨价还价，不像指令性计划时那样得无条件地绝对服从。对企业来说，如果能在确定基数时使上级机关有所让步，那就能先发制人，在今后几年"坐收渔利"。你所说的财政上交任务繁重的城市，主管部门确实不太会让步，承包条件较苛刻。但同时也应看到，我们中国是一个具有"有事好商量"的传统的国家，人情大于王法的准则即使在公事公办时也能通行，通过同学、同事、朋友、战友、老上级、老部下以及各种亲属关系的网络，以至请客送礼等方式，有可能使上级主管部门让步，或者把原定要求企业完成的承包任务转嫁到其他企业头上。表现之二是，在承包期间，企业家有比原来更大的自主权和机动权，尽管这种权利很有限，又十分不牢靠，但鸟笼子毕竟比原来大了一些。企业经营自主权有所扩大，一方面为企业改善经营、发展生产创造了条件，同时也使企业有可能为本身的短期利益而与政策法令抗衡。"上有政策、下有对策"，说的就是这种情况。表现之三是企业追求利益的动机比以前强烈，但依然缺乏承担风险的机制，即"只负盈不负亏"，企业仍然能吃国家的大锅饭。特别是在市场公平竞争环境没有形成的情况下，承包者可以用非经营性的手段，为争取低价投入，改变产品品种乃至插手流通领域赚取差价等办法来完成上缴任务，多留、多分利润。承包引起的这三方面的变化有利有弊，很难说经过承包企业对行政的从属关系削弱了，或能自负盈亏了。

刘吉瑞： 负盈不负亏的问题在承包制下确实没有得到解决。证据是亏损企业照样分奖金，绝少有企业因承包经营不善而破产拍卖的。有的同志说，通过私人财产抵押的竞争性招标、投标即能解决问题。实行的结果怎样呢？据四川的同志讲，他们那里一家经过招标投标后承包的企业因经营不善发生了亏损，于是就把承包者——厂长抵押的房子收归国家所有。但你还得给他房子住，结果房子是归国家了，他还是照住不误，只不过每个月需象征性地付几元房租。

吴敬琏： 在目前的条件下，要分清亏损是由于外部条件改变引起的还是经营不善引起的，或这两种因素各占多大比例，相当困难。而如果原因不明，责任不清，就谈不上没收抵押财产了。即令没收了数量有限的抵押财产，你还得安排好这个承包者的生活，因此，没收财产起不到应有的震慑作用，主管部门也很难来真格的。上面说的还是指处理经营不善而又奉公守法的承包者；如果有那么一些投机取巧、心术不正的人，利用少量抵押财产即可承包资产价值超过其抵押财产几十倍、几百倍乃至上千倍的企业这一点，用几万元钱承包了资产价值几百万、几千万的企业，然后任用他的亲戚、朋友、哥儿们，用分发红包、奖金、实物等办法损公肥私捞一把，但又大法不犯，待企业亏损或"资不抵债"进行清算时，他拿出抵押财产赔偿。那么，这样的"负亏"又有什么意义呢？他给国家造成的损失何止他抵押的一座住房或几万元银行存款？而钻制度空子攫取的国家财产，早已使他和他的亲朋好友腰缠万贯！我这样说绝非危言耸听，旧社会和国外都有过企业经理、账房这样搞鬼作弊的事例。我们目前各地正在探索的财产抵押承包制，不仅没能从制度上对这种作弊行为进行必要的限制，相反还留下了许多的漏洞。

刘吉瑞： 还有一种流行的说法，认为承包制是"实行两权分离的良好形式"，因此要"层层落实"，直到班、组，乃至劳动者个人。我觉得也多少有点似是而非。您怎么看这个问题呢?

吴敬琏： 我们这几年在搞社会主义商品经济的时候，常常遇到一个问题，就是由于中国长期是一个小生产者充斥的农业社会，在引入现代商品经济的概念和做法时，往往因为农业社会的思想和习惯在社会上有压倒优势而变得面目全非。关于所有权同经营权分离的问题，情况就是这样。我曾经指出过，所谓两权分离，是马克思曾经提到过（"乐器的所有者"同"乐队指挥"之间的分离），但只是在 20 世纪中叶的股份公司中才发展起来的概念。而"承包制"却是古已有之，是在农业社会的等级所有制中流行最广的做法。把这两种性质根本不同的东西混为一谈是不妥当的。在承包制的条件下，企业的经理人员并没有大股份公司中经理阶层所具有的全部控制权，而上级主管机关也并不像股份公司的所有者（股东）那样，握有全部所有权，它们的所有权（表现为对盈亏负完全责任）是多少打了点折扣的。所以，如果说承包制是在公有制中建立"等级所有制"的有益探索，倒还是有些道理的。至于社会主义大中型企业能不能层层落实等级所有制，那就是另一个问题了。我自己也曾倾向过把社会主义公有制改造成分层的等级结构，国家拥有"最终所有权"或"最高所有权"，企业则拥有"部分所有权"。但是后来我越来越认识到，在社会化大生产中搞"层层分封"，是一种历史的倒退。如果真要这样做，给大企业带来的将是一场灾难！

刘吉瑞： 部分赞成推行承包制的经济学家，也承认我们上面所讨论的承包制的一些弊端。但是他们认为之所以存在这样那样的问题，主要原因在于目前的承包制还不够彻底，也就是承包时没有把双方的权利和义务"包死"。"包不死"，政府对企业的约束硬不起来，就会产生讨价还价、负盈不负亏等诸如此类的弊端。

吴敬琏： 初看起来，这样的议论不无道理。可是如果进一步分析为什么"包不死"，以及"包死"了又会怎样，那么就会发现这种议论有点似是而非。"包死"即硬化承包指标约束，固然是承包制得以成功的基本条件，但"包死"要有一个前提，即外部环境大致稳定不变，可是，我们是在改革的时代、改革的环境中搞企业承包的。改革时社会经济结构、各种经济关系都处于巨大的变动之中。在这样一个变革时期，要固定企业经营的外部环境并"包死"基数，显然是不现实的。企业经营的内部条件和外部环境都在变，你如何"包得死"？当然，确定承包基数时可估计一个预期值，但无论是绝对值还是增长率，无论是定比还是环比，又能具有多大准确性？譬如，目前的物价上涨率已达两位数，恐怕是1987年承包时始料不及的。两位数的物价上涨率对企业完成承包指标有什么影响，对不同的企业又有什么不同的影响，要不要修改调整承包基数，需不需要用不变价格来测度承包额等，这些都是确定承包基数时无法回避的重大问题，同时也是根本无法解决的。因此，只要外部环境不断变化，承包制就势必受到各种变动因素冲击，需要不断对基数进行调整，很难"包得死"。反过来说，要使基数能相对稳定并对企业具有约束力，又非要保持外部环境的不变不可。而如果真要保持外部环境的不变，那只得停止或推迟除承包责任制以外的改革，特别是价格、税收、财政计划、物资配给、外贸等方面的改革，回到"超稳定"的命令经济体制去。"包了改不了，改了包不了"，这就是承包制在现实中的两难困境。

刘吉瑞：承包制与其他方面特别是与经济运行机制改革的矛盾确实存在。比如价格改革，无论是产品比价的调整还是行政定价改为市场定价，都必然要求全面调整和修改承包指标。否则，在各企业内部经营管理状况没有发生重大改变的情况下，价格改革带来的利益分配变化可能使本来经营好、盈利多的企业顷刻转为亏损，也可能使原来经营不善、效益低下的企业一夜变成暴发户。计划、物资配给等体制的改革也会冲击承包。我想补充的是，从这里可以引出两个逻辑上的推论，一是企业承包制只能在宏观管理体制改不动的条件下实行。其实，前段积极主张实行承包的一些同志也正是从这样的角度来论证的。他们认为，既然1986年设计的价税财联动方案出不了台，宏观管理体制改不动，那就实行承包制吧。二是企业承包制只能在宏观管理制度已基本改好的情况下实行。因为那时企业外部环境变动就比较小了。但是，矛盾或逻辑悖论又随之出现。在第一种条件下，无异于说要在传统体制下搞承包。对推进市场取向改革来说，这样的承包显然没有意义。在第二种情况下，市场体制的框架已经确立，就没有必要实行承包制。我们不妨这样概括企业承包制与国民经济宏观管理体制改革的关系："在改不动的时候包，只能取得某些短期效益；在改革的时候包，包也包不住；在改革以后包，包就没必要。"

吴敬琏：我们前面讲到，在改革的时序安排上，一定要尽可能使眼前的改革为下一步的改革创造条件而不是设置障碍。事实证明，企业实行承包制以后，宏观经济体制方面的任何一项改革都会碰到新的困难，因而很难说承包制是向商品经济新体制前进的较好过渡形式。在我看来，即使通过承包能走向新体制，那也必然大大地增加改革的成本。因为在承包制下，包不死，对企业就没有硬的财务约束；而如果包死了，以后的每一项改革都要求政府和企业重新进行谈判，确定国家和企业都能接受的基数。而每一次谈判，总存在把企业经营方面的失误划归到体制改革、外部环境变化头上的可能性和倾向。结果，每一次谈判，国家都得"让利"。越改革，国家让出的利越大，改革付出的成本越高。另外，一次次的谈判和连续不断的让利，实际上否定了承包指标的严肃性和约束力，企业财务约束也因此而软化。

刘吉瑞：经济结构变动与企业承包制的关系，也与刚才讨论的一对关系大致相似。大家都承认，我国目前的产业结构依然很不合理，存在各种扭曲。结构扭曲既导致资源配置的低效率，也是资源错误配置的结果。为了提高资源配置效率，需要在改革过程中不断校正扭曲，调整结构。可是，承包制与产业结构的变动和调整存在极大的矛盾。目前的承包制，隐含着一个十分重要的前提，即现有的经济结构是合理的，在这样的基础上，各部门、各企业实行量的增长，盈利企业的利润以一定的比例增长，亏损企业则进行减亏承包，最后也扭亏为盈。隐含着这样一种假设前提的承包制，在实践中就与结构优化产生了矛盾。一方面，结构变化和调整不仅使承包基数难以固定，而且要求长线部门的亏损企业实行关停并转，盈利的也要控制增长，从而否定了"盈利的增利，亏损的减亏"的承包准则。另一方面，在结构扭曲的条件下如果包死了，结构扭曲现象即使不更趋严重，至少不可能得到及时校正。

吴敬琏：这就提出了一个更加具有根本性质的问题：承包制是不是一种适合于社会化大生产的企业制度。我们以前谈到过，现代经济供产销关系错综复杂，生产技术和供求关系变动不居，旧的行政控制机制难于适应复杂多变的情况，有效地配置和利用有限的资源，因此需要改革。市场机制的长处，就在于它能够促使企业根据瞬息万变的情况，不断创新，这就保证了资源配置效率和微观运作效率的不断提高。而企业承包制是与这样的立意背道而驰的。

搞承包有一个隐含的前提，就是承认任何企业，不管是长线部门的企业还是短线部门的企业，不管是效益高的企业还是效益低的企业，都有生存的权利、发展的权利、利润分成的权利以及增加奖金的权利等。在确定企业留利和奖金时，采取"倒轧账"的办法，按照过去若干年留利和分发奖金水平确定基数及其增长率。这样，好坏一锅煮，优胜劣汰无法实现，长线不能变短，短线也长不了。

其次，承包制要求稳定"外部条件"，这意味着"固化"现有的经济结构。即使我们假定现有的结构是合理的，在一个不断创新、不断变化的世界里，固化也意味着停滞和慢性自杀。因此，在参数不能反映现实的技术变化和供求变化的条件下，用你所概括的"盈利的增利，亏损的减亏或扭亏增盈"的办法搞承包，即使调动、发挥了企业生产经营的积极性，也极有可能恶化经济结构，降低整个社会的资源配置效益。

刘吉瑞：既然承包制并不能使企业走向自主经营、自负盈亏，又同国民经济运行机制的转变和经济结构调整存在矛盾和冲突，那么我们是否能得出企业承包制不利于竞争性市场的形成，与市场取向改革的目标模式相矛盾的结论呢？

吴敬琏：我认为可以这样说。因为把前面所说的概括起来可见：第一，从短期看，承包制可能具有促使企业扩大产量、增加财政收入等积极作用，但从长期看，消极作用却比较大，把现有的利益格局和经济体制也"固化"了，不利于社会主义市场经济新体制的形成。第二，承包制不能促进企业根据情况变化进行创新，固化了经济结构，不利于效率的提高。总之，它仍是一种行政控制方式，只不过不是由中央行政机关进行经济协调和资源配置，而是按照等级的原则由各级行政部门进行分散的协调。

刘吉瑞：有些同志认为，通过招标、投标引入竞争机制，有可能在承包中培育市场经济新体制的因素。您觉得怎样？

吴敬琏：我认为，这种说法是有问题的。最主要的竞争机制就是健全的市场体系和合理的价格体系，没有这两条，企业之间无法开展公平的竞争。现在搞承包制,实际上就是要绕开价格改革,不在形成竞争性市场上打攻坚战,而用一户一率的非规范行政控制来代替市场协调配置资源。在这种体制下,首先,企业与企业之间就不可能进行公平竞争。其次,即使不同的承包者在竞相投标争取承包一个企业时,也不存在真正的竞争。因为这时谁能承包谁不能包,主要不取决于投标者的经营能力,而取决于他同主管上级的关系。往往出现这样的情况:同一承包基数,即使 A 和 B 的经营管理能力相当甚至 A 远胜过 B,B 能包,A 却不能包,或者 A 包了完不成任务,B 包了反而能完成。为什么?因为承包者与上级主管部门首长之间的关系带有很大的"人格从属"色彩。这种关系与商品经济中契约双方的平等关系完全不同。在承包制下,不是竞争在选择投标者,而是上级首长在选择下级。换言之,不是市场的自然选择决定谁当经理,而是组织部门、行政当局任命厂长。因此,正如你上面所说的,把承包制翻译成"contract system"实在不妥。有些外国经济学家比较尖刻,说欧洲中世纪规定领主和附庸之间相互关系的"社会契约"大致与我国目前的承包制相当,承包制应翻译为"social contract system"。退一步说,即使原来比价比较合理,市场比较健全,但实行了目前这种一户一率的承包制以后,比价关系会因此而逐渐扭曲,市场也会因此而支离破碎。所以我认为即使作为过渡措施,承包制也不是一种正确的选择。在 1988 年初发表的一篇文章中,我就指出小企业包不如租、卖,大企业还是通过税利分流、清产核资、落实产权等工作,逐渐走向股份制。

刘吉瑞： 可是 1987 年以来，各种形式的承包制不仅在企业普遍推开，而且进入了非生产性部门。医院、学校、文艺团体、科研机构、新闻出版单位，甚至政府行政机构、派出所等，都纷纷确定承包指标，逐层分解落实，以为"一包就灵"。譬如，学校教师必须保证升学率达到百分之几十，才能拿到奖金。区、乡政府工作人员必须使该地区出生率或人口增长率降至千分之几，否则他们只能拿基本工资。记者一个月得写几千字的稿子，指标以内算是分内事，不给稿费，超过指标每千字 40 元稿费。如此等等。前一段时间《参考消息》登了篇海外报道，说的是河南省一个县城的工人李信文，吓跑了一个正在偷窃自行车的小偷。当他把这辆自行车推到派出所，要求登记处理时，派出所不予受理。他找了四家派出所，派出所都借故不管。为什么？因为派出所也实行承包责任制，按派出所所辖地区的人口数，包定了民事或刑事案件的指标，如超过指标，派出所工作人员就要扣掉奖金。你李信文不知底细，推一辆自行车要求立案处理，岂不是要派出所好看吗？派出所人员当然要对李信文白眼以待了。

吴敬琏： 你说的李信文的事，是香港《南华早报》的一位记者写的。这看起来是一个笑话，但又使人怎么也笑不起来。根据我们上面的分析，即使承包制在农业中取得了巨大成就，那么当将它引入工业中时，就已经存在从真理再向前跨越一步走向谬误的危险，而当人们继续把它推广到非生产性事业部门乃至政府管理部门时，就可能转变为可悲可怕的社会闹剧。中学教师包大学升学率，学校就不会把重点放在学生的全面发展上，而只能片面地追求升学率，死保高考科目。医院承包了利润、创收指标以后，出现了两种情况，一是开药方时给补药、多开药，甚至硬塞给病人一些无效的药，以此来创收；二是一些著名的大医院，承包后大家都不愿进行基础理论的研究和科研、教学工作，都要求去搞门诊。因为在门诊部直接创收，能多发奖金。北京的一些政府机关和科研机构，实行出差费按人头承包，节约归己。结果，一方面确实该出的差如下乡调查研究等，因受经费限制而只得取消；另一方面，没有必要出的差，却总有人去，因为每个人有一笔出差费，总有一些闲不住的同志利用这笔费用去外地游山玩水。

刘吉瑞：我去农村调查，问基层工作的同志现在最难办的事情是什么，他们说"一是催公粮，二是抓婆娘"。粮价偏低，农民不愿种粮食，种了粮食也不大情愿出售给政府的粮油收购站。于是公粮上交指标就成了乡政府和村民委员会工作成绩的重要考核指标，他们就有一个挨家挨户催交公粮的任务。计划生育，确是关系国计民生的大事。但农民文化素质低下、法治观念淡薄、农村养老保险制度缺乏、思想政治工作落后等因素，使得现阶段控制农村人口增长面临许多困难。在这种情况下，将基层干部的工资、奖金与计划生育指标挂钩，即包定乡、村的出生率和人口增长率，就有可能促使基层干部用简单、粗暴的方法对待农民。我总觉得，在农村经济的社会化程度大大提高了的条件下，如果不深化农村的改革，不调整农产品收购价格，不在农村建立养老保险制度，普及教育和文化，光是靠承包这种比较原始的管理办法，是不能从根本上调动农民的种粮积极性并鼓励农民家庭实行计划生育的。

吴敬琏：这里提出了两个十分严肃的问题。一是在农村商品经济已有了比较大的发展的情况下，承包是不是应当有所发展和向哪里发展。二是非生产部门的改革怎么搞。我们这里着重讨论第二个问题。传统体制下对非生产性事业，一是国家包揽过多。由于我国经济不发达，包揽过多、战线过长，必然导致关键部门如教育部门资金短缺，难以迅速发展。二是生产事业部门的行政化。医院、科研机构、新闻出版单位等几乎都成了一级行政机构。三是许多部门人浮于事，责任不明，效率低下，上上下下都吃国家大锅饭。但是，非生产事业部门十分复杂，一般又承担特殊的社会职能，改革时一方面要根据各自的特点，注意发挥其社会职能，一方面又要在其内部建立岗位责任制，打破大锅饭，而不能不加区分，连提供公共物品（public goods）的部门也采取层层承包方法，用盈利指标来考核，迫使它们实行完全企业化的经营。拿出版社的改革来说，为发展科学、促进学术的繁荣，政府一方面仍然要对学术性的出版社加以资助，鼓励它们出版高质量的学术著作。在这里不是推广市场原则就能解决问题的。另一方面，对于大多数商业性、盈利性出版社，政府则应与它们脱离关系，使它们成为独立经营的出版社。当然政府仍然要通过新闻出版的法律对其进行管理，如禁止出版黄色、淫秽读物。而如果采取一刀切的办法，在所有出版社搞承包，用盈利指标考核其工作成绩，势必导致"劣币驱除良币"，著书不如编书，编书不如卖书，印好书不如印坏书，结果必然败坏社会风气，降低全民族的文化水平。对文艺团体也是如此。应将文艺团体分解为两大类，一类以弘扬艺术、提高全民族文化水平为宗旨，因此需要政府资助。另一类提供文化娱乐产品，具有商业价值，则应实行企业化经营。至于基础教育以及供应所谓公共物品的部门，即使西方市场经济的教科书，也认为不能把盈利作为目标函数、采取市场原则进行产品的分配。政权机关如上面提到的派出所，以及军队、法院等，担负着维持社会秩序、与犯罪行为作斗争、为公众提供安全服务的职能，更不是市场机制起作用的场合。降低犯罪率固然是警察的目标，但你能事先规定一个比率考核他们吗？有些犯罪行为，警察不去追查，大家根本发现不了，但对社会的潜在危害是巨大的。警察去追查了，消除了隐患，反而增加了该地区统计表上的发案率，警察可能因此被扣掉奖金。这样的责任制岂非荒谬！假如管辖某一街区的警察专门把罪犯从他管辖的地区驱逐到邻区，他的承包指标能很好完成，但相邻街区的发案率却大大上升，那么这个警察应受到奖励还是惩罚？总之，在非生产性行政事业部门进行改革时，首先，要分清哪些领域能采取市场原则，哪些领域不能采取市场原则；其次，即使需引入市场机制的领域，也不应凡事靠"包"。

刘吉瑞： 相对于经济体制改革而言，科技、教育等部门的改革目前才刚刚起步。我们需要在这些领域进行各种探索。但十分明显的是，在这些部门的许多领域，是不能按市场原则来组织经营和管理的。否则，就可能出现如美国经济学家阿瑟·奥肯（Arthur Okun，1928—1980）所说的"金钱侵犯人的基本权利"的状况。简单地用承包方法来管理非生产性事业部门，更不是改革的方向。

我们已经分析了地方、部门承包制和企业承包制的诸多弊端，以及承包制与市场化改革相矛盾的方面。而且，从世界范围看，在社会化程度较高的现代工商业中，无论是西方市场经济国家还是实行集中计划的社会主义国家，都没有像我们这样普遍实行承包制的。我想，这绝不是因为我们中国人特别聪明，发明了承包制，而外国人特别愚笨，竟然不知道或忽略了这一简便易行的管理方式，而是因为现代工业从本质上排斥承包制。因此，如果我们要发展商品生产，就要遵循商品生产和现代工业管理的共同规范，按照社会化大生产的内在要求组织生产，进行管理。

吴敬琏： 人们对于承包制以及与承包制相类似的非规范行政控制的缺陷的认识，是逐渐深化的。最初，大家认为承包的缺陷可以通过它本身的改进和完善得到解决，现在发现这种办法不大行得通。因为承包的许多缺陷是承包制的非规范调节的性质本身所具有的，不改变非规范的办法，就无法克服这些实质性的缺陷。从根本上说，承包的非规范办法与现代社会化大生产的本性相矛盾，从而决定了它的历史命运。前面已经说过，在农业社会中，社会联系十分松散，生产投入或者取之于大自然，或者完全可以由一家一户独自解决，其产出也只有很少的一部分会被拿到社会上去交换。所以，农业社会的产供销或资源配置既不需要经过市场，也不需要经过集中的计划机关，在这样的情况下，需要由社会处理的只是供养军队、政府等的少量剩余产品的收集和分配工作；处理的方式既可以是集中的，也可以用分封和"承包"的办法。但是，在社会化大生产情况下，各个生产单位之间的联系十分复杂，错综复杂的产供销关系客观上要求由一种社会统一的机制来协调，或者是分散的市场机制，或者是集中的行政机制。这时，采用承包一类分散的行政体制就不能有效地协调社会生产和合理配置资源了。这是因为，现代工业需要平等和客观的评价，而农业社会的经济关系却是建立在"一对一"的人格纵向从属基础上的，交易的条件因当事人的身份、地位、"关系"而异。前面我们谈到，法国由于实施了中央与地方包税的包税制，其现代化的进程比英国晚了 100 年。南斯拉夫在 20 世纪 60 年代中期改革时，政府与各个生产单位之间订立了各种"社会契约"，规定社会给生产单位何种保证，生产单位对社会负有哪些义务，交纳多少钱，负责搞哪些基础设施。现在发现这种做法是造成目前南斯拉夫既无计划又无市场局面的一个重要原因。一些南斯拉夫的经济学家甚至认为这种"契约经济"类似于封建关系。因此，各个国家在现代工业中，一般都不采用承包这种管理方式。我国是一个具有小生产传统的国家，在传统的中央集中配置资源的体制弊端显露以后，人们就想通过改革来建立新的体制。但新的体制是什么样的体制呢？当人们不愿遵循商品经济的共同规范努力建立以市场关系为基础的新体制的时候，就会按照小生产的观念，引入只适应于农业社会的非规范的管理方式来管理大工业。

刘吉瑞：匈牙利经济学家科尔奈在 1985 年出席巴山轮会议时就指出，在社会主义经济改革中，当传统的社会主义体制即直接行政控制的 IA 体制被打破以后，理应走向有管理的市场协调体制即 IIB 体制，但是，由于各种原因，东欧诸国都出现了变相的行政控制 IB 体制，即用分散的和非规范的间接行政控制体制来取代原有的直接行政控制（IA）体制，用逐个确定企业的税率、补贴、价格、工资，使企业从属于上级行政机构的办法来代替原有的集中计划。与 IA 相比，IB 体制似乎更灵活，更多地依靠经济杠杆，但它对企业的微观干预更加无孔不入，更不规范。我认为，我国目前实行的地方、部门承包制和企业承包制，就是科尔奈教授所说的 IB 体制的变形。如果让这种 IB 体制长期延续并逐渐固定化，那么市场取向改革的目标就难以实现。我们在现阶段，特别需要充分认识 IB 体制的危害性，以免陷入只是用新的行政干预替代旧的行政干预的歧途。

吴敬琏：问题在于即使在主张市场取向改革的人们中间，对 IB 体制是否比 IA 体制优越，IB 体制是否从 IA 体制走向 IIB 体制的必经阶段等问题，也存在不同的看法。我个人倾向于这样一种观点：只要目标明确而又部署得当，完全有可能从直接行政控制走向有宏观管理的市场经济体制。即使在改革过程中要采取某种形式的间接行政控制，也要尽可能缩小间接行政控制的范围，缩短其作用的时间。经验表明，如果像匈牙利、南斯拉夫那样，进入了间接行政控制的"怪圈"，体制改革就再也难以推进了。但另一些同志认为，即使间接行政控制体制存在这样那样的弊端，但总比原来的直接行政控制前进了一步。因此，凡是有利于冲破行政直接控制的措施，如中央向地方放权让利、实行承包制等，都是符合改革大方向的，都要积极支持。他们的这些意见，粗看起来也有道理，特别是在冲破直接行政控制体制的初期，由于打破旧体制释放了一些原来被束缚的能量，放权让利调动了地方和下级的一些积极性，似乎表明只要沿着行政分权和间接行政控制的路子走下去，体制改革就能成功。但东欧一些国家和我国经济体制改革发展的经验教训却越来越表明，不建立能够统一协调国民经济和合理配置资源的有管理的市场经济体制，停留在间接行政控制的 IB 阶段，国民经济是不可能有效运行并健康发展的。

刘吉瑞：看来，IB 体制并不比 IA 体制更接近于有宏观控制的市场经济 IIB 体制。譬如，很难设想地方分权的行政社会主义比中央集权的社会主义更有利于统一的竞争性国内市场的发育形成。中央集权反倒更有利于市场的形成，因而在各国的现代化过程中，从诸侯割据到中央集权往往是统一市场形成的一个必经阶段和前提。另外，现在大家都说要从承包制走向股份制。但如何从承包制转向股份制呢？看来还没有找到合适的衔接的机制。先税利分流，实行税后规范承包，再转向股份制，可能是一种可取的办法。但这等于先形成市场、统一税制，取消一户一率的承包制，再搞股份制，并不像一些同志所说的从包到股。因此，从承包企业走向股份公司，并不比利改税企业走向股份公司容易。

吴敬琏：不仅不容易，我看在市场很不健全的情况下，即使建立了股份制公司，它也会变形。例如有的经济学家说，在绕过价格改革的情况下进行企业改革有两种主要的办法，一种是"先包（推广承包）后股（股份化）"，另一种是"先股后包"，总之是离不开一个"包"字。很难理解，股份化以后为什么企业还要向上级主管机关"承包经营"呢？也很难设想股份制公司怎能在一户一率的"承包制"下经营。问题在于，只要不存在平等竞争的环境，不管是不是"股"了，看来都离不开一个"包"字！

刘吉瑞：从逻辑上说，规范的直接行政控制 IA 体制距离 IIB 体制之所以不比非规范的间接行政控制 IB 体制距离 IIB 远，原因在于从 IA 转向 IIB，只要将统一规范的 IA 规划，即行政规则转变为同样也是统一规范的 IIB 规则，即价值规律就可以了，而实现 IB 体制向 IIB 体制的转变，却先要将不规范不统一的规则规范化，然后再转变规则。

吴敬琏：所以，在体制改革上，我们再也不能沿着放权让利、实行非规范的间接行政控制的路子走下去了。要使市场化改革继续保持前进的势头并在今后几年取得实质性进展，我们必须破除对非规范的间接行政控制的幻想，转变战略，通过前后衔接、左右协调的综合改革，建立起有计划的商品经济或有宏观经济管理的市场经济体制的初步框架。如何走出非规范的间接行政控制体制，是中国和其他一些社会主义国家现阶段改革面临的共同任务。至于我国的承包制，作为与间接行政控制体制相对应的企业组织制度，也将随 IB 体制的取消而完成其历史使命。未来的社会主义大中型企业组织形式，必然是与有宏观经济管理的市场经济体制相适应的现代企业制度。

第九讲　利益关系的调整和新利益格局的建立

刘吉瑞： 在教育、科技等部门推行承包制以后，产生了一些从事基础研究的科研人员经商，教师弃教从商或一边教书一边"创收"的状况。一方面，这固然表明我们在经济、教育、科技改革的指导思想上存在偏差；另一方面，它反映了社会利益关系的扭曲或分配不公正在冲击着知识界。这几年物价上涨得快，拿固定薪金的教师、科研人员等知识分子的工资却上升不多，不出去"创收"，确实有点顶不住了。脑力劳动者与体力劳动者工资倒挂的问题，在改革初期就有经济学家提出来了，但现在问题越来越严重，一个大学讲师的工资不及一个补鞋匠，脑外科医生的收入不如理发的，大学毕业生的收入不如家庭保姆，如此等等。有人总结道，从前"学好数理化，走遍天下都不怕"，现在则成了"十年寒窗苦，不如个体户"。

吴敬琏： 现在各方面的牢骚很多，有的领导同志把这种现象概括为"拿起筷子吃肉，放下筷子骂娘"。这个概括当然不完全对，因为在我国目前的情况下，并不是所有的人都能"拿起筷子吃肉"的，生活清苦的不在少数，工作中出了差错却指责群众不感恩戴德，恐怕也是不妥当的。但从政府的角度看，确实感到有点冤屈，即这几年，政府为提高居民生活水平、改善生活条件花了不少钱，人民生活水平的提高也比较快，却出力不讨好，老百姓不领情。为什么依然有这么多的意见和牢骚呢？我看主要的问题是利益关系没有理顺。利益关系不顺，分配就不公平，分配不公，该得的人没得到，不该得到的人却得到了。于是，居民之间，各个社会阶层之间，居民与企业之间，居民与政府之间，各方面的关系一下子就紧张起来。

刘吉瑞：除了领取固定工薪的知识分子以及机关工作人员收入低于体力劳动者外，收入分配不公还表现在这样几个方面：在农村，种粮农民收入普遍低于经商、务工的农民，并且从1985年以来，由于农业生产资料价格的猛烈上涨，种粮农民的实际收入出现下降趋势，种粮农民既无积极性也没能力去扩大再生产。在国有部门，由于实行计划、物资、价格等的双轨制，企业与企业之间严重苦乐不均。有的企业经营管理很差，却因手里有紧缺物资可卖而利润丰厚。于是，这些企业的干部、职工就能获得各种工资外收入，现金不行发实物，汽水不够加啤酒。而那些原材料涨价幅度大、生产的产品卖高价的比例小的企业，即使全厂上下齐努力，经营管理很好，一年干下来四个月工资的奖金也未必能发全。还有，企业之间、地区之间由于政策投入不同，也引起较大的收入反差。试点地区、试点企业，往往减免税收，能很容易地获得低息或无息优惠贷款等，而非试点地区和企业则不然。这样，不平等的条件导致不平等的收入分配。更为严重的是，以行政特权为背景的各种皮包公司，虽然有"官倒""私倒"之分，却都能凭紧缺物资批条、许可证、外汇额度、信贷指标等的交易一夜发快财，短时间内就成了百万富翁。我想，1988年以来人们对收入分配不公的状况反应强烈，不是偶然的。

吴敬琏： 对这些现象要进行分析。我想先说明几点。首先，要把改革过程中收入差距扩大的两种状况区分开来。一种状况是在市场竞争的过程中，由于人们的才能、工作效率的不同而引起的收入差距。比如，一个有才能的乡镇企业经理，靠诚实经营、善于管理致富，一年收入万把元，而没有这种才能的人收入较低。对这样一种因打破平均主义大锅饭而引起的收入差距扩大，我们不仅不能抑制，而且要鼓励，因为这正是经济改革的方向和目标。另一种状况就是你刚才所说的各种分配不公的现象，对此必须采取措施克服和防止。其次，改革中出现第二种状况即收入分配不公，原因极其复杂，既有主观的，也有客观的，但并不是不可避免的必然现象。第三，正视目前的分配不公并采取措施加以解决，并不意味着要倒退到改革以前那种大多数人吃平均主义大锅饭、共同贫困、少数人享有特权的状态去。

刘吉瑞： "天下熙熙，皆为利来；天下攘攘，皆为利往。"可以说，我们的改革之所以能获得广大人民群众的支持，是因为居民对改革充满着期望，有一个利益预期，希冀通过改革振兴中华民族，同时也给他们带来生活上的实惠。但分配不公产生一种离心力，使这些充满利益期望的公众感到失望，严重削弱了公众对改革的支持。如果听任分配不公的现象发展，那么公众就不禁要问，改革到底是为了谁？这几年我有个感觉，通货膨胀、分配不公等，使改革的声誉下降，改革的形象受到了损害。当然，公共舆论也需引导。由于我国是一个农业社会，有"不患寡而患不均"的狭隘的、非理性的平均主义传统，对一些勤劳致富的人，也会出现各种"红眼病"。但从最近几年的情况看，人们的观念在转变，"红眼病"逐渐减少。目前人们对分配不公的义愤和批评，很少挟带妒忌的心理。

吴敬琏：邓小平同志早就讲过，"改革是中国的第二次革命"[①]。就利益关系而言，改革就是要改变原有的利益格局，按照商品经济的原则调整人们的利益关系。这无疑会碰到很大的阻力。因为利益具有能上不能下的刚性，当改革措施涉及一些社会阶层的既得利益时，必然会引起要维护自己在传统利益格局中的地位的社会阶层的反对。而另一方面，也存在一定的社会力量，要求利益分配大幅度倾斜，发生有利于他们那个阶层的变化，而不管这种利益格局是否符合社会主义商品经济的基本原则。可以说，社会主义经济体制改革的动力是利益，而其阻力和困难也来自利益，"成也萧何，败也萧何"。因此，我们一定要按照发展社会生产力的总原则，在改革过程中按照社会主义商品经济的两个基本原则（一个是等价交换，另一个是按劳分配），正确处理好各个阶层之间的利益关系。

刘吉瑞：改革的最终目的或最终结果是提高社会生产力，使国民收入这个大饼增大，以便在这个大饼当中，每个人都能分得

---

① 《邓小平会见二阶堂进时指出：改革是中国的第二次革命》，《人民日报》，1985 年 3 月 29 日。

比以前大的一份。即使从相对比例讲，某些阶层的份额以后并不见得扩大，而从绝对量看，改革后同改革前相比，它们获得的可支配收入也会增加。但是，改革是一个过程，新体制的建立、运行和发挥提高社会生产力、增加社会福利的功能，需要时间。在进行改革和新体制发挥效益两者之间存在一个"时滞"。因而在相当长的时间内，改革只能在大饼还没有显著扩大的情况下进行。这时候进行改革，实际上就意味着改变现有的利益格局，调整社会各方面的利益关系。不可能人人都得到好处，总有一部分人在改革中得到比较多的利益和好处，另一部分人得到较少的利益和好处，还有一部分人的短期利益则要受到程度不同的损害。我们在讨论校正利益关系扭曲和克服分配不公时，恐怕要分清两个层次的问题，一是改革以后，也就是在新体制下国民收入怎样进行分配；二是在改革过程中，在国民收入这个大饼还未显著扩大以前，如何对大饼进行分割。应该说，社会主义各国目前面临的主要问题是，在大饼增大以前如何调整利益关系。

吴敬琏： 重组社会各阶层的利益结构，牵涉到一个基本的政治经济学，或者说经济哲学问题，即如何处理人和人之间的物质利益关系。传统的社会主义经济思想，否定人们个人对物质利益的关注和追求，认为可以不通过物质利益的刺激来发展社会生产力。结果，行政权力取代了市场作用，虽然口头上也讲价值规律和按劳分配，但在实际上，等价交换和多劳多得的原则难于贯彻，形成了一种大多数人平均分配的格局，加上少数人享有特权，这不能不大大损害人们的劳动积极性。"文化大革命"期间这种情况演变到登峰造极的地步，发展成"普遍的贫困＋少数人的特权"的局面。党的十一届三中全会后，我们认识到了这种经济哲学的错误。在整个社会主义历史阶段，从总体上说每个劳动者生产的动力依然来自对于物质利益的追求。社会主义经济要能够顺利地发展，一定要依据物质利益原则，正确处理好各种社会利益集团之间、各个生产单位之间和个人之间的物质利益关系，保证资源的配置效益和企业的运作效益都能得到提高。从利益的角度看，诚实劳动、善于经营的人得到更高的报酬，就能激励他们生产经营的积极性、创造性和主动性，企业的运作效益就能提高。就全社会的物质利益分配而言，要使效益高的生产经营单位能得到更多的物质利益。这意味着在商品交换中，效益高的企业能支配更多的资源，而效益差的企业只能支配较少的资源，甚至不能支配资源。这样，整个社会的资源配置就趋于合理。对利益关系进行大的调整，从旧的利益格局转变到新的利益格局，无疑构成改革的核心内容。

刘吉瑞：传统社会主义的一个基本伦理原则是强调分配平等，就是追求人们收入的均等化，而忽视效率，甚至不惜为平等牺牲效率。而所倡导的平等，又是结果平等而非机会平等。这种结果平等的思想在平均主义的"大锅饭"中得到最充分的表现。发展有计划的商品经济，要求我们树立一种与传统伦理原则截然不同的伦理观。在平等和效率的关系上，社会主义国家固然不能放弃平等这一社会目标，但如果以牺牲效率来追求平等，那么这种平等只能导致普遍贫穷。

经济发展的国际经验表明，"以平等求平等则平等亡，以效率求平等则平等存"。因此，一个值得争取的目标是"效率优先，兼顾平等"。

吴敬琏： 这里涉及"平等同效率之间的权衡"这个基本的命题。这个命题是美国经济学家阿瑟·奥肯 1975 年在他的名著《平等与效率——重大的权衡》里最先提出来的。他认为，市场制度创造了高效率的经济，但对效率的追求又不可避免地产生收入的不平等；然而消除不平等的努力，往往又会损害效率；因此，在平等和效率之间，社会面临着重大的权衡。根据中国目前阶段的情况，我同意你的意见，在这个权衡中，还是采取"效率优先，兼顾平等"的原则为好。

刘吉瑞： 奥肯的分析，建立在平等同效率之间相互矛盾、相互消长关系的论断基础之上。有的译者把奥肯那本书的书名译作"公平与效率——重大的权衡"。这好像意味着公平与效率之间也存在着这种矛盾关系。如果事情真是这样，在目前提高效率具有压倒一切的重要意义的条件下，似乎就不宜于把反对"分配不公"放在重要地位了。

吴敬琏： 看来，有些译者把公平和平等两个不同的概念混淆了。前者是根据一定的价值观念而说的，不同的社会和不同的阶级、阶层，有不同的公平观念，后者则指的是收入、权利等差别的大小。奥肯在《平等与效率——重大的权衡》一书里分析的，是"平等"与效率的关系，而不是"公平"与效率的关系。而且他区分了机会的平等与收入的平等，认为收入的平等同效率之间存在相互消长的关系；而机会的平等，却往往能够消除无效率状态；他在书中论述的，正是实现前一种平等同提高效率之间的"权衡"关系。

这里需要着重说明的是：在不同的历史阶段，对两种平等的侧重面应当有所不同。在生产力水平比较低的情况下，应当更多地强调让人们拥有公平竞争的机会，即机会平等，而不是片面地强调收入平等。在经济领域，正是公平竞争后的结果不平等，促使效率的提高，推动社会的发展。如果结果必然是平等的，那么竞争就没有意义；没有比来一场输赢都无所谓的游戏更乏味的事情了。结果平等作为一种狭隘的平等观念，是与小农的思想相联系，与商品经济原则格格不入的。而机会平等，则是市场竞争的基本前提。商品经济的平等观建立在理性的基础上，把机会平等放在首位。马克思说的"商品是天生的平等派"意思也不外是在商品交换关系中，人人机会均等。当然，单纯强调在商品面前人人平等，也有它的局限性。因为每一个人所占有的财富，所受的教育，所拥有的工作能力，本来就是不平等的。如果强调机会平等，对这些差别也需要进行社会调节。但对现阶段的我国来说，更多地强调效率、强调机会平等，克服过分强调分配平等这种狭隘的、非理性的平均主义，是十分必要的。平均主义这种思想观念在我国根深蒂固，一直是发挥市场机制作用的障碍。我们既要看到机会平等这种平等观也有局限性，更要看到在相当长的历史阶段，必须建立机会平等的观念和原则，调节人们的物质利益关系，克服平均主义思想。我想在反对平均主义、强调提高效率的同时，也要防止和反对歪曲商品经济的平等效率观的倾向。一些人曲解效率优先、兼顾平等的原则，认为凭借特权得来的、通过不公正竞争得来的和通过不等价交换得来的各种"寻租"（rent-seeking）收入也是合理合法的。所以，改革实际上需要在两条战线上作战，一方面要克服和反对平均主义，打破"大锅饭"；另一方面要反对近几年日益加剧的分配不公现象，阻止以权谋私。

刘吉瑞：　我很同意您的观点。发展商品经济，强调竞争和效率，有可能导致人们收入差距的扩大，带来收入的较大不平等。但是，我们不能倒过来说凡是收入差距扩大或结果不平等就一定有利于开展竞争和提高效率。例如，某人凭借某种特权或通过一张批条，把计划内钢材以市价倒卖出去，很快发财致富并与周围的人拉大了收入差距。由于这种以权谋私的行为在扩大收入差距的同时，既没有增进社会福利也没有增加资源供给，因而这种收入差距的扩大，既不符合商品经济的平等观，也不符合商品经济的效率观。由用行政特权谋取私人或小团体的利益引起的不平等与由商品经济竞争引起的结果不平等，是截然不同的两回事。后者在扩大收入差距的同时提高了企业运作效率和资源配置效率，结果不平等是竞争的副产品，是社会进步过程中必须支付的代价。对前者而言，扩大与他人的收入差距就是以权谋私行为的内容和目的，而这种行动既损害了效率又破坏了平等。因此，在体制改革中，我们在承认收入平等与效率两者在一定时点存在矛盾、彼此互相替代的同时，也不能忽略机会平等（公平）与效率统一的一面。改革后的新体制，同传统体制相比，既要提高效率，也要增加分配的公正性，尤其是机会均等。人们经常指责传统体制效率低下，这固然是正确的。但这也容易给人以假象，似乎传统体制下的平等程度已经很高了。其实，传统体制下的平等程度特别是机会平等程度极低，大有改进的余地。我们当前的改革，一方面要提高效率，另一方面也要提高机会平等的程度。譬如，在传统体制下，政府机关工作人员及领导人的选拔，不是通过平等竞争的办法进行的，大都以主管领导人的意志为转移，于是有所谓"说你行，你就行，不行也行；说不行，就不行，行也不行"的顺口溜。如果主管领导是伯乐式人物，或许能选出一些精明强干的能人；如果主管领导大公无私，或许能提拔雷锋那样的青年。但若"伯乐"看花了眼，或有点儿私心，那么一些吹牛拍马的平庸之辈，或同领导有裙带关系的人就会得以重用，而才华横溢、刚正不阿者被排斥在外。而优秀的人才上不去，势必影响行政机构的办事效率。因此，既缺乏平等，又没有效率，是原有干部制度的一个重大弊病。今后通过改革，要保证最优秀的人才得到提拔；例如实行一种公开招考、竞争选拔的文官制度或公务员制度，人人机会平等。这既增加了平等，又有利于提高效率。另外，传统体制下实行城乡隔离制度，除上大学、参军、提干等特殊机遇外，农民的儿子只能当农民，无论你怎样拼死拼活干，为社会作出了多大贡献，你要通过正常渠道把户口迁入城市，难于上青天。而只要是城市居民户口，即使你吊儿郎当，好吃懒做，也是"捧着铁饭碗，何愁大锅饭"？虽然城乡不平等的产生有一定的历史原因，短期内很难完全消除，但我们很难说它是同社会主义的平等观相容的。而且，这种城乡隔离的户口制度对整个国民经济的有效运行会造成严重损害。没有竞争的压力，城市工人干活自然不那么使劲，以致人们尖锐地批评说，中华民族的勤劳品德正在丧失，大锅饭制度养了好几代的懒汉！

吴敬琏：即使以收入的平等而论，当阿瑟·奥肯提出平等和效率之间存在替代关系，需要对之进行权衡并作出抉择时，他所依据的背景是资本主义市场经济高度发达的美国。当资本主义的市场经济发展到目前阶段时，我们前面讨论的建立在商品经济基础上的平等观，日益暴露出其局限性。在财产占有极不平等的条件下，与商品经济相适应的平等权利造成了严重的收入不平等，影响社会安定，而且与许多人的价值观念相矛盾，因而就出现了"以效率为代价稍多一点平等，或以平等为代价稍多一点效率"的抉择。但在我国目前的条件下，用社会主义商品经济的平等效率观取代传统的或"左"的平等效率观，用等价交换和按劳分配取代平均主义，无疑是一个历史的进步。

刘吉瑞：与市场经济国家相比，在平等和效率两方面我们都存在差距。在平等和效率的结合上，我们并没有达到最优状态，因而在两方面都有改革的可能。当然，即使在不发达国家，在经济发展过程中，也会出现收入平等和效率彼此矛盾从而需要抉择的状况。仅拿人均收入提高与收入分配的关系来说，库兹涅茨教授就曾提出过一个"倒 U 型假设"。意思是说，当一国人均收入很低，譬如 100 美元时，收入分配比较平均，基尼系数较低；但当人均收入从 100 美元逐步提高到较高水平如 1000 美元时，收入差距扩大，基尼系数上升；只有当人均收入超越 1000 美元以后，经济增长的利益才能为穷人分享，收入分配再次趋于公平。库兹涅茨教授的研究以及类似的计量研究，指出了经济发展过程中增长与收入均等产生矛盾的可能性，通常带有实证的性质。有些发展经济学家据此认为，既然经济发展过程中收入分配差距扩大不可避免，那么干脆实施"先增长后分配"的战略，让社会的一些阶层先富起来，等国民收入的大饼增大后，再考虑解决穷人失业、社会救济、贫困地区开发等问题。

吴敬琏： 关于收入分配的"倒 U 形假设"能否成立，发展经济学界众说纷纭。我认为，工业化初期收入差距扩大的可能性是存在的。因为要打破"贫穷的恶性循环"和"低收入均衡陷阱"，实施经济起飞，首要的条件是资本积累。而如果采取英国资本主义工业化初期那样的积累方式，马克思《资本论》中描述的收入差距急剧扩大的状况就会出现。收入不均等也许是为积累、经济增长必须偿付的代价，但在战后的发展中国家，造成收入分配不公正的最重要的因素是官僚资本或权力资本，最典型的恐怕是旧中国的官僚资本和菲律宾的前总统马科斯（Ferdinand Macros，1917—1989）及其家族。据报载，马科斯掌权时侵吞国库自肥，金额可能超过 100 亿美元。大大小小的马科斯们把菲律宾弄得民不聊生，人民只得起来造反。阿基诺夫人的新政府上台后，采取了抑制官僚资本的许多措施，但官僚权贵盘根错节，并不是轻易能够制服的，目前菲律宾经济依然前途未卜。官僚资本犹如癌细胞，一经形成就会危及整个国民经济。不论哪一个发展中国家，一旦出现官僚资本毒瘤，就应及早铲除，否则，这个国家的现代化的历史进程有可能推迟半个世纪甚至一个世纪以上。而权贵资本或官僚资本，以及由此引起的收入分配不公，并不是现代化过程中必然产生而不可避免的现象。一旦消除这种现象，经济增长就能加快，收入分配也能更公平。另外，战后工业化的历史经验，提供了若干经济增长迅速与收入分配相对平均的例证。发展经济学家经常提及的是南朝鲜和我国台湾地区，我觉得，可能是三个方面的因素使它们得以在经济增长的同时使收入差距不致扩大。拿台湾地区来说，第一个因素是鼓励市场竞争，抑制官僚资本和其他垄断力量。台湾地区土改时，大概是尹仲容（1903—1963）当"经济部长"。尹仲容极力主张将当时官营的水泥、造纸、工矿和农林开发四大公司作股民营，从而为面向市场的私人经济力量的成长奠定了基础。比较充分的市场竞争，自然能克服和防止由于垄断引起的收入分配不公平。第二个因素是台湾地区的资金积累采取以间接融资为主的形式，也就是主要依靠银行吸收居民存款，再由银行贷款给工商业者，为企业的经营和发展提供资金。这种形式既不同于政府积累为主的形式，也不同于英、美企业积累为主的形式，却大大有利于储蓄者。由于台湾当局在50年代就接受刘大中、蒋硕杰诸教授的建议，实行利率自由化和高利率政策，又由于存钱的是职员、工人等平民，借钱的是工商业老板，因而高利率不仅没有滋养寄生虫，反倒有利于普通居民。第三个因素是台湾从60年代初期就实行劳动密集型产业出口导向的战略，就业机会多，在相当长的一段时间内，每年就业增长率达 6%。因此，农村剩余劳动力转移迅速，失业率极低，就业工人也从出口导向的外向发展中，分享了经济发展的一些好处。这三个因素，在推动经济增长的同时，也促使收入均等化。台湾地区的基尼系数，无论在发展中国家和地区还是新兴工业经济体中，都是比较低的。

刘吉瑞：权衡、抉择、取舍，固然是现代经济学的精髓，当鱼与熊掌不能兼得时，追求两全其美的结果往往既丢了鱼又丢了熊掌，但是，在条件具备或经过工作条件能够创造出来的时候，我们不应放弃这种努力。也就是说，既要优先考虑效率，又要尽可能兼顾平等。我相信，只要我们按照社会主义商品经济的原则，调整人们的利益关系，正确处理、解决好现阶段收入分配不公的问题，就能在改革过程中既提高效率又促进平等。

吴敬琏：即使在改革的指导思想上确立了效率优先、兼顾平等的原则，在调整社会各阶层的利益关系时，依然存在两种不同的策略。一种策略把理顺基本经济关系，建立由市场调节利益关系的机制作为改革的出发点和落脚点。其依据是：利益关系是经济关系的集中反映，利益关系扭曲、分配不公，反映了经济体制各方面存在巨大的不均衡和扭曲，因此，理顺基本经济关系，建立市场规则和秩序，才是解决分配不公的治本之道。譬如，价格双轨制下，一些人、一些企业就能利用计划内外的价格差牟取暴利。通过价格改革，理顺价格，使双轨合一，就能消除这种现象。又如脑力劳动者和体力劳动者的收入倒挂现象，可以通过有步骤地开放劳动力市场逐步解决。企业家、科技人员是我国最为稀缺的资源，"白领工人"劳动市场和技术市场的开放，必然会使他们的工资反映供求，从而使他们的知识和才能得到公正评价，工薪收入得以提高。另一种策略即放权让利。它的主要思路是：传统体制否认地方、企业劳动者个人的物质利益要求，不利于发挥地方、企业和劳动者个人的积极性。既然商品经济是建立在企业和个人分散决策并追求本单位和个人的物质利益的基础之上的，就必须放权让利。同时，改革要赢得人民群众的支持，也需要普降喜雨，使各阶层的物质利益都有所增加，几乎所有的社会主义国家都采取过放权让利的改革战略，现在看来，它的效果不甚理想。

刘吉瑞： 在各国开始改革时，一方面，只要敢于冲破旧体制，松绑放权，就能解放生产力，释放出被束缚的能量，因而实施放权让利的做法在改革初期具有可能性。另一方面，旧体制长期实行高积累、低消费的方针，在居民生活方面留下了好多"欠账"，因而通过放权让利普遍增加居民物质利益的压力很大。但释放被旧体制束缚的能量的阶段很快就结束了，在国民收入的大饼没有迅速增大的情况下，中央行政机构已经没有多大权可放、多少利可让了，这时，各种矛盾和困难就接踵而至，改革面临考验和挑战。明智的选择可能就是您所说的转变改革策略，从放权让利转向理顺基本经济关系。但这不是件容易事。除了认识原因外，有个利益刚性的问题。在理顺基本经济关系，建立以市场为基础的利益—风险机制时，不可能普降喜雨，大家都得好处。旧体制中得利较多的阶层，可能会在市场经济中失去这种利益，如一些人要失去部分行政特权。即使在放权让利过程中获得较多利益的阶层，也很可能要丧失其在改革初期获得的利益。这些阶层出于利益考虑，有可能起来阻止和推迟新的改革措施的出台。东欧国家一些面向市场的改革措施，就曾常常因利益刚性而搁浅。

吴敬琏：对这个问题，两位著名的经济学家谈过他们的一些看法和见解。一位是捷克斯洛伐克 1968 年经济改革的主持者，当时的副总理奥塔·锡克。1981 年他访问中国。当他了解到上海一些企业改革刚开始，就允许发相当于三个月工资的奖金，职工生活水平提高很快时，他大不以为然。他指出，根据东欧的经验，改革开始的时候，不能过快地提高居民生活水平。因为改革刚开始，改革措施的效益还未发挥出来，这时如果工资、奖金上升过快，就会大大提高居民的利益期望和消费欲望，那么等政府再也没有这么多的财力来满足他们的要求时，利益刚性的作用将使他们不满。而如果改革开始时，把改善福利的重点放在提供优质服务、改善社会环境、增加自由和民主的程度等方面，随着改革的深入，居民的生活水平缓缓地提高，那么，人民群众就会对改革越来越感兴趣，越来越尝到改革的甜头。当时我们对锡克的忠告体会不深，对他所说的利益刚性可能使改革陷入困境这一点，尤其没有引起足够的重视。改革开始后的最初几年，生产力提高很快，国民经济一派繁荣的景象。但 1984 年以来，我们开始感受到了锡克所说的状况，发现放权让利、在改革初期大幅度提高生活水平的策略并不是明智的选择。另一位是美国布鲁金斯学会的高级研究员休伊特（E. Hewett）博士。他在1987年的美国经济学会年会上发表评论，分析社会主义国家特别是苏联、东欧国家改革受阻的原因。他说，市场机制的本质是强化竞争，使得人们在一个平等的机会面前展开竞争或竞赛。竞争一方面提高经济效率，带来整个经济的繁荣，使社会成员比原来生活得更好。但另一方面，竞争又包含着优胜劣汰，包含着风险和失败，那些不努力工作、不善于经营、竞争失败的人，在物质利益上要受到某种惩罚。现在苏联、东欧的改革要引入市场竞争机制，但这些国家的领导人，出于政治上的考虑，实际上只想要市场机制提高效率、改善生活的一面，而害怕市场机制给人们工作和收入的稳定性、安全性带来威胁的一面，对诸如价格改革、企业清算破产等方面的改革束手束脚，想方设法回避。这样，社会主义国家的改革就隐含着失败的危险。因为市场机制是统一的，不可能只要其带来利益的一面而不要其带来风险的一面。不进行价格改革和企业破产等改革，真正的市场机制难以形成，也就不可能提高效益、增大国民收入的大饼。如果你一开始就过快地提高居民生活水平，那么，经过一段时间就难以为继了。如继续走下去，就会出现财政赤字、外汇赤字等，就会发生通货膨胀，甚至引发社会动乱。

刘吉瑞： 用个通俗的比喻，这位休伊特博士讲的似乎是利益与风险搭配不当的问题。改革如果不能给群众带来好处，没有激励机制，那么公众就对改革缺乏热情；而光给好处、不建立承担责任和风险的机制，市场经济新体制就不能建立和有效运转。在改革中、改革后的利益关系中，一定要使利益和风险对等。如果承担风险的机制落后于获得利益的机制，就会出现休伊特博士所说的状况。经验表明，片面强调物质鼓励超前，增强风险责任的改革措施滞后，直接后果就是包盈不包亏和消费基金膨胀，从而必然引起总需求膨胀和通货膨胀。这时，政府为稳定经济，只得砍基本建设。这样，放权让利的措施在改革初期可能使经济"过热"，即高速增长和通货膨胀并存，出现增长膨胀的状况。但过不了多久，势必转向停滞膨胀。南斯拉夫和匈牙利都出现了这样一种规律性的现象。原因就是它们在总需求膨胀的情况下，不敢触动既得利益，大力削减支出，只是砍了基本建设项目，造成经济增长乏力，最后陷入"停滞膨胀"。

吴敬琏：从利益—风险机制的角度看问题，南斯拉夫、匈牙利、波兰等出现的一种带有规律性的现象及其原因就比较清楚了。这些国家都出现过这样的过程：在改革前的旧体制下，忽视居民的物质利益，生活水平提高不快，投资膨胀非常严重；改革初期放权让利，出现了消费、投资双膨胀；再经过一段时间，经过若干次的膨胀—紧缩—膨胀，变成了消费单膨胀；再向下发展，消费膨胀制止不住，投资却急剧削减，供给很难增长，停滞膨胀的格局就最终形成了。在这个过程背后的，是利益与风险的巨大不均衡。

刘吉瑞：用我们民族的一句老话来说，利益分配不能"寅吃卯粮"，不能把明天的大饼今天就分了。如果今天真的分了，就会出现前段时间常说的"国民收入超分配"。"超分配"当然是维持不下去的，最终会形成像刚才所说的严重危及长期经济增长和改革的"滞胀危机"。

吴敬琏：像我们这样一个发展程度极低的国家，不仅在改革过程中，而且在整个经济发展过程中，都要防止"消费早熟"现象。"消费早熟"的本质是消费支出增长超过劳动生产率的增长，即在前工业化和刚开始工业化时期，出现了工业化或后工业化社会的消费方式。譬如，就人均国民收入这个指标而言，我国目前的发展阶段还处于美国经济史学家沃尔特·罗斯托（Walt W. Rostow，1916—2003）所说的"起飞"阶段，但我国居民中一些阶层的消费形式，无疑是高额群众消费阶段的消费形式。一方面，在我国到处能看到贫困、落后的状况，但另一方面，这几年奢侈之风正在滋长、蔓延。两者形成鲜明的对照！当然，"消费早熟"的是部分社会阶层，如果全社会消费形式都改变了，那么也就无所谓消费超前和早熟的问题了。这些社会阶层或集团为什么能超前消费，提前进入工业化和后工业化社会？还是利益关系方面存在扭曲，基本经济关系没理顺。通过不正当手段牟取的暴利，以权谋私获得的经济收入，最易用于挥霍性消费。虽然合法但却不是凭诚实劳动和努力经营获得的收入，也比较容易转化为现期消费支出。如企业因价格双轨制而获利较多，就极有可能滥发奖金和实物，大大地刺激消费。至于普通居民不愿把生活节余转化为储蓄和投资，则说明我国目前的积累机制存在问题，如果利息率不能反映资金市场供求和我国的资金稀缺性，扣除通货膨胀率以后长期呈负数（即负利率），那么居民就倾向于把可支配收入用于消费，而不是储蓄、投资。

刘吉瑞：在我国国有部门中，还存在"低发展，高福利"的问题。在经济发展水平这样低的时候，各项福利开支日益增加。这种趋势不加制止和扭转，后果不堪设想。但利益分配关系是基本经济关系的反映，解决分配不公、消费超前等问题，关键在于理顺基本经济关系。我理解，所谓理顺被传统体制扭曲的基本经济关系，主要是指理顺价格、工资、利率、汇率等经济参数。这些基本经济参数扭曲，生产、交换、消费以及利益分配等活动就不可能顺畅进行，资源配置效率也会大大降低。而理顺这些基本参数的过程，也就是全面改革，使竞争性市场形成、新体制建成的过程。因此，当我们说调整各阶层的利益关系、解决当前分配不公的问题要从理顺基本关系入手时，无非是说放权让利等措施对冲破旧体制、释放被旧体制束缚的能量起过一定作用，但这些措施无助于形成符合商品经济原则的利益关系，要从根本上解决问题，还得建立市场经济的规则和秩序，按市场原则重组利益格局。

吴敬琏：你这样的理解当然是可以成立的。可是换一个角度，也可把基本经济关系主要看作政府与企业的关系、企业与企业的关系、个人与个人的关系、个人与社会的关系等。在政府与企业的关系上，要朝政企分离的方向前进，但核心是明确政府在社会经济生活中的地位和作用问题。在企业与企业、个人与个人的关系上，则要确立机会均等的准则，创造平等竞争的条件。在个人与社会的关系上，既要扩大个人的基本权利，发挥个人的积极性，又要使个人切实承担相应的责任、义务，不再吃政府和企业的大锅饭。当然在商品经济中，政府、企业、个人彼此之间关系的理顺，处理彼此关系的原则的实现，都必然要经过市场。市场关系构成最基本的经济关系，是利益关系的总和，治本之道在于理顺市场关系。

由于治本需要进行全面配套的改革，需要走出决定性的步子，因而在决战之前，对利益关系扭曲、收入分配不公的突出问题，先可采取一些治标的办法。譬如解决利用双轨差价牟利的问题，根本出路在于价格体制改革方面取得实质性进展，但在此之前，可以一方面实行物资、贷款、外汇分配公开化，便于群众监督，另一方面采取强有力的措施惩治各种凭借行政特权，倒卖批条、配额的"倒爷"。不论"私倒""官倒"，只要他们不是依靠诚实劳动、合法经营而是依靠行政权力追求和牟取暴利的，都应在整顿、惩治之列。"倒爷"严重干扰了商品经济的正常交易，破坏了市场秩序，目前，人民群众对此已经义愤填膺，要求政府采取强硬措施。

刘吉瑞：可要惩治"倒爷"，也不那么容易。首先，如果在没有理顺价格的情况下，允许社会各阶层经商，搞活流通，你就很难分辨正常的商业经营和非法的倒卖。其次，"倒爷"的背后是行政权力，惩治"倒爷"也要依靠行政权力。如果政府部门做到了为政清廉，那么"倒爷""倒"不了；而如果政府不能为政清廉，那么"倒爷"打不倒。第三，"倒爷"实际上已形成一个无形的社会既得利益集团。不要说在某些行政管理部门，他们能得到行政权力支持和庇护，即使在政策研究部门，在我们经济学界，也有站在"官倒爷""私倒爷"的立场上讲话的。有人甚至认为"官倒爷"是推动商品经济发展的第一级火箭，其文曾登在《光明日报》上。也有人连"官倒"都不许提，根本否认存在以权谋利的"寻租"问题。

吴敬琏：整顿行政性皮包公司、惩治"倒爷"确实会碰到许多障碍和困难，可是也不能丧失信心。第一，即使在我们党内、政府内也有"倒爷"或为"倒爷"说话办事的，但毕竟是少数，邪不压正，党和政府是能够采取有效措施、消除自身的腐败现象的。第二，人民群众站在党和政府一边。只要我们在严肃法纪、惩治"倒爷"、整顿皮包公司、建立正常的市场秩序方面迈出坚实的步伐，哪怕是微小的一步，也会受到群众的拥护。最后，政府正在组织力量，设计改革方案。等全面改革的治本的措施出台，那时"倒爷"就"倒"不成了，就非倒不可。至于你所说的由于我们改革战略和策略的选择不当，以致一部分人钻了改革的空子，牟取非法利益并成为反对进一步改革的既得利益者这一点，确实应该引起改革领导者高度重视。根据历史经验，这些既得利益者会打着改革的牌子来阻止改革深入或歪曲改革，而这种代表既得利益的政治倾向、政治口号因为打着改革的旗号，非常容易迷惑群众，把改革引向歧路。

刘吉瑞：除了危害极大的"倒爷"以及随之出现的分配不公，利益关系的扭曲还表现在这部分劳动者与那部分劳动者之间、部门之间、地区之间、国家与企业之间、社会与个人之间。这些问题虽然没有"倒爷"严重，但若处理不当，矛盾也会上升。我觉得在改革开始时，党和政府提出了"让一部分人先富起来"的口号，这对于打破平均主义大锅饭、克服普遍贫穷是极其必要的，对发动群众走上商品经济道路、去创业，起了极大的促进作用。商品经济确实是一个由一部分人的先富带动大部分人后富的过程。我们始终要注意的：一是先富和后富的收入差距要控制在社会能够容忍的限度内。二是先富的和后富的不能人为界定，应由竞争决定。但一般说来，先富的只能是真正的社会精英。这批人有知识有才能，敢开拓善经营，他们支配更多的资源，既能提高企业运作效益，又能提高全社会资源配置效益。三是先富的要能带动后富，而不能先富的只管自己享受，不管他人后富。从这样的要求看，让一部分人先富起来的方针在贯彻的过程中，也存在一些需要解决的问题：由于累进所得税或个人收入调节税制度不健全，短期内收入差距过于悬殊的状况有所出现；一部分人的先富，依仗的是行政权力，是靠吃政策偏饭致富的；先富的阶层，挥霍性消费的倾向比较严重，而扩展经营、长期投资的意愿比较低；从事体力劳动的个体劳动者，富起来的较多，而作为社会精英的企业家和知识分子，却未能迅速富起来。这方面目前应采取一些措施。对合法经营的个体经营者，在提供法律保护的同时，要对其收入进行调节，把个人所得税收起来。对私营企业，要用政策引导和鼓励他们进行长期投资，为社会提供就业岗位。对企业家和从事应用研究的科技人员，则要让他们在生产经营的过程中取得较高的收入。至于创造经济学中所谓"公共物品"（public goods）的人，例如政府公务员、军官、从事基础研究的科研人员、教师等，则应由政府统一给他们增加工资，而不能通过"创收""自我改善"的办法解决"收入倒挂"的问题。

吴敬琏： 地区之间的利益矛盾最近也比较突出。本来各地经济发展不平衡，不见得全是坏事。因为有的地方资源丰富，出产原材料，有的省区加工能力强，经营水平高。这些差别是客观存在的，只要按照商品经济的比较优势原理组织生产，各地区都扬长避短、发挥优势，就能在追求和实现本地利益最大化的同时，增加整个社会的财富。也就是各地为使自己在国民收入的蛋糕中分得多一些，同时使整个蛋糕增大了。但由于前几年改革中采取了"分灶吃饭"等行政性分权措施，即在保持政企不分、行政控制的基本性质不变的条件下层层下放原来由中央政府行使的权力，使得各地不是从经济合理性出发去组织生产经营，而是力图实行市场割据，建成自成体系的独立工商业经济体系。结果，当每个地方要尽力在蛋糕上多分得一份的时候，却使得整块蛋糕变小了。前一段各地由地方政府出面纷纷提价的行动，就是一场互相争夺蛋糕份额却使国民收入蛋糕变小的"负和博弈"。另外，最近几年沿海地区和内地的差距在拉大，部分原因是客观的，也是对经济发展有利的，如沿海地区投资环境好、效益高，部分国内外投资流向这些地区。但也有一些差距拉大是人为因素造成的，如给某些地区吃政策偏饭，给特殊优惠。后一种因素，是当前可以采取措施加以消除的。如果人为扩大贫困地区与发达地区的差距，不仅在经济上无助于统一市场的形成，而且有可能超过后进地区的承受力，在政治上带来巨大压力。

刘吉瑞：在处理个人和社会的利益关系时，要特别强调反对低发展
水平条件下的"福利主义"。我国城市目前的福利措施和福
利水平，同发达国家中的一些福利国家相比，一是不齐全，
二是水平低。但是，同我国自己的经济发展水平相比，则
是福利措施项目太多、福利水平太高。几乎没有一个发达
国家在这么低的发展水平就有这么高的福利水平的。有些
被传统观点视为体现"社会主义优越性"的福利措施，实
际上正严重阻碍着我国社会主义经济建设事业的前进。如
公费医疗制度，导致的浪费触目惊心。由政府包建住房、
居民只付极低房租的制度，按照瑞典经济学家阿瑟·林德
贝克（Assar Lindbeck）可能有些夸张的说法，其对城市的
破坏绝不亚于第二次世界大战。

吴敬琏：考虑个人和社会、生产单位和社会的关系时，是否应该掌
握两个要点？第一个要点是，要强化个人或每个生产单位
对社会所负的责任，他们的利益要受其劳动、工作的状况
和效率的制约。第二个要点，则要考虑到完全基于商品经
济原则的利益分配会有不符合社会目标的地方，社会要进
行适当的干预和调节。社会要保障每个公民的最低生活需
要，对残疾人、老人和其他丧失劳动能力的人提供社会保
障。商品经济的等价交换原则同这个社会公正原则之间有
矛盾的方面，但又是互相补充、互相促进的。譬如我们现
在要实施《破产法》，除了其他方面的困难和障碍，有一个
困难就是，如果严格地实施《破产法》，每年都会有一部分
企业要破产。而在这种经济关系大变动的时期，破产企业
的数量可能很多。社会如果不能为破产企业工人的最低生

活提供保障，就会影响社会稳定，《破产法》也更难实施。所以从这个角度看，强调每一个人、每个企业所负的社会责任，使它们的收入以工作、经营状况为转移，同保证人们的最低生活水平是相辅相成的。社会保险保障制度的建立，更有利于促进竞争提高效率，强化劳动者的社会责任。

刘吉瑞：即使在建立社会保险保障制度时，个人也要承担一定的责任，方法是参加养老金、失业、伤亡保险等。现在农民有了钱，还有一个自己建造房屋、积蓄养老的问题，城市居民由于一切由国家兜着，则根本不需要储蓄。因此，钱多了干什么呢？就是提高消费水平，尽可能挤入奢侈性消费的行列。如果规定个人必须承担部分养老金费用，情况就会好得多，既能校正个人的短期行为，又能减轻社会的负担。当然，在失业保险和救济方面，社会也要负起责任。诚如您所说，在失业保险和社会救济方面条件还不具备的时候，企业是不可能真正破产的。

吴敬琏：收入分配方面还有一个问题，就是通货膨胀对社会各阶层的影响，价格上涨后要不要向居民提供补贴，如何补贴，补贴是否公平合理等。1988年有一种议论，认为政府可以自觉地利用通货膨胀来纠正分配不公的状况，来改善利益结构。其理由是现在一部分人手中积累了大量财富，而这些财富往往不是劳动所得，通过通货膨胀使这些钱贬值，就能使这些人的利益受损，从而间接达到触动既得利益的目的。可是无论理论分析还是实际经验都表明，通货膨胀只能加剧收入分配不公，而不能使它得到改善。因为在通货膨胀条件下，工薪劳动者和合法经营者都往往要受到损失。工薪收入相对固定，其提高一般落后于物价的上涨，这是不言自明的。正当经营者由于市场不确定性增加，也可能遭受难以预料的损失。相反，以权谋私、投机倒把和囤积居奇的人，反倒可以利用通货膨胀大做无本生意，或者像台湾地区的蒋硕杰教授所说的用"金蝉脱壳计"借钱做买卖，等还钱时原来所借的钱已经大大贬值，因此能狠狠地赚一笔。所以，通货膨胀只会加剧分配不公。特别是物价上涨有其特点，发展中国家一般上涨最快的是食品。由于低收入阶层的恩格尔系数比较高，受到的打击就更大。即使对通货膨胀导致的损失进行补偿，依然存在问题：采取按居民户口进行人头补贴的办法，这样食品支出占比大的低收入阶层得不到足够的补偿，他们的相对收入和绝对收入都可能下降；若采取工资与物价上涨指数挂钩的办法，那么赡养系数高、工资基数低的贫困家庭将愈加贫困。想通过通货膨胀改善分配结构，即使动机良好，结果也只能南辕北辙，适得其反。

刘吉瑞：为了保证改革获得胜利，根据各国的经验和我们自己10年的经验教训，可以总结出几条处理利益关系的基本原则。首先，在改革初期，面对旧体制留下的欠账和群众要求增加工资、奖金等的压力，改革的领导者要保持清醒头脑，对群众不能许诺过多，并且该顶的时候要硬着头皮顶住。否则，让利过多、消费增加过快，最终必然由投资—消费双膨胀走向停滞膨胀。其次，要使利益关系的变化符合商品经济的原则，机会平等，效率优先，同时兼顾社会目标，核心是建立利益—风险的对应机制，使个人或企业只有在为社会服务的过程中才能实现它们的自我利益。第三，由于传统体制造成巨大的扭曲和不均衡，改革过程中收入差距可能大幅度扩大，对此要注意社会承受力，随时进行调整。建立个人收入所得税制度并严格实施，可能是一种既不破坏社会生产力又能防止两极分化的明智选择。第四，要始终注意兼顾最贫困阶层的利益，防止出现社会动乱。最后，治本之道在于理顺基本经济关系，建立有计划的商品经济的新体制，因此要抓紧时机，进行全面改革。

第十讲 经济改革、政治民主与观念更新

刘吉瑞： 社会的经济基础一旦变革，建立在其上的政治体制、意识形态等上层建筑，也将发生相应的变化。因此，根据配套改革的思路，经济改革还必须与政治改革、价值观念转变相配合。可能这种配套更困难，但现实却表明，非如此就不能取得中国当前体制改革的全面胜利。

吴敬琏： 在经济改革与政治改革，经济、政治改革与价值观念转变之间，确实也有一个相互促进、相互制约的关系问题。我们多次说过，经济体制本身的各环节之间存在互相制约的问题，经济体制和它的环境之间也存在着一个鸡生蛋、蛋生鸡的循环。经济与政治、经济与价值观念的关系，也跟经济改革本身一样，存在互相联系、互相制约的关系。对我们来说，最重要的是要找到走出相互掣肘状态的出路。现在有一种观点，认为只有进行彻底的政治改革，才能进行经济改革，而只有价值观念的彻底转变，才能进行政治体制改革。即使这种说法能够成立，反过来也可以说，如果没有经济体制的改革，也就没有政治民主化和价值观念转变的经济基础。

刘吉瑞： 一场深刻的社会变革自然涉及社会生活的方方面面。如把

社会看作一个大系统，那么我们讨论的经济、政治、文化各方面的关系也就是各个子系统之间的相互关系问题。子系统的相互联系，决定了各方面的改革必须配套进行；而各子系统在大系统中的不同地位和独特功能，又使得在一定的时期，改革可以以某些子系统的变革为主，其他子系统只进行辅助性的配套行动，而在另一些时期，应以其他子系统的改革为主，已经经过变革的子系统则进行配合。

吴敬琏：从世界近代史看，社会系统各方面的变革是一个动态配合的过程。比方说，中世纪的欧洲处于层层分封的封建割据状态，统一的国内市场很难形成和发展。市场关系不发达，就很难有充分的政治民主。而如果政治体制没什么改变的话，国内统一市场又难以形成。这样，政治与经济就处于一种互相掣肘的恶性循环之中。但是，资产阶级革命经过或长或短的过程，走出了这种政治经济相互牵制的状态。当然，走出这种状态并不是一蹴而就、轻而易举的。在欧洲，首先是市民阶级的形成。然后，市民阶级与王权结盟，打破分封割据的状态，从而使市场关系得以发展。市场关系初步形成后，第三等级开始发展壮大。第三等级壮大以后，君主制就逐渐成了限制市场关系进一步发展的力量，于是第三等级又起来推翻了封建君主。再经过一段巩固和发展的时期，经济上的自由和政治上的民主得以在比较高的形态上实现。我想在我国，政治与经济的改革、价值观念等的进步，也要通过这样的渐进道路：一个方面向前迈出一步，促使另一方面跟着迈出一步；另一个方面前进了，原来作为推动力量的一方面反过来又变成被推动的方面；

如此循环推动，不断前进。

刘吉瑞：第二次世界大战以后，无论在亚洲还是拉美一些发展中国家现代化过程中的情况是：在相当长的一段时期内，经济自由和政治民主相对分离。最初通常由一个强有力的相对专制的政府来推动统制经济市场化的进程，政治民主化的程度极低。南朝鲜长期实行军人统治，直到最近，才采取了一些政治民主化的措施。我国台湾地区在相当长时期内实际上也是一种寡头统治，但在经济生活方面，居民个人和企业拥有从事商品生产和交换的各种自由和权利。一些研究现代化的专家甚至认为，南朝鲜、我国台湾地区的权威主义政治，对保证社会安定和政治稳定，对发展商品经济起了积极作用。当然，进入 80 年代以后，随着南朝鲜、我国台湾地区经济的发展，中等阶级（middle class）的成长，居民对民主化的要求越来越强烈，个人专制、军人统治这种状况就难以为继了，不得不进行政治体制方面的改革。我同一位政治学教授讨论过这一问题，两人得出的共同结论是在目前的发展中国家，在人均收入达到 2000 美元以前，居民经济方面的需求比较强烈，政治民主化的要求相对弱，因而这个阶段经济自由和政治民主存在分离处理的可能；二是以企业家为中坚的中等阶层的成长、壮大，是一个重要的转折点和标志。当中等阶层成长壮大以后，专制就要被民主所取代。这个概括可能太粗糙，但在不少发展中国家，确实存在这样一种多少带有一点规律性的现象。

吴敬琏：发展中国家作为现代化的后起者，同先行国家相比，在世界经济格局中处于不利的地位。面对外部压力和内部变革的挑战，迫切需要一个强有力的政权，外抗列强，内治割据，把落后的民族经济迅速搞上去。对这些国家来说，不管专制还是民主，只要能发展经济，老百姓就能接受。亚洲和拉美许多军人政权之所以能站稳脚跟，可能同这种社会需要有关。但若这些专制政权缺乏现代化的意识，不推行开放国内经济、促使市场发育形成的政策措施，一味地靠集中的权力维护统治，那么这个政权早晚要被推翻，菲律宾的马科斯就是如此。某些新兴工业经济的成功之处在于政府一方面是强硬的、集权的，同时又具有发展经济、实行经济社会现代化的意愿。这样，它们就能利用集中的权力，完成强行发动现代经济增长的历史使命。而当国内统一市场形成、企业家阶层成长后，专制的政治体制就再也不适应变化了的经济社会条件了，于是，政治民主化就提上了议事日程。从动态的过程看，发展中国家的情形大致是这样：强有力的中央政权上台，推行经济市场化的改革；当经济有一定程度发展后，再进行政治民主方面的改革。

刘吉瑞：苏联、东欧国家实行社会主义制度，同资本主义各国的情况有根本不同。但回顾战后政治、经济演变的一些情况，我觉得也有不少经验教训。人民民主政权建立以后，国内政治是高度统一的，本来这为发展商品经济创造了极为有利的条件。但传统体制下，政治的统一集中却成为同企业和居民经济上的自主权利相对立的东西。而在民众缺乏经济自主权时，他们自然也不可能真正享有政治上的民主，改革前苏联、东欧国家都不同程度地出现了破坏法制、践踏民主的个人专制的状况。

吴敬琏：苏联开始改革后，在经济改革和政治民主化两方面的配合上，依然存在不少问题。苏共二十大以后，政治生活方面开始"解冻"，民主的气氛开始出现，随之拉开了第一次经济改革的序幕。但由于赫鲁晓夫的经济改革不是以扩大市场机制作用、增加居民经济自由权利为方向的，经济改革陷入了困境。改革的失败使得重新集中化成为可能，于是，刚刚开始的政治民主和经济自由的良性循环又不得不中止。匈牙利一开始则由于政治民主化过程太急太快，引起社会不稳定，最终酿成"匈牙利事件"。尔后的改革是在缺乏政治改革的背景下悄悄进行的，因而受到众多的限制。当80年代政治条件允许匈牙利进行彻底的经济改革时，却又走进了"停滞膨胀"的困境。看来，要实现经济改革和政治改革的良性循环，确实不那么容易，而如果不能使两者有机地配合、互相促进，改革也就很难取得成功。我们需要认真总结这方面的历史经验，避免政治、经济、思想意识互相掣肘的状态，使改革得以顺利推进。

刘吉瑞：您刚才讲的政治民主、经济改革、观念转变三者之间的良性循环，无疑是我们值得争取的目标。我觉得，尽管各个国家的历史情况是复杂的，但在其背后起作用的还是某些带规律性的东西。在经济改革、政治民主和价值观念更新这三者关系中，经济的市场取向改革恐怕是最基本的因素，因而也最为紧要。从我国的情况看，中华人民共和国成立伊始，中国共产党十分强调扩大居民经济自由和政治民主。消灭剥削，无疑扩大了居民的经济自由，而劳动人民当家做主的口号和一些具体做法，也使人们对建设高度民主的社会主义政治制度充满希望和信心。但从 1957 年以后，政治上却出现了"一言堂"、个人迷信等与共产党人的宗旨相违背的东西。打击知识分子、个人崇拜、专断独行等情况的出现，并不全是某个个人的品质以及主观愿望、意志造成的，在它的背后，农业社会的经济基础在起作用，命令经济的运行规律在起作用。我们可以说，1957 年肇始而 1979 年后平反的一些政治事件，是 1957 年以前一系列侵犯企业和居民各种经济自由权利行为的必然后果。同样的道理，十一届三中全会以后的 10 年中，政治生活民主化的气氛较浓，是因为经济改革给企业、居民以经济上的更大自主权，经济的"搞活"，提供了一种基础，以致政治上出现了逐步扩大民主的态势。拿农民来说，在人民公社体制下，他们没有个人经营、个人选择的自由，一切得听干部的指挥。农民背地里偶尔发点牢骚，只要传到干部耳朵里，就往往受到停止出工、扣发口粮等粗暴待遇。当我们实行了农业联产承包、分户经营以后，农民有了经营自由，有了独立决策的权利，对乡、村干部的瞎指挥、任意摊派就敢于起来抵制了。作风不好的干部也只得收起原来那套蛮横无理的霸道作风，采取一种有事好商量的态度。可见，经济改革为政治民主化创造了前提，提供了基础。

吴敬琏： 这里首先要弄清楚民主这个概念。有些主张政治民主化进程应当领先的同志说，没有民主，就不可能有商品关系，也不可能保护商品的平等交换关系。他们所说的民主，实际上是指经济自主和生产经营自由。民主就本意而言，是一个政治概念，是指多数人的治理。人们现在把这个词用得很广泛，容易引起误解。如报上经常说要实行学术民主，其实这并不确切。一般说来，学术上从不按照少数服从多数的原则来确定一种学术思想、观点的正确与错误，对少数派要给予平等对待，给予应有的尊重和保护。如果实行学术民主，少数服从多数，那么马寅初的人口论无疑是错误的了，孙冶方也必然成为被批判的对象。因为在当时的情况下，持有类似他们的观点的经济学家是极少数。应该说，我们要倡导的是学术自由。学术观点、治学方法上没有必要少数服从多数。你爱青菜，我爱萝卜，这样才能百花齐放，百家争鸣。所以，一些同志所说的民主，实际上指的是公民自由平等的权利，首先是经济上的自主权。商品经济需要确立各种自由权利。因为商品经济的参与者是平等的，商品所有者之间的交换要自由进行；商品经济中的决策是企业和居民独立作出的，从事微观经济活动的权利要交还给他们。如果没有交换自由和经济自主权，行政权力左右了这种交换关系，那就没有商品交换和商品经济可言。自主、自由权利对商品经济来说是不可或缺的前提；而多数人的治理这样一种少数服从多数的政治制度，却只有在发达的商品经济即现代市场经济的基础上才能真正建成。所以，是否可以这样说，商品经济发展本身，一定要求有自由的权利。为了发展商品经济，我们首先要保证企业、居民的各种权利，这种权利的基础就是对商品的所有权。然后经过某种程度的发展，在经济市场化的过程中，民主才逐步完备起来。

刘吉瑞：作为商品经济前提的个人和企业的经济自主权，在当前的改革中正在逐步扩大。我国在传统体制下，个人有选择消费品的自由，但经常性的短缺和随之而来的计划配给、票证供应，实际上限制了这种自由。而选择职业的自由是不存在的，"党叫干啥就干啥"，很形象地说明了这一点。改革以来，选择消费品的自由扩大了，择业自由的趋势也开始出现。在生产投资领域，原来完全禁止个人涉足，改革以来则逐渐鼓励私人投资。前段时间全国人民代表大会通过的宪法修订条文，明确规定保护私营经济。这样就从法律上确立了个人自由投资的权利。对企业来说也是如此。在指令性计划体制下，企业没有决定生产什么、怎样生产、为谁生产的基本选择权，缺乏从事商品生产的基本权利和自由。而当经济体制改革确立了扩大市场机制作用的基本方向后，改革在一步步地扩大着居民和企业经济方面的自由。当然，经济自由的扩大，意味着广义的政治民主程度的提高。

吴敬琏：看起来，我们应该把注意力放在削弱乃至消除目前广泛存在的、妨碍生产和流通领域各种自由权利的一些行政干预上面。现在不管在生产还是流通领域，这种行政干预依然到处可见。指令性计划还继续较多地保留着，其他形式的干预如电话指令、上级批条子、强迫承包这样一些东西，也很普遍。在流通领域，我们已经多次谈到同种商品的不同价格，有调拨指令、有批条的可以享受低价，没有关系和门路的只能买高价等。这些东西都妨碍了商品生产者自由平等交换权利的实现。

刘吉瑞： 关于经济上的自由权利和政治民主的关系，有三位政治立场极不相同的人物作过论述，他们在基本问题上却有不少共同点。第一位是马克思，他的历史唯物主义原理认为，经济是基础，政治以及文化观念等构成竖立在经济基础之上的上层建筑。根据他的学说，我认为在当前的改革中，无疑应该把经济体制改革放在首位。另一位是心理学家亚伯拉罕·马斯洛（Abraham H. Maslow，1908—1970），马斯洛对人的需要层次进行分类，认为人们最基本的需要是物质的、经济的，然后才是政治的、精神的或心理的。根据这种需要层次论，像我们中国这样的不发达国家，对大多数群众来说，满足经济方面的需要最迫切。当然不是没有政治和文化方面的需要，但相对而言只能放在第二、第三位。另外很有趣的是，和马克思政治立场完全相反，对资本主义坚信不疑的美国经济学家米尔顿·弗里德曼，他有"经济自由是政治民主的前提"这样一句口头禅。他这种没有经济自由也就不可能有政治民主的观点，却与马克思不谋而合。虽然马克思"经济基础决定上层建筑"的观点经常被非马克思主义者和反马克思主义者批评为机械决定论，但我以为，即使从相互决定论的观点看，没有经济自由以及其他自由权利作为前提，民主也只不过徒有其名而已。1949年以后我们搞了许多政治运动，有时引发这种政治运动的直接动因是要实行民主。"文化大革命"开始时确实也有发动群众，反对党内、政府内的官僚主义倾向，扩大民主的考虑，最初人民群众更是抱着实行民主的心情来参加这场运动。但在公民的基本权利包括各种自由的权利得不到保障、群众的文化素质又很低下的情况下，这种大民主很容易被别有用心的人操纵，成为破坏法治的工具。结果，一场社会闹剧严重剥夺了公民的自由权利，也剥夺了公民的民主权利。

吴敬琏： 马克思曾经批评过法国资产阶级大革命时的雅各宾专政，他说雅各宾专政正好是卢梭的《民约论》在一种纯粹形态上的实现，是一种全民民主的形式，但由于不具备一些前提，而且是在没有保证人民自由的前提下进行的，结果就变成了一种暴民专政。"文化大革命"又重现了这种景象。实现高度的民主是社会主义的目标，我国党和政府的文件也多次强调了这一点，但是，它的实现有一个过程。政治民主除了受商品经济成熟程度的制约外，还受文化等其他社会因素的制约。在有些发展中国家，居民的文化水平很低，甚至一半以上的居民是文盲或半文盲，在这种情况下，不可能实现高度的民主。这里也牵涉到你刚才讲的需求层次的问题。在我国目前的情况下，人们的文化水平相去甚远，文化发展层次较低的或者说至今依然目不识丁、住在贫困地区的居民，他们的迫切需要是脱贫，解决温饱问题；普通居民关心的也主要是从温饱走向小康，他们有政治民主的要求，但这种要求同他们对小康生活的追求相比，则要弱得多；至于七八百万政治知识和经验比较丰富或本身一直在从政的各级干部，他们对政治的敏感和政治民主的要求，远远超过其他阶层，其需求已经超越了纯经济的范围。同时他们的社会地位和文化背景，也使得他们比较容易行使自己的民主权利。所以，在我们这个社会里，对民主的需求，每个人获得和行使民主权利的程度，客观上受到他们的社会文化背景的限制。对某些阶层来说，他们对民主权利要求的迫切性和发挥民主权利的可能性要大得多。

刘吉瑞：在部分在校大学生中，实行竞选的要求很迫切，但如果我们一深入农村，情形就大不一样了。在我的家乡，叫农民投票选举人民代表，农民们没多大兴趣，有的怕影响农活，干脆不去。于是干部们想出个办法，给去投票的每位农民两元钱，算是对耽误农活的补偿。因此在目前的情况下，农民可能更愿意要一个"包公"式的清官，来为民做主，为他们主持正义和公道。当柯云路的小说《新星》拍成电视播放后，在农村就引起比较强烈的反响。农民群众需要李向南式的"现代青天"。但在城里，尤其在文化圈里，反应就大不一样。《读书》杂志上有一篇书评批评说，《新星》和《夜与昼》勾画的政治结构是传统的，不符合政治体制改革的方向，而李向南不过是一个玩弄权术的过时人物。巨大的文化反差，使得人们对政治民主的态度大不一样。

吴敬琏：从这个角度看，民主制度的发展，在它的初期可能是一种精英（elite）民主。精英民主的提法出现后，有各种不同的解释。有人说，所谓精英民主就是领导人的民主。我想这个说法不见得正确。在传统体制下，民主似乎就是这样一种精英民主，即政治领导阶层内的民主。但实际上，即使这一点也太过理想，很难做到，因为在传统体制下，权力集中在少数人手上，实际上不大可能真正在整个领导阶层里实行民主。苏共十七大选出的中央委员后来都遭受不同程度的迫害这一点，说明在传统体制下，领导层内的民主也很有限。还需要弄清楚的一个问题是，在我们的社会主义现代化建设中，社会精英到底是些什么人。我们曾经在一篇文章里提到过，在现阶段的我国，社会精英主要由以下三部分人组成：一是热心改革、愿意推进经济社会现代化的政治活动积极分子、领导干部；二是研究、传播现代思想和科学技术文化的知识分子；三是积极投身于现代化建设的各类企业家。这三部分人组成的精英阶层，是我国社会主义现代化建设的骨干力量，首先应该保证在这样一个比较大的精英阶层内实行民主。这样的民主虽然与共产主义者所要求的高度民主存在一定的距离，但与当前的实际情况比较适应。

刘吉瑞：既然我国在经济上存在反差很大的二元结构，那么在政治生活方面也会出现类似状况。虽然每个公民都应享有宪法规定的基本政治、经济权利，但权利的实施受客观条件的限制。例如，在广大乡村，根据实际存在的状况和群众的现实要求，民主的形式必须也只能与农村的状况相适应。在我看来，在目前农村存在大量文盲的情况下，实现以竞选为主要形式的直接选举制，可能在很大程度上还是一种理想。从实际情况看，这种情况也许要存在相当长的一段时期。

吴敬琏：每个公民都应该拥有各种基本的自由权利，而就治理国家来说，要发挥每个人的民主权利，会受到某些实际的限制。如果这种理解是对的话，人民代表大会制度等，应该根据这样的原则来设计和改革。比如说，为了保证重大经济决策的科学性，防止瞎指挥，我们要增加决策的民主程度。

但怎样才算是重大经济决策的民主化呢？我看无非是这样几条：第一，领导集团内部要实行民主，集体决策，不能个人专断独行。第二，决策要有专家参与，由专家对各种方案进行可行性论证。专家参与构成决策民主化的重要方面。第三，增加公开性，除特殊情况需要保密，一般应让公众知道有关决策的大概情况。当然，这并不意味着任何重大决策都要群众普遍的直接参与。

刘吉瑞：除了经济、政治体制的变革外，体制改革的另一个重要方面就是社会文化价值观念的转变或观念更新。没有十一届三中全会前后"真理标准的讨论"这样一场思想解放运动，很难设想我们的改革和发展能出现目前这样的局面。

吴敬琏：这又是一个老问题。经济体制的转变必定要有价值观念转变作为前提，而一定的文化价值观又是在一定的经济基础上成长起来的。在旧体制转向新体制的初期，不管经济基础还是上层建筑，两方面都还有旧的因素占重要地位，哪个方面迈出新的一步都会有困难。例如，在商品经济发育程度很低的情况下，以各种市场关系为基础的价值观，很难成为全体居民的思想，而没有这种文化价值观念，商品经济又很难发展起来。但我们有可能找到实现经济改革和观念更新之间的良性循环的通路。因为在任何社会中，作为社会文化代表的知识分子，其思想观念总要比整个民族先进一些。发挥知识分子开社会风气之先的作用，借助于各种现代传播媒介，就有可能在观念转变方面迈出步子。受过现代教育的知识分子，可以把我们传统文化中先进的、能适应商品经济发展的部分继承下来，把本民族没有而在其他民族特别是市场经济中培育起来、适合于社会主义的价值观引进来，也可以在中西结合的基础上推陈出新，发展新观念、新思想。在思想界先进分子的带动下，在全社会倡导和推广新的社会主义价值观，这样，就有可能促进而不是阻碍经济改革和政治改革的进行。

刘吉瑞：历史上不乏这样的事例。1840 年鸦片战争以后，面对外国列强的侵略，首先感到危机并觉醒的是知识分子。康梁变法作为独立的政治事件是失败了，但他们当时宣传的新思想新观念，教育了千千万万中国人。"五四"运动中高举"德先生"和"赛先生"即民主、科学两面大旗的也是先进的知识分子。可是，中国农业社会传统的经济基础、政治结构以及儒家教义，也极严重地限制束缚了知识分子。在历史上，士大夫大都有轻商重官的传统，他们乐于奔走于官僚门下，或者不惜为"梁山好汉"出谋划策，以求事成之后谋得一官半职，而不愿跟从工、从商的人们联合，对经商办实业不屑一顾，并认为这是读书人绝不能染指的歪门邪道。1979 年开始改革以来，我们既能看到研究改革、宣传改革、投身改革的知识分子，也能发现置身于伟大的社会变革以外而且对商品经济心存反感，这也指责那也批评的读书人。甚至还有少数人，不仅自己的思想落伍于时代，而且完全要求按传统的那一套来规范生活，一有机会，就打棍子、扣帽子，搞得人们很紧张。当然，在不同的工作岗位上，以不同的形式在为改革的成功、为我们民族的振兴辛勤劳动工作的知识分子，毕竟是大多数，他们是我们民族的脊梁或精英。譬如最近学术界有一批同志，在脚踏实地地翻译、研究、评价世界学术名著。这对我们解放思想、更新观念具有启蒙作用。我们的社会应该鼓励那些不为名利、不辞劳苦地为民族的长远利益工作的人。

吴敬琏：至于观念更新的内容，思想文化界已讨论了很多。按照现代社会学的研究，联系我们中国的状况，我觉得随着现代化事业的向前推进，需要实行这样几个转变：首先，现代工业社会的特征之一是经济结构以及全部社会生活的变化十分迅速，新事物层出不穷。而正是发展变化，推动着社会的不断前进。这样，人们在思想意识中必须打破建立在长期停滞的农业社会基础上的"天不变，道亦不变""祖宗之法不可变"的墨守成规、不思变革的信条，树立发展变革的观念，以变革求生存、求发展。其次，商品经济业已打破了世界各国互相隔绝、封锁的状态，通过国际分工把各民族联系在一起，各民族的对外开放和彼此交流已成不可逆的历史潮流。因此，我们要摒弃与"鸡犬之声相闻，老死不相往来"的分散孤立状态相适应的封闭观念，树立开放意识，积极参与国际分工，发展对外联系。第三，农业社会中，长幼有序，尊卑有别，人们由于家庭、血缘、地域、职业、权力等的不同而分成各种等级，崇尚行政权力（官位）的风气相沿成习，而商品是天生的平等派，强调人的基本权利和机会平等。从等级观念转向平等观念，也是一个重要的方面。第四，从"不患寡而患不均"的平均主义观念转向竞争效率观念。第五，从人身从属观念转向人身独立、自我负责的责任风险观念。第六，从"名正则言顺"的名分观念转向现代法治观念。如此等等。建立在现代商品经济基础上的变革意识、开放意识、法治意识、民主意识、平等意识、竞争意识、责任风险意识等一整套价值观念，再加上社会主义特有的一些价值规范，构成社会主义的商品经济文化。我们在文化观念更新方面的目标，就是形成这样一种新型的社会主义文化。

刘吉瑞：文化这一概念有时也包括各种典章制度。库兹涅茨教授把新的价值体系的形成、典章制度的建设称为培育促使现代经济增长的"社会母体"。他认为，没有希腊城邦制度、罗马法、复式簿记、意大利文艺复兴时的文明等，就没有现代经济增长。在我国的现代化过程中，新的文化价值观的形成和典章制度的建设，也将为经济增长和市场发育提供一个社会母体。

吴敬琏：社会主义商品经济文化的建设，涉及所谓文化冲突问题，以及西化与现代化的关系、儒家文化对经济发展是否有利等问题。文化冲突的问题之所以十分复杂，是因为讨论中实际上把三种不同的冲突即现代与传统的冲突、东西方不同民族的文化冲突、社会主义文化和资本主义文化的冲突搅和在一起了。拿"脱亚入欧"这个口号来说，这是明治维新后日本人提出的口号，这个口号的含义是 19 世纪 60 年代的日本要学习 19 世纪 60 年代的西欧。这时的西欧大体完成了封建主义向资本主义的转变，而日本比较落后。所以，这个口号的实质是学习西欧资本主义的现代文化。但日本人在西欧化的过程中，与其说抛弃了本民族的传统文化，毋宁说通过引进西欧文化和对本民族传统文化的改造，使本民族文化与西欧现代文化很好地结合在一起了。

那么，我们现在能否重复"脱亚入欧"的口号呢？这要看如何解释。由于现代化肇始于西方，并在现在的西方（包括地理位置处于东方的日本）取得极大成功。20世纪初中国人接受了马克思主义，它就是从西欧来的。一个后起的没有现代化经历和经验的东方国家，要实现经济社会的现代化，向西方发达国家学习是必然的。从这个意义上讲，西化就是现代化。但是，第一，即使在西方，也存在现代文化与传统文化的冲突。西方传统的封建文化绝不是我们学习、引进的对象。我们现在要学习的，是西方的现代文化，而不是东施效颦，去学西方的传统文化。第二，现代文化既有共同规范，又具有民族特色。将西方现代文化"拿来"以后，在保持其现代性的同时，可使其与我国传统文化中还能适应当前需要的部分相结合，从而增强民族性。对西方现代文化中的缺陷，我们一定要加以克服。对西方现代文化中不适合我国国情的部分，不能照抄照搬。第三，这完全不意味着实行资本主义化。现代社会主义思潮来自西方，学习马克思主义也是一种西化。今天我们向西方发达国家学习，重点是学习现代化的基本规范、发展商品经济的通行做法以及现代科学技术等人类的共同财富，没有理由指责说这就是搞资本主义。第四，吸收西方文化中有利于生产力发展和生产社会化、商品化、现代化的东西，与"全盘西化"是两回事。

刘吉瑞：现在的许多不发达国家在这方面的主要问题在于，过于强调本民族的特殊性而拒绝接受现代高度社会化的商品经济的共同规范和通行做法。这并不是说后起国家的现代化只能照搬英美等先行国家的模式，事实上，后起国家的现代化过程有自己的特点。当代发展中国家的现代化过程中不能也不必完全照搬照抄西方。从这个意义上，我们不能接受"全盘西化"的观点。正确的做法是，在接受现代化的共同规范的同时，探索具有本民族特色的前进道路。这似乎与当前讨论的儒家文化和经济发展的关系问题有联系。关于儒家文化与经济发展的关系，原来学术界似乎有定论。最权威的是马克斯·韦伯的观点，他认为，用理性控制世界的清教伦理，是促使资本主义经济出现和发展的推动力量，而用理性的方式适应世界的儒教，却是阻碍中国近代资本主义兴起的主要因素。本来人们对此也无话可说，但是，经过第二次世界大战后短短的二三十年，东亚华人文化圈的经济迅速发展，有的甚至创造了奇迹。于是，所谓"韦伯命题"受到了严重挑战。

吴敬琏：这对我们中华民族来说，是一个特别有兴味的问题。尽管战后东亚文化圈的状况差异非常大，但经济发展得最快、最好的国家和地区，几乎都是华人社会和受儒家文化影响比较大的地区。他们在改造和继承传统文化，将现代文化和传统文化相结合等方面，都有一些很好的做法。现在的争论，一是文化因素究竟在东亚新兴工业化地区的经济发展中起了多大作用，二是儒家文化是促进还是阻碍了经济发展。前一个问题上主要有两派意见，文化论者认为儒教与新儒教是东亚崛起的主要因素；结构论者则认为制度因素才是主要推动力。在后一个问题上，一些人依然坚持儒家文化不利于经济发展的观点，认为东亚的经济发展在文化方面看，主要是西化的作用。而另一些人则认为，儒家文化或新儒教，是有利于市场经济形成和发展的。如费景汉教授撰文指出，仁、义、礼、智、信这样一些传统的道德原则，都与现代商业文化一致。所谓信，就是现代契约合同意识，重然诺，信合同；所谓仁，就是四海之内皆兄弟，发展商品关系。如此等等。当然也有学者指出，儒家思想应一分为二，其中一部分有利于现代化，另一部分如顺乎自然、保守中庸的思想，是极不利于现代精神的建立的。从总体上说，儒家思想有不利于现代化、工业化的方面，但可以把它引导、改造为适合现代发展所需的价值观。我想，最后一种观点提出的改造说，应当引起特别注意。

刘吉瑞： 前段时间我也读了些有关儒家文化与经济发展的文章。我目前的认识是，在东亚的经济发展中，儒家的某些思想和某些传统的民族精神，在一些方面发挥过积极作用，但总的来说，儒家文化的作用是消极的。因为儒家文化作为一种价值体系，在农业社会的土壤中培育成长，它同现代工业文明不能不存在矛盾。推动东亚经济社会发展的主要因素，依然是结构制度因素。我们当前亟须做的是，在体制改革和结构变革的过程中，学习和汲取现代文化的营养，培育一种新的价值观。但儒家文化确实也有合理的成分，对它不能采取"五四"时期一些人主张的全盘否定的态度。如科举制度，这既有鼓励人们读死书、向官看的弊端，又有成就导向、唯才是举的合理成分，经过改造，完全可能演化出现代教育制度和文官选拔制度。据说，日本、英国的现代文官制度，就是在借鉴了中国科举制度的基础上形成的。根据发展中国家的经验，现代化过程中一定要注意对传统文化随时进行调整和改造。否则，经济和文化反差极大，有可能引发各种社会矛盾和动乱。伊朗在巴列维王朝的"白色革命"时期，经济现代化的进展还是较快的，但没有注意在适应传统文化的同时对它进行改造调整，结果酿成宗教革命，巴列维政权也因此垮台。

吴敬琏：在社会主义新型文化的建设中，除了反对传统文化中重义轻商、重官轻民的思想倾向及其现代表现形式外，也要反对将社会主义商品经济原则庸俗化的倾向。目前确实有少数人，只要我能捞一把，哪怕寸草不生，只要我能赚钱，不惜损害周围人的利益和交易对手的利益。这种庸俗化的商业原则，不仅与社会主义商业文化的伦理道德观相去甚远，而且有可能诱使群众市侩化、行政官员行为短期化和腐败行为的滋长。这种庸俗化的商业观念，由于披着"新观念""新思维"的外衣，特别容易迷惑群众。我们必须花很大的力量来反对这种思想倾向。在道德价值观的形成上，社会不是无能为力的。习俗、传统、道德准则有源亦有流，并不是从远古就固定下来一成不变的东西。在历史的发展中，可以不断加进新的抛弃旧的。而社会在变革时代的自觉努力，无疑能使道德向一个比较好的方向转变和发展。

刘吉瑞：我们已经讨论了经济、政治、文化之间的若干关系，但我国当前面临的主要问题是，在经济体制转轨的关键时期，经济、政治体制两方面的改革如何配合。

吴敬琏：前面我们强调了社会系统变革与经济系统变革相似的一面，我觉得还需看到两者之间有区别的一面。这就是，在经济体制改革中，在企业、市场、宏观调控这三个基本环节上，改革需要同时展开，即采用一揽子的解决方式。但对社会系统来说，经济、政治、文化子系统的关系却有所不同。社会系统变革主要是动态配合，而不能期望在三个子系统进行一揽子改革。前面我们征引的各国史实，都说明了这一点。

刘吉瑞：是否可以这样认为——经济系统内各环节之间存在有机联系，社会系统内各子系统之间也存在有机联系，这种有机联系要求在改革时各环节之间、各子系统之间保持协调和配套，这一点是共同的；但社会大系统与经济子系统的内部结构又有区别，协调和配套的形式有所不同？

吴敬琏：是这样。经济体制内三环节的关系，已讲了很多，这里不再重复。根据观测，社会系统变革时，最初，政治和意识形态是快变量。在经济基础没有改变的状况下，政治领导人的更迭、施政方针的转变、某种新思潮的引进和形成，都有可能使一个社会的面貌短期内发生重大变化。但经济却是一个慢变量，生产关系的改革、生产力的提高，都需要较长的时间。而经济系统的变革一经启动，就像火车离站、飞机起飞一样，会形成一股不断向前的巨大推动力量。这种不断向前的变革运动，不仅使社会的经济基础得到根本改造，而且能使政治、文化等快变量不再变回去，或要求后者继续变化，变化的方向则与经济系统的变革保持一致。政治、文化系统的进一步变革，又会给经济系统的转变注入新的活力。社会系统内政治、观念是快变量，经济是慢变量，而根据现代系统论，慢变量决定系统的状态。

刘吉瑞：这番道理倒与我国十一届三中全会以来的变化相吻合。变革最初是在政治、意识形态领域开始的。"四人帮"的粉碎、冤假错案的平反、实践是检验真理标准的讨论、实事求是思想路线的确立等，表明快变量首先开始变了。快变量的变，为经济改革创造了前提。于是，实行发展个体和私人经济、农业联产承包、工业企业利润留成等措施，使铁板一块的传统体制开始出现了缺口，慢变量也开始变了。经济生活的逻辑发展，又要求彻底改革传统体制，建立竞争性市场体制。党的十二届三中全会决定全面开展经济体制的改革，反映了经济生活的客观要求。但要全面建立社会主义商品经济新体制，又要求政治体制、价值观念的进一步变化。

吴敬琏：经济体制改革要求政治体制改革的策应，要求进一步解放思想，实行价值观念的转变。而且在许多方面，即使在短期内，它们也是并行不悖的。如政府机构改革，一方面是政治体制改革的内容，是政治生活法治化、民主化的要求，另一方面政府转变职能，精简机构，又是经济改革的任务，为建立强有力的、高效率的宏观调控所必需。另外，破除小农的甚至封建的思想观念，树立商品经济的竞争观念、效率观念、平等观念、法治观念和风险观念等，从一定的角度看，是思想文化领域的事，从另一角度看，则是经济改革的课题。可是，我们也不无忧虑地看到一种倾向，即在经济改革进入转轨、既充满希望又存在困难和风险的关键时刻，一些同志不愿在经济改革方面做艰苦踏实"啃硬骨头"的工作，而把主要的注意力转向政治体制改革和价值观念创新，想以渲染政治思想的热烈气氛来打破僵局，走出双重体制并存的状态。我认为，这种以政治体制改革和价值观念转变来替代经济改革的想法和做法不免偏颇。政治体制改革能促进经济改革，但不能替代经济体制改革成为改革的主线。社会主义各国改革的基本任务是变革不适合生产力发展需要的经济基础和上层建筑。在这里，生产关系的变革是整个社会变革的基础。如果市场取向的经济体制改革进程受阻，空喊政治口号是无济于事的。

刘吉瑞： 而且有些问题，离开了经济合理性这个标准，就根本扯不清。此时如果急急忙忙地依据某些政治原则进行体制改革，很可能出现方向性的错误。譬如，在工业企业内部实行"自治"就是这样。流行的见解是，在社会主义国家，工人是国家的主人，因而也是工厂的主人，根据民主管理的原则，应由工人选举厂长、经理，职工代表大会是最高权力机构，厂长、经理要对职工代表大会负责。这种观点在关于政治体制、经济体制改革的论著中经常出现。而根据经济合理性的原则，这是违反商品经济和现代工业企业管理的基本原则的，也是政治民主庸俗化倾向的表现。商品经济发展的历史经验已经证明并且还在进一步证明，行之有效的大中型工业企业制度是股份公司制度。在股份公司制度中，资产所有人——股东的具体代表董事会聘请经理阶层，再由经理来招聘工人。南斯拉夫自治企业的教训说明，带着工团主义的倾向，把政治民主的原则引入企业管理中来，只会破坏管理的有效性。我国现阶段企业管理中已有相当多的事例说明，在大型企业中工人选举厂长弊端很多，它使厂长经理不敢严格管理；使厂长和经理迁就工人眼前利益，共同对付国家；使解聘工人发生困难，劳动市场难以形成；等等。我前几天还听到这样的事，四川省一家企业的厂长把一位表现不好的青工开除了，其时适逢厂长选举，青年职工就不让这个厂长连任。现代工业企业需要专家管理，由"看得见的手"指挥管理生产经营。工人自治的办法只适用一些小企业和合作企业。其实，社会主义民主政治完全可以通过也应该通过另外的渠道实行。在基层政权机构，可进行民主选举。工厂是一个经济单位，而非政权机关，在生产经营单位内实行政治原则，政治原则侵入了市场领域，结果势必破坏市场机制的正常运转和效率的提高。

吴敬琏： 一些主张政治体制改革和观念更新优先的同志，持有一种较少见诸文字的理由，这就是：目前行政官员以权谋私、以权经商的现象十分严重，如不加快政治民主化、公开化的进程，权力与金钱相结合，商品经济就有可能扭曲变形。而社会主义政治体制改革又是自上而下进行的，在很大程度上取决于领导人的开明程度和有无强烈的现代意识，因此，政治改革和组织更新最为关键。从经济改革的深入受政治状况的制约这一点来看，他们的想法是有一定道理的。但在经济改革没有重大政治阻力的情况下不去大力推进经济改革，却把经济改革成功与否的决定因素归于政治体制改革，这样的逻辑未免太过牵强。并且如果照此办理，经济体制改革可能被架空。我们赞成政治体制和意识形态领域的改革不能严重滞后于经济体制改革的步伐，要及时策应配合，强调反对行政权力对市场经济的破坏和扭曲，同时，也认为以权谋私是当前的改革必须正视和解决的问题。但在我看来，市场取向改革促使竞争性市场形成，是消除以权谋私、以权经商现象和惩治各种"倒爷"的治本之道。如果近期内能将生产资料价格双轨合一，那等于挖掉了各种"官倒爷"的祖坟。我十分赞成严肃政纪，端正党风，惩治"倒爷"，但作为经济学家，我也看到，在价格双轨制继续存在的情况下，确实很难分辨什么样的商业行为是合法的，什么样的商业行为是非法的。在经济上界限分不清的时候，行政权力的介入就使得一部分人能浑水摸鱼。因此，关键在于消除"倒爷"得以存在的经济条件，把水澄清，使以权谋私者无法"摸鱼"。当腐败行为被约束在较小范围以后，采取严厉措施打击一小撮犯罪分子就比较容易做到了。价值观念的转变也与经济基础的改造和转变有关。我觉得，在目前的情况下，全力推进经济体制改革，同时在政治体制、文化价值观念方面进行配合，才能顺利地推进我国的改革事业。

刘吉瑞： 另外，社会变革时期与社会的自然演进时期有所不同。相对而言，改革时期要求权力的适当集中，要求有一个强有力的中央政府来控制全局，驾驭改革过程。否则，一旦因社会利益关系变动较大而引起的社会紧张爆发为公开的骚动时，政府就可能失去对局势的控制。在东欧社会主义国家的经济改革过程中，就出现过这样的先例。

吴敬琏： 我认为这是很重要的一点。因为经济改革实质上是原有经济利益结构的巨大调整，它涉及许多人的切身利益，也容易引起个人短期利益受到影响的人们的抵制和反对。因此，为了保证各项改革措施的贯彻落实，为了使较大改变原有利益格局的社会变革过程不致中断，中央政府权力的相对集中是必不可少的。从这个角度看，改革初期或体制转轨时期，权力分散的步子不能过大。据去过苏联的同志说，苏联最近政治改革的调子较高，市场化的经济体制改革却被公开化、民主化的口号和权力再分配的实际斗争淹没了，并且还引发了一些加盟共和国的动乱，以致不少苏联人抱怨说，经济改革只是停留在决议、法律等的文字上，说说而已。如果情况确实如此，那就潜伏着很大的危险。鉴于社会主义各国历次政治运动的经验教训，我以为，改革的政治色彩太浓，不见得有利于建立市场经济体制和发展社会生产力，它甚至有可能冲淡经济改革的主题。为了分散而集中，为了民主而在改革过程中加强中央政府权力，说不定倒是改革的辩证法。当然，这种适当的中央权力集中绝不是为了恢复对经济生活的直接控制，而是为了更有效地推进以市场建立为主线、政治体制和价值观念两翼配合展开的全面改革。在市场经济体制的基本框架确立以后，也许我们可以把重点逐渐转移到建设高度的社会主义民主和发展社会主义新型文化方面来，而在经济体制方面进行辅助性的改革和完善工作。

第十一讲　农村社会的变革

刘吉瑞： 前面您着重谈了城市现代工商业经济体制改革的一系列问题，这固然是十分重要的。但另一方面，中国是一个不发达国家，按照发展经济学的理论，目前正处于二元经济向现代社会转变的前期。所谓二元经济或二元社会，无非是说除了存在一个较小的城市现代工商业部门外，传统农业还占很大的比重，农业经济依然占主导地位，还有广大的农村，并且大量的劳动力滞留于农村，居民人口的绝大部分从事农业。所以，如果离开广大农村、农民而谈改革，就是空谈改革。事实也正是如此。中国目前这场波澜壮阔的体制改革，首先是从农村突破并取得初步成功的。联产承包责任制的实行，乡镇企业的发展等，不仅较大地改变了乡村的经济结构及其社会面貌，而且极其有力地推动了城市工业体制的改革。同时，由于城乡关系并未完全理顺，改革发展到今天，我们又面临许多迫切需要解决的农业和农村问题。像粮食和工业品价格的剪刀差扩大，粮农不愿种田等，似乎又重现了改革开始时的情景。而这些问题的解决，有赖于在国民经济的大背景中，全面调整和理顺城乡关系，配套进行城市和农村的改革。

吴敬琏：关于农村改革与城市改革的配合问题，虽然从改革初期就有同志提了出来，但始终未能引起普遍的重视。特别是一些同志陶醉于联产承包的初战胜利之中，觉得"一包就灵"，中国的农业问题也就大体上解决了，并且提出了诸如温饱问题已经解决，农业今后遇到的将是"仓容危机"的观点。但就在人们为农副产品"卖难"的假象所迷惑，急于为多余的粮食"找出路"的时候，却出现了实实在在的粮食生产和供应不足的困难，或如一些同志所说的"粮食供应危机"。这样，从 1987 年以来，大家就又重新认识到深化农村改革的重要性，提出了许多有益的意见。首先提出的是农业改革应该深化，认为承包制在当时的情况下确实发挥了调动农民生产积极性的巨大作用，但随着农业社会化程度的提高，农业生产力的发展和商品化、市场化程度的提高，也暴露出了一些束缚生产力进一步发展的弊端，所以要求土地所有权的具体化和土地使用权的转让。其次提出的是农村工业的改革，认为大部分地区的乡镇企业，譬如实行苏南模式的乡镇企业，亟须改变所有制，摆脱乡镇政府的控制和束缚。然后还提出改变农业生产资料的供应体制，改变目前农村的积累机制和消费形式等建议。但进一步的研究表明，这些问题的解决需要一个前提，就是城市体制改革要有一个大的突破。而城市体制改革的进展，除本身的问题外，也受到农业、农村的制约。不论是恶性循环还是良性循环，城市和乡村总存在着一个割不断、扯不开的关系。

刘吉瑞：传统体制下的城乡关系，表现为政府采取或明或暗的强制办法，用从农业得来的资金资助"幼稚工业"的成长，而对工业采取各种保护措施。根据一些经济学家的估算，1953—1981 年，我国通过不平等交换，从农民那里拿来了 7000 亿元的资金，相当于同期我国积累资金 1.5 万亿元的一半左右。我曾吸收西方一些苏联经济史家的意见，在一篇文章中将这种城乡关系格局称为原始积累、强制增长的城市工业化模式。传统体制与强制增长的工业化模式之间存在内在的逻辑联系。首先，一个后起的农业经济大国，要"从无到有"，建立独立的工业体系，在缺乏殖民掠夺、利用外援、外部融资等外部积累条件的情况下，只能从国内非工业部门获得所需资金。其次，由于工业化的时序与当年先行国家先轻（工业）后重（工业）的次序不一致，一开始就把重点放在重工业和军事工业上，因而，国有的现代工业部门拿不出农民需要的各种轻工业产品，不能用等价交换办法取得农产品，并在正常的生产经营中积累发展的资金。第三，由此决定了城乡必须进行不平等交换，价格由行政决定，排斥市场机制成为必然。第四，当农民不愿低价出售农产品时，就实施农产品统购统销制度，首先在购销中推行指令性计划体制。为了保证这一点，就要把农民组织起来，使粮食掌握在集体组织手中，直至建立"一大二公"的人民公社，釜底抽薪，从所有制上解决问题。第五，为防止农村劳动力流失，保证农业的积累功能，建立和强化城乡户口分离制度等。这种工业化模式及其体制，在动员全国资源，建立相对独立、完整的工业体系等方面，取得了相当的成功。但是，社会也为此付出了巨大的代价。

吴敬琏： 如果把原始积累、强制增长理解为从非工业部门获得发展现代工业的资金，那么不论是资本主义经济还是社会主义经济，在现代化过程中都要经历一个原始积累、强制增长阶段。当然先行国家与后起国家的原始积累具有不同的特点。譬如，先行国家由于在当时的世界经济格局中的政治、经济、军事实力处于领先地位，海外殖民掠夺和国际不等价交换就构成其原始积累的重要形式，而后起国家不能这样做；先行国家的原始积累过程相对长，后起国家的过程则要短得多；另外，一些先行国家在原始积累过程中，由于需要自由劳动力，就采取一定的形式强制农民与土地分离，而今天的后起国家，愿意去城市就业的自由劳动者太多了，为使农业这个积累源泉不致破坏，需要将农民固定在土地上。各国的现代化都要经历原始积累阶段这一点，说明工业化的最初进程实际上是由农业来推动的。发展经济学家把这高度概括为"工业革命以农业革命为先导"的命题。农业的发展、剩余产品的增加，使得社会有可能在不减少居民消费甚至消费略有提高的同时去发展工业。但各国的经验也表明，第一，不能把农民挖得太苦，对农业掠夺过头，反而会破坏这个积累源泉。第二，农业对工业的这种推动作用是有限的，工业化的过程一旦启动，持续发展的动力就要靠工业本身来提供。如果工业本身的效率低下，长期不能自我发展而依赖外部财政支持，那么工业和农业、城市和乡村之间就有可能形成恶性循环。而如果在农业革命的最初推动下，工业发展取得较大的突破，然后由工业来带动国民经济的发展，帮助农业完成技术改造，推动农业的进一步发展，这样就能出现良性循环的局面。从我国的情况看，应该说中国的农业原本就相对比较发达，中华人民共和国成立后，强有力的中央政府作为积累主体，将农民的剩余产品甚至部分必需品征集起来用于发展工业，经过20多年初步建立了一个技术水平不那么高却也门类比较齐全的工业体系。但原始积累、强制工业化的模式把农民挖得太苦，及至后来农业作为城市工业积累源泉的意义逐渐缩小，而工农矛盾却日益尖锐。另一方面，在行政母体中成长起来的幼稚工业，却怎么也长不大，不能自主经营、自负盈亏，一旦割断脐带生命就难以为继。加之发生了"文化大革命"，所以到1978年十一届三中全会前，国民经济到了崩溃的边缘。从改革10年的情况看，联产承包、农副产品提价等政策措施，使农业重新焕发出生机，从而为工业增长乃至整个国民经济的发展带来了新的动力。但由于城市工业体制改革跟不上，工业的效率上不去，农业和工业的良性循环局面还是难以形成，并且在旧的矛盾并未彻底解决的同时又出现了许多新的矛盾。从这样的角度来观测、分析当前国民经济中的主要矛盾和城乡关系，也许能看得清楚一些。

刘吉瑞： 战后新兴工业化国家和地区的成功经验显示，经过10年左右的强制增长原始积累阶段，就能初步奠定工业化的基础，而后，经济增长要走向工业自我积累、自主增长的新阶段。要实现经济增长机制的转变，积累机制、城乡关系格局、经济管理体制、工业化模式都得相应改革。例如，今后的积累要以自主积累为主，即政府从农业抽取资源，进行强制积累所占的比例大大降低，以企业和居民家庭积累作为主要形式，原来那种工农产品的不等价交换要被工业品和农产品的正常市场交换所取代，城乡间生产要素自由流动，市场机制取代行政机制发挥合理配置资源的基本功能。但这种转变的实现，无疑有赖于整个经济体制改革特别是城市工业体制改革取得成功。改革 10 年的情况表明，仅仅靠农村一头的突破不能从根本上改变原来不合理的城乡关系，即使短期内农村跨出了市场化的较大步伐，也会因城市的牵制而停步不前，甚至不得不退回去。因此，尽管我们有足够的理由认为以联产承包责任制为主要内容的前阶段农村改革，是走出城乡关系的恶性循环、从强制增长转向自主增长的契机，但这种转变的实现还有待于城乡配套改革的成功。只有在那时，我们才能真正说联产承包责任制不是中国农业社会的"让步政策"和均分土地的周期性重演，而是一场为现代工业的自主增长创造前提的革命。

您刚才谈到目前由于城市经济改革的迟滞、工业效率提高缓慢，使农业的进一步改革和发展发生了困难。这是一个很重要的论断。您是不是可以更详细地谈一下这个问题？

吴敬琏：刚才我们已经谈到，我国的城乡关系过去那种通过国家强制力量联系起来，通过行政手段实现资源配置的旧格局已经起了很大的变化，城乡关系在很大程度上需要通过商品交换来维系，这样，城市取得粮食和农产品就不能靠剥夺，而要靠等价交换，所以改变工农产品价格存在巨大剪刀差的状况，提高农价，理顺工农比价就成为十分必要的了。

而且一般而言，工业的劳动生产率提高比较快，而农业由于受到土地资源的限制，边际报酬递减规律的作用特别明显，生产率提高较慢。因此，工业化过程中农产品相对价格的上升是一种必然的现象。理论上，资源的合理配置和工农两部门的协调发展，都要求放开价格，由市场决定工农产品的比价。在实际经济生活中，出于居民承受能力等方面的考虑，使得有些国家采取农产品行政定价，根据情况对生产者或消费者进行补贴的办法。这种办法如应用得当而又不长期固定下来，对工农业的协调和国民经济的发展也不见得一定不利。但在目前的中国，行政定价的作用方向是同上述情况相反的，是服从于从农民那里取得积累的目的的。在这种办法维持了很长时间，造成了资源配置极大扭曲而需要根本变革的时候，在又一次面临"谷贱伤农"的情况下，解决问题的方向只能是调高或放开农产品价格，让价格反映市场供求。限于工业效益提高缓慢、财政资金短绌和居民承受力低，农副产品价格一步放开有困难，那么可以分阶段调放。目前主要农副产品如粮、棉、油的价格已经非提不可，其他措施都不能产生类似价格合理化可能产生的巨大效应。

刘吉瑞： 的确，中国农村当前比较突出的一些问题，都需要放在城乡关系转变的这个大背景中考察。如农民不愿种粮的问题，现象表现在农村，根子却在城里。因为造成农民不愿种粮的主要原因是粮价过低，而要提高粮价，使生产者和消费者在市场直接见面，由供求决定价格，城里人又吃不消。要使城市居民提高承受力，除了长期沿用的弊端甚多的财政补贴办法外，最直截了当的办法是增加工资。而职工工资的提高，又与工资制度、企业组织制度改革和企业经济效益的全面提高相联系。

吴敬琏：刚才你说的这种问题，如果在工业效率提高很快的情况下，是比较容易解决的。比如说发达国家在工业化过程中都发生过农产品的相对价格与工业品价格对比上升的问题，但是由于工业的效率提高很快，农价提高的影响很容易通过工业品成本降低和工资提高而吸收了。但在我国工业效率提高不快的情况下，1979 年农产品提价的冲击波经过两三年才被吸收，1985 年的农产品提价的冲击波到现在还在发生作用。

刘吉瑞：您说得很对，解决问题的钥匙，是工业效率的提高。可是离开了改革，整个工业的效率是不可能有显著提高的。所以说来说去，症结仍在城市工业的改革上。

吴敬琏：我有这个感觉，过去几年有些同志老想绕开根本改革和提高整个国民经济的效率来解决农民不愿种粮等农业问题。这几年采取了许多办法，试图在不改变目前合同订购制的情况下提高农民种粮的积极性，但结果却不太理想。我们可以对这些措施逐个进行分析。

首先看"以工补农"。所谓"以工补农"就是政府先用财政、信贷政策扶助和支持乡镇企业的发展，使其有比较高的盈利，然后在乡镇政府的安排调节下，由乡镇企业来补助种植业。从一个很短的时期，比如从年复一年的再生产过程或流程截取一段时间（一年）来看，那么从事种植业的农民由于从乡镇企业那里获得补贴增加了收入，因而提高了种粮积极性。从长期、动态的观点看，却是一个正反馈的过程，即越是以工补农，农民越是缺乏种田积极性。因为你要求乡镇企业普遍有能力帮助农民，首先就要用人为的方法使所有或多数乡镇企业都能获得较高的盈利，然后乡镇企业才能拿出部分利润去补贴从事种植业的农民。这样，从长期看，进厂农民与种田农民的收入差距不是缩小而是扩大了。于是种田农民越来越感到种田吃亏了。

刘吉瑞：从逻辑上看，以工补农确实存在您所说的一个悖论，即旨在缩小经商办厂农民与种田农民收入差距的政策措施，却以进一步扩大两者之间的收入差距为前提。从实践看，我觉得存在三个方面的问题。首先，乡镇企业发展较好的地区固然有可能实行以工补农，但乡镇企业不发达的地区却没办法这样做。那么怎么去调动乡镇企业不发达地区从事种植业的农户的积极性呢？其次，以工补农这种形式，表面上看不需财政掏口袋，但实际上财政还是没少掏钱。用减免税收、提供低息或无息贷款等办法支持乡镇企业，且不说经济结构、规模经济等方面造成的问题，本身就是财政间接掏钱。最后，以工补农实际上是一种抽肥补瘦，要使这种平调维持下去，在体制上必然要求乡镇政府与企业紧紧地捆绑在一起。

吴敬琏：后来想到的另一种办法是挂钩奖售，即将农民低价交售粮食以及其他紧缺农产品同政府向农民平价供应或奖售农用生产资料（化肥、柴油、农药等）相联系。现在证明这种办法也不能成功。因为平价供应或奖售农用生产资料实际上是价格补贴，但却采取了实物形式，强化和发展了农村的实物经济倾向。一方面，实物经济的效益很低，交易成本较高；另一方面，它使分配实物进行奖励的各级政府机构、商业组织和个人有机可乘，为大大小小的"官倒""私倒"提供了土壤。根据前段时间报纸的报道，挂钩供应和奖售的农用生产资料不能兑现的现象比较普遍，在个别地区甚至酿成农民因受骗而愤怒冲击商业机构和政府机关的事件。结果，政府补贴农用生产资料的钱是花出去了，但农民却没有得到好处，利益流入了从中渔利的"倒爷"的口袋中。

刘吉瑞：挂钩的直接后果是农副产品、农用生产资料两大类产品的价格长期扭曲。生产农用生产资料的企业如果不能按市场供求规律放开价格、取得平均利润，反而长期亏本，那么它们不仅不能实行市场化经营，而且难以维持简单再生产。长此以往，农用生产资料行业就不能生产出先进的设备来改造和武装农业，拿出优质的产品满足农户的需要。目前农用生产资料行业的不景气和若干大宗农用生产资料产品供应的短缺，可以由此得到解释。

吴敬琏：还有一些地方 1987 年以来恢复了传统体制下经常运用的办法，由城市的学校、机关、企业去和农村的农副产品生产单位挂钩，直接建立自己的蔬菜基地。很清楚，这是一种逆社会分工而进的倒退措施。

刘吉瑞：城市的各种机关和企业到农村建立农副产品供应基地，并不能真正解决"菜篮子"问题，更不要说解决我们目前面临的农民不愿种粮问题了。建立基地的行动只能限制在若干点上，在这些点上的农民，由于获得资金或物资上的支持，生产规模有可能扩大。但不在这些点上的农民，却没有得到类似的刺激。因此，建立基地这一措施无助于全面理顺工农、城乡关系，并且会在农民之间造成机会不平等。

吴敬琏： 为什么以工补农、购销挂钩、建立基地这些做法都不能收到刺激农副产品供给增长的预期效果呢？原因在于这些措施的立足点错了。它们不是从理顺工农、城乡之间的基本关系出发，用市场取向的改革来彻底解决矛盾，而是试图在不改变原有城乡关系基本格局的前提下，用所谓"灵活的"、不规范的行政措施修修补补，使矛盾趋于缓和。由于行政解法把经济利益关系和行政关系搅和在一起，从而不仅使原有的参数扭曲得不能校正，而且带来了新的扭曲，滋生了好多弊端。实际上，世界各国在工业化的过程中，都发生过农副产品短缺的问题，有许多经验教训和政策措施值得我们吸取和借鉴。

刘吉瑞： 一些同志以农产品供应弹性小、当前土地制度存在缺陷为理由，认为提高主要农副产品价格不一定能提高产量、增加供给。我觉得这样的看法未必正确。从长期看，我国的农产品供给弹性确实比较小，但在粮食等农副产品价格扭曲偏低时提价，情形就不一样。根据国外经济学家对发展中国家的计量分析，农产品价格变动的供应弹性在 0.3—0.9，即农产品价格每提高 1 个百分点，供给增长 0.3—0.9 个百分点。对农产品而言，这样的供给弹性并不算小。虽然缺乏我国现阶段农产品供给弹性的资料，但根据十一届三中全会以后农产品价格变动和供给变化的状况，我们还是能够得出"农户会对价格刺激作出及时反映"的结论的。

如果没有十一届三中全会以后幅度较大的提价行动，改革初期的农业产量绝不可能骤然增加，承包制也不会迅速奏效。而近几年种粮成本大幅度提高，合同订购价大致不变，导致农民不愿种粮的状况，则从反面证明了价格调整的必要性和有效性。在这一点上，我十分欣赏发展经济学大师西奥多·舒尔茨（Theodore W. Schultz，1902—1998）的一句名言：只要有正确的价格信号，农民能把沙土变成黄金。

吴敬琏：当然，在农副产品价格合理化的同时，不在农副产品购销、农业生产资料供应等方面进行配套改革，流通渠道不畅和"倒爷"横行，都有可能导致农民得不到提价的好处，以致价格刺激不能收到预期的效应。怎样建立沟通城乡的新的商业体制，是一个需要专门研究的问题。

刘吉瑞：至于土地问题，比较复杂。表现最为突出的首要问题是农民不爱土地。我的家乡地处浙江宁绍平原，土地肥沃，灌溉设施又较健全发达。精心管理的话，一亩地年均产 2000 斤极有可能，亩产 1500 斤则很普遍。但目前，农民不愿好好经营，有的甚至抛荒。即使种了粮，撒上几十斤化肥就不去管它了。灌溉设施失修，土壤因缺少有机肥而板结……这样下去，我真有些担忧，经几百年甚至上千年培育形成的"黄金土地"毁在我们这一代手中，从而上对不起祖宗，下对不起子孙。这当然与刚才讨论的主要农副产品价格的人为压低有关，不爱土地是种粮吃亏、不愿种粮引起的。其次是耕地面积的大量减少。距今大约 600 年的宋代，我国耕地人均 5 亩；甲午中日战争时，人均尚有 3.5 亩；1949 年，人均 2.7 亩，到目前，人均 1.4 亩左右。我国耕地的人均占有量不仅远低于苏联的 12.9 亩、美国的 12.8 亩，而且远低于 5.6 亩的世界平均数和印度的 3.9 亩。近几年的情况表明，耕地绝对量的减少也十分迅速。据一个粗略的估计，改革 10 年来，全国减少耕地 4000 万—5000 万亩。如果照此速度发展，那后果不堪设想。

吴敬琏： 最近议论较多的农业规模经营问题，与土地制度的联系比较紧密。不少同志认为，只有明确土地所有权的具体归属，允许土地转让，才能使土地集中到经营大户手中，提高它的规模效益。现在我们平均每个农户经营的土地大概是 8 亩左右，农场的规模比较小。倘使农场的规模扩大，譬如每户经营 20 亩，效益可能要高得多。但这里的限制主要是非农产业的发展。根据上面的设想，农场规模的扩大势必要求将现有的 2/3 劳动力从农业转移出来。在目前的条件下，我国显然缺乏进行这样的大规模转移的能力。这几年各级政府和银行都花了很多努力来支持乡镇企业的发展，10 年中劳动力大约转移了 9000 万。而要将 2/3 的农业劳动力转移出来，显然不是单凭积累能力有限的乡镇企业的自身努力所能做到的。如果要求政府提供财政、信贷支持的话，恐怕国家财政没有这么大的能力。实际上，要在短期内如在 20 世纪末以前实行这样大规模的转移，都是不可能的。

刘吉瑞： 从日本和我国台湾地区的历史经验看，像东亚人口密度高、人均耕地少的地区，短期内很难实行农场的规模经营。台湾工业化过程中工业的发展速度比较快，而且主要以发展劳动密集型工业为主，因而整个工业每年就业增长达 6% 左右，这在世界上都是少有的。但即使如此，它也没能在短期内解决农场规模经营问题。从 20 世纪 50 年代土改，到目前强调扩大农场规模，也已过了 30 年，并且效果还不怎么样。日本农业中，农场规模也不大，兼业农业、小规模经营仍很普遍。像您刚才提到的，我国短期内想要转移 2 亿多农村劳动力，那么非农产业的增长速度和所需的资金都难以想象。在条件不具备的时候，政府采取揠苗助长的方式，帮助农民扩大经营规模，或许能创造出一些典型来，但在全国范围不可能大面积推开。我一直有这么个想法，就是在包括我国在内的东亚这类人多耕地少的地区，要从根本上解决农业问题，不能像美国、拉美一些人稀地广的国家那样把重点放在搞机械化大农场上，而应在小农场上集约经营，即实行园艺式的经营。如果外汇条件不允许我们大量进口谷物和农产品，中国解决粮食问题的基本路子就只能如此。

吴敬琏： 战后经济发展比较成功的发展中国家或地区，工业化过程中一方面积极推动农村剩余劳动力的转移，一方面也采取政策措施，在相当长的时间内将一部分劳动力稳定在农业部门。譬如说日本，一方面大力发展服务业、商业等，吸收大工业不能吸收的转移劳动力；另一方面采取农产品补贴制度、保护价格制度，使部分劳动力稳定在农业。因为在农村剩余劳动力的澡盆淘干以前，农业的边际生产率极低，甚至为零或负数，农业劳动者的工资处于极低的水平，与城市工人的工资差距极大。如果不对种植农产品进行补贴，农业会立即萎缩，劳动力也会大量流失。这样就可能损害农业进一步发展的基础。当然，在这种政策实行了 20

多年以后，日本经济学家对是否继续执行是有争论的，但这并不否定这一政策在早期的有效性。台湾地区在 50 年代土改后，也曾制定过防止土地兼并的法律，规定农场规模不能超过某一个限额。制定这一法律既有政治上的考虑，即防止重新出现耕者无其田、政局不稳的状况，从经济上看，则在于防止和避免经济起飞以后因农业劳动力过量转移而出现农业萎缩和就业紧张。进入 70 年代工业有了较大发展以后，台湾再回过头来搞第二次农地改革，解决农业的规模经营问题，开始取消对农场规模的限制。从这样的角度看，当我们目前在为高速增长做准备的时候，既要采取积极的步骤促使劳动力向非农产业尽快转移，也要采取另一些措施，使农村劳动力不致过量离开土地进城做工经商，使土地撂荒。

刘吉瑞： 就土地制度而言，当务之急在于设计一套新的土地制度，通过土地制度改革和其他方面的改革，提高农民从事种植业的积极性，使农民愿意种田，热爱土地，阻止耕地的急剧减少。另一方面，这套土地制度也要有利于土地的转让和规模经营，促使土地市场形成。国际经验告诉我们，在完全的土地国有制下，所有权在政府手里，政府对土地能进行极为严格的控制和管理，耕地资源的破坏浪费不会像现在这么严重；在完全的私有制下，由于农民个人对土地拥有所有权，他们自然会珍惜土地，耕地的减少也不会这么快。所以，土地制度改革目前确实迫在眉睫。

吴敬琏： 土地制度改革有多种可供选择的方案。从政策连续性考虑，延长承包期不失为一种办法。承包期过短，农民就不愿在土地上进行长期投资，改良土壤土质，甚至对土地进行掠夺性经营。但延长承包期，总有将近到期的时候，每当承包期限迫近，农民的土地投资意愿就下降，所以又要一次次延长。而且在承包期间，不免发生转包行为，这时权利和义务就不那么分明。因此，延长承包还不如建立一种使农民拥有永久使用权的土地制度，也可以实行土地公有而使用权落实到农户并允许转让的制度。1949 年前的江南农村，田底权和田面权分离的状况普遍存在。我们今天可以从中得到启发。

刘吉瑞：农业经济学界确实有一些同志主张实行土地私有化。我觉得土地私有化的困难倒不在意识形态。问题是，土地私有会不会对国土的合理规划和土地的转让产生消极影响，还未得到充分的论证。所以，土地私有和土地国有但使用权落实到农户这两种方案值得比较研究一番。我个人倾向于土地国家所有但农户拥有使用权的制度，使田底权和田面权分离。这样，一方面国家因拥有最终所有权，能对有限的土地资源进行综合规划的治理。另一方面，农民拥有长期甚至永久使用权，促使其在土地上进行投资；使用权的可转让性，又使得转让和买卖成为可能，从而不妨碍开展规模经营。

吴敬琏：除了农价调整、价格机制的转换和土地制度的变革外，农村工业采取怎样的发展模式即它的体制如何、走什么样的发展道路等，直接关系农业劳动力转移的方式和速度，从而关系现代化的成败。我国的乡镇企业，在传统体制和原有城乡分割的工业化模式的夹缝中悄悄成长，改革以来则异军突起，成为推动我国现代化进程的又一个方面军。虽然乡镇企业的发展也带来不少困扰我们的经济问题，如城乡工业结构趋同、环境污染严重等，但总的来说，前几年农村工业的发展对改变我国的落后面貌发挥了积极的作用。现在，我们需要对农村工业的发展方针、体制及存在问题作比较系统的分析，使乡镇企业的发展符合商品经济发展的一般规律并和国有大企业的改革发展有机地结合起来。譬如说，乡镇企业的发展采取了不同的形式，有苏南模式、温州模式等，究竟各自的利弊如何，发展前景怎样，需要进行比较研究。又如，在乡镇企业发展初期，我们提出了一个"离土不离乡，进厂不进城"的方针，结果遍地开花，村村冒烟。发展到今天，这个方针是否依然正确，如要进行修正，又需要进行怎样的修正，这都需要在科学研究的基础上作出判断。

刘吉瑞：温州模式作为乡村工业或农村商品经济的一种发展类型，我觉得是很有生命力的。我平时对温州的做法很感兴趣，1987年又去看了一下，总的感觉是温州的生产力水平较低、交通不那么发达，但商品货币化程度却要比经济相对发达的苏南和实行苏南模式的浙江宁绍地区高出一筹。温州是一种民间开发型的经济，以个体、私营和各种合作经济为主，完全以市场为导向。温州商品市场很发达，有所谓十大专业市场。如纽扣市场，产品种类肯定要比北京、上海多，据说是远东最大的纽扣市场。温州的再生腈纶市场，其产品主要利用国营工厂的下脚料制成。但这些下脚料经过"20世纪的黄道婆"的加工，制成各种服装销往相对贫困的地区，深受那里的群众欢迎。再生腈纶生产分工精细，市场高度专业化，几乎每一道工序加工后的半成品、成品都经过市场交易，由竞争决定加工品的价格。另外，劳动力市场和金融市场也远比其他地区发达。中央批准温州搞改革综合试验区以后，私人的钱庄、信用社有所发展，官办、半官办的农业银行、信用社的利率也已大致放开，各种形式的"合会"仍是民间信用的一种形式。当然，在民间金融市场形成初期，也曾出现投机性的"合会"，引发过一次涉及资金数亿元、人命若干条的金融风潮。按照目前的趋势，随着各种商品市场和要素市场的进一步发展，受人们指责的那种与市场公平竞争相悖的假冒欺骗行为和其他弊端，会被逐渐克服。像温州这样一种初级市场经济，对于中国广大落后的农村，无疑具有示范意义。其他地区推广温州模式的限制因素，可能主要是内地农村没有温州人那样强烈的市场意识。温州人在历史上有经商的传统，市场意识甚至比江浙经济发达地区强。例如同事、同学、熟人、朋友之间借钱，我们通常把这看成哥们义气或传统的互助精神的体现，只要"有借有还"就行。温州人则不然，即使最好的朋友，还钱时一般都要付利息，利息观念早就牢固地树立起来了。通常人们说温州有 10 万购销员，其实走南闯北的能人远不止 10 万。因此，在其他落后地区实行或推广温州模式时，必须注意企业家的培养。

吴敬琏：像温州这样一种发展工商业、发展商品经济的形式，在过程中可能出现一些消极的因素，带来某些社会问题，但总的来说是有益的。只要我们把大工业、大商业、大金融组织改造成较高级的商品经济组织，并对温州这种较初级的商品经济起一个引导、约束的作用，那么，温州模式是能够成为推动我国落后地区工业化进程的一种较好组织形式的。与此相对照，全国大部分地区的乡镇企业，则实行跟乡镇政府捆在一起的企业所有制形式，也就是所谓的"苏南模式"。在这种模式中，乡镇政府是发展经济的主体，通过它的政策支持，财政上减免税收，金融上提供低息贷款，形成乡镇集体企业。乡镇集体企业的干部通常由乡镇政府任命，经营方针由乡镇政府决定，利益分配又受乡镇政府操纵，平调摊派在所难免。这样，就不可能像温州那样通过竞争来发展非农产业，通过发展非农产业发展市场。如果说，在同国营企业的关系上，苏南模式中的乡镇企业是以市场力量的面貌出现的，而在乡镇政府与企业的关系上，苏南模式则是传统国有制微型化的复制和翻版。

刘吉瑞： 苏南模式确实有这个问题。温州农村工业的主体是独立的家庭企业主或企业主联盟，资金来源主要依靠民间市场。现在的大多数乡镇企业则不是这样，乡镇党委和政府是主体，资金实际上来自国家信贷资金。温州的家庭企业直接关系经营者的命运，在市场竞争的压力下，温州人不得不"跑遍千山万水，说尽千言万语，想尽千方百计，吃尽千辛万苦"，因而具有极强的生命力。而乡镇政府所有的企业，如不改革，其命运可能像上海一位同志讲的那样，滋生于传统体制，兴盛于双重体制，衰落于市场经济新体制。

吴敬琏： 为了防止大多数乡镇企业出现你所说的情况，我们有必要主动地对现有乡镇企业的所有制形式进行改革。我很赞成杜润生同志的意见，要割断乡镇行政机构与企业的联系，使乡镇企业摆脱乡镇所有制的束缚，变成所有制社会化的企业。

刘吉瑞： 部分乡镇企业的产权可以拍卖给农村的各种能人，部分乡镇企业可以改变为合伙制或合作制企业，也可以清理产权，实行较低级的股份经济。总之，农村的各种企业都要面向市场、独立经营，不能隶属于乡镇政权。

吴敬琏： 乡镇企业组织形式的转变还要跟它的环境改造即竞争性市场的培育相配合。就商品市场来说，一方面，城市国有工业能得到平价原材料，在原材料供应上同乡镇企业相比处于有利地位；另一方面，乡镇企业在财务制度、产品销售等方面所受的行政约束比较松，因此产品能够卖高价，并有财力行贿开后门。这种不平等竞争造成的弊端已经引起社会各界的注意。现在我们要做的是尽快消除双轨制，建立禁止非正当竞争的立法，加强市场管理，创造出公平竞争的环境。从金融市场来说，现在乡镇企业主要靠外部信贷资金维持经营。这本来是一个好现象，但由于资金市场没有开放，资金价格即利率没有理顺，官办或半官办的金融机构提供的贷款利率实际上是负数，长期提供这种支持性贷款难以为继，也不利于乡镇企业实行面向市场的独立经营。在我们这样一个低度开发的国家，资金十分稀缺，为提高资源配置效益，一般贷款的利率必须提得足够高，使其能反映资金供求，这样，只有效益高的企业才能获得贷款，从而支配更多的资源。

刘吉瑞： 在乡镇企业进行制度改革的同时，有必要重新考虑是否继续坚持村村办厂、队队办企业，乡镇企业职工"离土不离乡"的方针。根据世界各国现代化的经验，工业化和城市化基本上是同步的。将工业集中在城市，由于城市的集聚功能和辐射功能，就能大大提高资源的配置效益。而我们的乡镇企业，孤立、零碎地分布在一个个的乡镇，不仅运输成本、信息成本太高，而且大量占用耕地，环境污染也难以治理，自然不能改进资源的配置效益和运作效益。如果说在乡镇企业发展的初期，由当时的体制所决定，乡村工业化的道路有其必然性和合理性，那么在改革进行了10年，在乡镇企业有了较快的发展以后，就应考虑将乡镇企业的发展纳入城市化的轨道。

吴敬琏： 剩余劳动力过量地流向大城市，会造成较严重的社会问题。如在拉美一些国家，大城市急剧膨胀，但市内贫民窟比比皆是，以致城市社会问题严重、暴力事件屡有出现，还出现了城市"游击队"。我国是一个人口最多、大城市较多的国家，对上海、北京这样的大城市的人口规模进行控制是必要的。但城镇化与大城市化是一个不同的概念。工商业的发展需要有一定的集聚度，否则基础设施的建设、协作关系的建立、环境污染的防治等，都很难解决。把非农产业分散在农村，无论企业内部效益还是社会效益的提高都受到限制。因此从长期看，"离土不离乡，进厂不进城"不是一种明智的选择，更不应该把它固化为一种工业化的模式。我国的工业发展还是要走城市化的道路，但在现阶段不是向大中城市集中，而是着力发展中小城市。

刘吉瑞： 发展中小城市不仅具有可能性，而且已具备了一些现实的条件。如江南的许多县城，小的有人口三四万，大的有七八万，只要在综合规划的基础上，废止原来城乡隔离的一系列政策如户口制度等，允许人口流动和农民进城经商办厂，是能够很快地发展为新型的工商业城市的。有的同志经常扳着指头算死账，说扩大城镇规模，每个居民的基础设施费用要多少、副食补贴要多少，从而得出国家现阶段的财力不允许农民进城的结论。其实这是没有多大根据的。温州农民完全用自己的力量建立了一座农民城——龙港镇，充分证明了现阶段发展城镇的可行性。当时苍南县委派6位同志去龙港进行建城设计规划，仅仅带了6000元钱。他们的办法是在规划设计了龙港镇的布局如道路、街道、文化活动场所、住房小区等以后，在《温州日报》上登广告，说只要具备什么样的经济条件就能到龙港买房居住或经商办厂。结果一下子就有1万户农民来到了龙港当"城里人"，在龙港这个原本荒凉的地方建立了一个有居民4万多人的小城市。党和国家的许多领导人看了后都觉得不简单。龙港的办法确实值得我们研究。我们不需要都像龙港那样去建新城，但可以采用龙港的办法，从政策上积极引导农民、乡镇企业进城，优先发展中小城市，使工业化和城市化同步进行。鼓励农民进城的另一个好处，就是有利于劳动力市场的开放和形成。在传统体制下，城乡隔离，"铁饭碗"与"泥饭碗"之间泾渭分明，彼此不能互相替代。改革后，城市实际上招收了许多农民工。但由于劳动力市场不完全，出现了"站着看的固定工，干轻活的合同工，干重活的农民工"的怪现象。如果我们在这方面加快改革步伐，允许农民进城进厂，并能取代在职工人，形成竞争性劳动力市场，那么，就会给在职工人造成一种竞争压力，"你不好好干，农民工有的是"，从而大幅度提高劳动生产率。另外，农民在城里、在工厂得到现代工艺技术的训练，受到城市文明的熏陶，即使重新回到乡下，也"鸟枪换炮，今非昔比"，能以能人的角色发挥积极的作用。

吴敬琏： 现阶段工业发展过程中一个值得引起高度重视的问题，是以乡镇企业为代表的小企业与城市大工业企业结构的同构化。用政府力量扶持乡镇企业，造成乡镇企业的发展不是经过市场的筛选来确定其产品结构和产业结构，而是城市搞什么它也搞什么。这种结构的同构化对资源合理配置是十分不利的。我认为在这个问题上，应该学习日本产业政策体系中的一项重要政策，即有意识地形成大企业与小企业之间纵横交错的分工体系，形成一种双重结构。日本工业中有一种"下请制度"，在这种制度下，在一个大企业或中心厂的周围，有许多地位平等的厂家来做它的协作厂或外围厂。一级外围厂又有自己的外围厂即二级外围厂，二级厂又有三级外围厂，如此等等。中心厂通常资金雄厚，集中大量的高技术人才，有能力设计开发新技术、新产品，并生产产品的关键部件。至于产品一般性的加工和零部件的生产，则由外围厂进行，中心厂向外围厂订货，对外围厂提出各种技术和成本方面的要求。外围厂一般规模较小，它经过努力，在向中心厂提供了低成本高质量的零配件以后，除了获得加工费外，还能从中心厂得到技术、资金方面的许多帮助。商业也是如此，在各种大型商社的周围有许多小的零售商业和服务机构，采取特许经营（franchise）等灵活多样的方式与之配合，后者通常是家庭企业或合伙制企业。小企业中就业员工的待遇通常要低些，但这些企业劳动力的容量大，能吸收相当数量的农村剩余劳动力。超级市场、大型综合商社与小商业，构成日本商业的双重结构。在二元经济向现代社会转变中，由这样一种新型的双重结构构成的社会分工体系，既能促进农村剩余劳动力的转移，又能使资源配置比较合理。我们现在还没有很好地解决工业化过程中大企业与中小企业如何按市场需要和经济合理性合理分工的问题。目前还在推广的横向联合，试图在一个地区甚至全国范围内，将某种产品或某行业的生产销售以企业集团的形式统起来。结果，该产品、该行业各企业的生产条件、技术装备、工资待遇等，趋向于齐一化。齐一化使得大企业、中心厂不能集中资金和技术力量，发挥优势，重点攻克关键产品或关键部件的技术难关，开发更多的新产品，而小企业因成为中心厂的附属厂，必然要求按中心厂的较高标准，分享中心厂的利益，提高其员工的待遇，拉平的结果，会导致行业综合技术水平的下降。因此，我们必须用市场的而不是行政的、变相行政的办法来解决城乡工业结构同构化或齐一化的问题。当然，这不排斥政府在产业结构调整中进行干预。

刘吉瑞：前面同您讨论了工业化过程中实现城乡良性循环的一些主要问题。为防止中华人民共和国成立之前和一些发展中国家管理出现的工业化过程中农村衰落破败、农民流离失所等社会现象，在发展工业、理顺城乡关系的同时，还必须加强乡村建设，综合治理乡村的政治、经济、社会环境。正如前面指出的，中国的改革离不开乡村的改革，那么中国的现代化建设，也自然包含乡村建设的内容。不管今后我国工业化的速度有多快，在相当长的历史阶段，我国的大多数居民将依然生活在农村。要使乡村真正变成"希望的田野"而不是不得已而栖息居住的地方，至少需要我们整整一代人乃至几代人的努力。我隐隐感觉到，目前社会上对乡村建设的问题并未足够重视，在经济建设中继续存在明显的"城市偏向"。

吴敬琏： 乡村建设是现代化的重要方面。在中华人民共和国成立之前，有两位先生，一位是梁漱溟先生，另一位是晏阳初先生，就十分重视这个问题，他们极力倡导乡村建设，并身体力行做了一些工作。但在旧政权下，在封建地主的统治下搞乡村建设，因为缺少政治前提，实际上是不可能的。中国共产党是从农村起家的，因此在夺取政权后，应该说在消除封建剥削的经济基础、提高农民的社会地位、改善农村的生产生活条件等方面做了许多工作。但以后由于"左"的错误和传统体制从农业进行强制积累的需要，乡村发展处于停滞状态，"大跃进"以后的饥荒则导致大量死亡，而后，农民的温饱问题一直困扰着我们。在"文化大革命"中，我们也提出过一些"建设社会主义新农村"的口号，开展过"农业学大寨"的运动，都未能起到促进和发展乡村经济的作用，有些运动的后果则是破坏性的。1978年底的十一届三中全会首先摒弃了经济建设中的"城市偏向"，采取了一系列让农民休养生息、发展经济的政策措施。特别是农产品的提价和承包制的实行，迎来了农村复苏和振兴的新时期；乡镇企业的发展，又把农村纳入了工业化的轨道。但近几年确实也有一些同志，陶醉于农业承包责任制的成功而忽视了乡村建设这一需要动员整个社会花大力气扎实细致地去做的工作。乡村建设的落后不仅表现在乡村的经济发展上存在前面讨论过的一些问题，而且表现在乡村的政权建设、科技教育发展、基础设施建设、文化观念更新等与经济的发展不适应、不协调上。拿村政建设来说，在人民公社体制下，与命令经济的传统体制相适应，政权组织代替了社会经济组织，公社、大队基层政权掌管着一切经济大权，甚至包括农民的基本生活品如口粮等。这种政权组织与生产经营的经济组织合一的体制自然是不适应发展商品经济需要的。但承包以后，出现了一些偏差：一是乡、镇、村政权不是按照宪法和地方人民政府组织法的规定行使基层政权应当行使的权力，而是继续凭借行政权力，干预经济生活。当然重点有所转移，如从干预农户的播种收割转向了对乡镇企业进行行政控制。二是许多基层组织的社会政治文化职能无人负责，使部分乡、镇、村政权形同虚设，有的接近于瘫痪。三是部分乡镇基层政权的干部，以权谋私，中饱私囊，严重的甚至无法无天，横行乡里。我这样说，当然不意味着我国目前的基层政权情况都是这样糟，而是说怎样根据发展商品经济的需要，改造和建设我们的基层政权，实现乡镇自治，是当前亟须研究并着力解决的问题。

刘吉瑞：乡村的文化建设也是这样。我国 12 周岁以上公民中的文盲和半文盲比例分别占 1/4 和 1/3，大都分布在乡村。我国的教育经费占国民收入的比例在世界各国中是比较低的，而农村的教育经费更是紧缺。整个社会，特别是农村，尊师重教的风气远未形成。前段时间，报纸接二连三地报道了殴打教师和农村学校校舍倒塌压死师生的事件，便是有力的佐证。"文化大革命"中流传过这样的笑话，一个公社书记对教师说："你好好干的话，我提拔你当售货员。"今天，在农村的一些地区，流传"有女莫嫁教书匠"的说法。这些令人痛心疾首的现象如不尽快扭转和根除，可以说我国的改革和现代化是很难成功的。一个文盲充斥的国家，不可能实现现代化。有人总结南朝鲜经济发展的经验时说，其开发人力资本的经验很简单，一是教育的普及和提高，造就了一支价格低廉而又有知识技能的劳动大军；二是南朝鲜军官大都接受过美国式的教育训练，现代意识较浓。这样的说法不一定确切，但说明发展教育对现代化事业的重要性。实际上，人力资本理论已经充分证明，即使把教育投资作为一种纯经济行为，对发展中国家来说，其收益也极有可能超过物质资本投资。我国农村现阶段经济发展本身也对文化建设提出了现实的要求，乡村中的"能人"大都是文化水平较高者。拿时下流行的"引导农民消费"来说，除了采取经济方面的措施外，还有赖于农民文化观念的转变。富起来的农民具有两重性。一方面，在商品经济潮流的冲击下，农民有可能转变成一代新型的企业家；另一方面，在旧文化的影响下，农民有了钱以后，有可能追求地主式的消费方式。如温州，富裕人家造一座坟就花上万元甚至几万元，婚丧嫁娶时挥霍性消费现象更严重。这种现象显然是非常落后、原始、封建的。但如何改变这种状况呢？靠一时的思想政治工作，靠行政手段，靠搞运动显然难以奏效。加强乡村文化建设，普及义务教育，提高农民的文化水平，改变其文化观念，全面提高人的素质，才是治本之道。

吴敬琏：价值观念的转变靠教化。如果没有现代文化的熏陶，那么农民能够学习、模仿的对象就是地主。旧文化掌握在封建地主手中，农民也深受旧文化的影响，当他们富起来以后，在不存在现代榜样的情况下，农民心目中的"文明人"只能是地主。这也可以说明现在农村除了婚丧嫁娶中的奢侈浪费外，迷信、赌博、买卖妇女、卖淫等一些旧社会的黑暗消极的东西沉渣泛起的原因。但改变农民的文化观念是一项艰巨的工作，应该尽早下手，花大的力气，经过较长时期的努力建立新文化。从事这项工作的最有效的组织机构就是学校，它是一个现成的普及现代文化的网络。目前农村的学校虽然数量不足、设备简陋、教育条件很差，但毕竟形成了一个网络，集中了农村中最有文化和教养的人。因此我们一定要利用农村的教育系统，加强和发展这个系统，使它成为普及文化、进行乡村文化建设的堡垒。在当前，则要扎扎实实地普及义务教育，除了动员民间力量来办教育外，各级政府预算应保证义务教育的实现，否则就是政府违反法律。农民违反义务教育法，不许子女入学，政府可以控告他；政府预算中教育经费不足，造成农民子女不能入学，农民也可控告政府。

刘吉瑞： 根据发展商品经济的需要，在农村建立各种新型的经济组织，也是乡村建设的重要方面。发展商品经济需要形成竞争性的农村市场，而这又涉及各种组织的培育。改革以来，农村经常出现农副产品一会儿"买难"一会儿"卖难"的问题，原因之一在于原来的供销社、政府的粮棉收购站等组织不是按照商品经济原则组织的。这就要求我们对原有的供销社、粮棉收购站进行根本的改造，同时大力进行市场组织建设，培育各级贸易中心。再如，现在农村有一部分人迅速富了起来，收入差距拉得很大。政府为对收入差距进行调节，建立了个人收入调节税制度。但由于缺乏健全的会计制度、许多农户不做账等原因，征税部门很难了解农村个体户的实际年收入，个人调节税的征收碰到了困难。而要健全会计制度，一个比较可行的办法是在农村建立会计事务所，向社会提供会计服务。否则，即使我们制定了各种政策和法规，社会还是不能有效地调节收入分配。

吴敬琏： 要解决乡镇企业和私营企业、个体企业的行贿开后门等问题，除了采取消除双轨制等措施外，恐怕还需要建立严格的会计财务制度，并由审计机构对其进行审计监督。除了国家审计机构外，还应建立各种社会审计事务所，为各种企业提供服务，对它们实行监督。其他如提供信息咨询、法律服务等服务的组织机构也要从现在抓起，逐步建立和完善。各种商业组织、社会服务的中间组织的建立发展，需要花费较长的时间，但如果我们不从现在就开始着手进行，那么农村商品经济就不可能大发展。

刘吉瑞： 还有，为了保持农业发展的后劲，实现传统农业向现代农业的转变，要求我们建立一个农业科学技术研究、试验、推广的体制。如果说联产承包制后农业产量短期骤增，主要是由于农民增加了劳动投入所致，那么，今后农产量的增长，则要依靠科技的进步了。这几年，人们把"富起来"的希望完全寄托在经商上，这固然有符合潮流的一面，但也应看到，农业科学技术的研究试验推广被忽视、被削弱了。1988年以来，政策允许科研人员创收，号召科技人员甚至从事基础研究的去承包乡镇企业。这样做或许可能给乡镇企业的科技人员本身都带来一些好处，但无助于健全发展现有的农业科研体制，不能从整体上、从根本上促使科技与生产结合，将科学技术转化为生产力。农作物新品种的培育、病虫害和防治的研究、农业气象的预报、农业机械的研制、农业科学技术知识的普及等，都需要长期不懈的努力，需要从体制上保证经费、设备、人员的来源。根据我国目前的具体情况，一方面，政府预算应增加农业科研试验推广方面的经费，使各级研究机构有足够的财力支持科研并提高农业科技人员的待遇，同时政策上应允许农业科技人员在为农民服务的过程中富起来。否则，就会出现农业科研人员不愿在乡村艰苦的条件下工作、流向大城市的情况。

吴敬琏： 不能把科学技术同生产的结合简单地、狭窄地理解为科研人员去承包乡镇企业或其他生产、经营项目。农业生产是一种与动植物的生命过程相联系的产业活动，对科学技术的要求是相当高的。生物的生命活动远比物体位置变化的机械运动复杂，也比单纯的化学变化复杂，现代农业跟高深的生物学、植物学、农艺学等科学相联系。像生物工程、遗传基因研究等，都是现代科学的尖端。世界上农业比较发达的国家，都十分重视发展农业科学技术，从基础理论研究，到开发研究，再到应用推广，都有比较完整的体系。一般认为美国在现代化过程中，农业和工业互相促进，实现了良性循环。再进一步观察，就可发现美国从建国一开始，就十分重视农业科技的研究、试验和推广工作。1785年美国第一个土地法令，将各个城镇的土地划为36等分，其中一分专为公立学校保留。1862年美国国会通过的《莫里尔法案》（Morrill Land–Grant Act），也就是"土地赠送院校法案"，规定每州拨出土地支持农学院和工艺学院的建立。在这个法令下，各州都建立农业高等学校或农学院，后者将农业科学试验和技术推广集于一身，成为各州推动农业发展的中心。我的母校——南京金陵大学由于培养了一大批中国的农业科学家而闻名于世。它的姐妹学校——美国的康奈尔大学，是一个很奇特的学校，即它是一所私立大学，但它最有钱的一个学院——农学院却是公立的，按法律规定得到政府的财政拨款和土地。美国以各州的农学院为基础，形成了比较完整、合理的科研、试验、推广体系，从而保证了美国农业的长期发展。在现代，科学技术对农业发展的作用更大了。第二次世界大战后，许多发展中国家开始了影响甚大的"绿色革命"，开展了最初孕育、肇始于小麦和水稻双杂交方法的研究和推广。我国科学家袁隆平培育的杂交水稻，也给农民带来了极大的利益。这种杂交方法，不是由经验产生，而是来源于理论发展和实验室研究。在"文化大革命"中，一位主管农业的副总理曾经说，他认为双杂交玉米每年要换种，纯粹是资本家为骗钱想出来的点子，不值得推广。这就是一个由于缺乏现代科学知识闹出来的笑话。古人说，"人无远虑，必有近忧"，要从根本上改变我国农业发展的被动局面，避免年年头痛医头、脚痛医脚，在我看来，必须重视建立和健全农业科研体制。即使多花些钱也是值得的，这才叫把钱花在该花处，把好钢用在刀刃上。

第十二讲　改革时期的发展方针

刘吉瑞： 改革策略选择的一个重要方面，就是怎样正确处理改革与
发展的关系。一般说来，从长期看，改革与发展是不矛盾
的。改革要发展社会生产力，后者是改革的目标和判别改
革成败的标志；而在改革过程中保持经济增长发展的势头，
能给居民带来一定的利益，推动改革的深入。但从短期看，
在现实的社会生活中，改革与发展又存在一定的矛盾。短
期内特别是改革初期或决战时期经济"过热"，可能延缓和
阻滞改革。在这个问题上，我国经济学界争议最大的恐怕
莫过于改革要不要一个宽松的环境这样一个命题。协调改
革派主张改革需要良好的或宽松的经济环境，坚持宽松环
境论。另外一些同志则反对这一观点，主张国民经济在比
较紧的即膨胀性的宏观经济环境中进行改革。目前，我国
的通货膨胀从爬行式转变为奔腾式，从一位数上升到两位
数，经济增长的速度甚至超过 1985 年的超高速增长时期，
国民经济似乎又回到了 1984 年底和 1985 年初宏观失控的
状态。于是，改革环境的问题再次显得十分突出。

吴敬琏： 从 1984 年以来，我曾经反复思考过经济环境的问题，得到
的结论是，我们原来的主张还是正确的。一些性急的改革

者，往往把这看作对改革的态度问题。照他们的说法，创造宽松的环境无异于消极等待，而不是积极地推进改革。其实这是一种误解，甚至是曲解。为改革迈出决定性的步子创造相对宽松的经济环境，本身就是一种推进改革的积极态度。理论分析和国际经验（包括我们自己的经验）都表明，市场取向的改革要取得成功，一定要采取措施，努力保持总量平衡，使总供给和总需求的缺口不致过大，两者的关系不过分紧张。显然，改革能使资源配置的效率提高，经济环境得以改善，但在新体制的基本框架尚未建立、改革的效益尚未充分体现出来以前，传统体制遗留下来的总需求大于总供给的缺口，一时不能通过增加供给的办法来弥补，而只能通过控制总需求来平衡。总需求大于总供给，以及总供给短期内难以增长的客观状况，决定了在市场化改革时，有可能引起物价较大幅度的上涨；而要使物价上涨不超越社会可以承受的范围，关键在于我们在推出改革之际，能够保证总需求不至于过分超过总供给。抑制总需求的增长难免会给短期增长带来影响，但这是改革必须付出的代价。

在创造改革所需的宽松经济环境这一点上，东欧一些国家曾有过许多经验教训。突出的例子就是波兰 1973 年的改革。1973 年波兰是在经济增长较快的情况下进行改革的，但当时国民经济发展中潜伏着一个重大的危险，就是波兰的 1971—1975 年度五年计划是在农业大丰收的情况下制定的，过于雄心勃勃。按计划，基本建设投资增长很快，居民的消费水平也提高得非常快。在整个计划期间，国民生产总值每年以 10% 以上的速度增长，总需求增长的势头更猛，大大超过总供给。在这样的背景下，1973 年推出全面改革时，很快就引发了物价的全面上涨。当时波兰的经济学家提出意见，要求在改革大步进行的时候对总需求有所控制约束。可是波兰政府没有采纳这个意见，相反却认为在改革大步进行时经济的飞速发展是推动改革深入的条件，因而 1974 年速度反而加快。这样到 1975 年，改革就很难继续向前推进了。其他一些国家也有过类似的经历。当环境比较宽松的时候，改革就进行得比较顺利，而在环境很紧、总需求超过总供给比较大的情况下，改革措施就很难出台。

在我国，1984 年党的十二届三中全会通过了《中共中央关于经济体制改革的决定》，本来改革面临一个很好的政治环境，可是当时没有注意加强对总需求的宏观控制、为改革措施的出台创造良好的经济环境，导致了 1984 年冬季开始的通货膨胀，这使城市改革预定的许多重要步子迈不出去。1985 年，我们接受了这个教训，在党的全国代表会议通过的"七五计划建议"的四条指导思想中，第一、二条都着重说明了要为改革创造相对宽松的环境，按文件的语言就是创造"良好的环境"。所谓"良好的环境"，文件作了说明，就是总需求和总供给的大致平衡。1986 年以后，情况又有变化，一些同志对宽松环境论提出了批评，当时的一种说法是，相对宽松的或良好的经济环境是改革的结果，而不是前提，我们只能也应该在一个偏紧的环境中进行改革。这种说法也写进了一些文件。但实际上，在很紧的经济环境中，配套改革很难迈出步子。1986 年以来，改革只能在某一个方面进行，如进行企业承包，给企业更多的自主权或更多的利益等。在以价格改革为重点的配套改革方面，在市场形成方面就没有取得实质性的进展。所以，配套改革是不可能在一个很紧的环境中进行的。

刘吉瑞：您提到的这些问题，都是中国经济学界争论多年而莫衷一是的。为了搞清它们，我觉得首先需要澄清一些概念。首先，需要明确我们所说的改革，其内涵究竟是什么？零敲碎打、放权让利的改革同市场取向的配套改革或协调改革对环境的要求是不同的。如果说后者必须要有一个宽松的环境，那么前者对这样的环境的要求就低得多。事实上，紧的环境与放权让利是互为因果的。要放权让利，宏观上就要放松对总需求的控制，实行宽松的财政政策和货币政策；而放权让利的措施，又必然使得总需求大大地膨胀起来。第二，什么是宽松的环境？不同的人对这个问题的认识有所不同。我发现您和刘国光同志都是主张改革要有宽松的环境的，但似乎对宽松环境的解释也存在差别。

吴敬琏：从根本上说，我和刘国光同志的意见是一致的。市场机制要有效地运行并发挥协调国民经济的作用，需要有一个供给和需求平衡协调的市场。实践表明，供给略大于需求的买方市场，才会给生产者带来压力和动力，使其按照社会的需要不断提高产品质量，推出适合消费者需要的新产品。但我也看到，由于我们是在一个短缺经济中开始改革的，初期不可能出现一个长期稳定的买方市场。只要能够保证改革迈出决定性步子时总需求和总供给的缺口不是太大并趋向平衡，不致发生严重的通货膨胀，就可以算达到了我们对环境的要求。如果关键性的改革步子迈出去时没有发生大的问题，那么新的经济机制就能逐渐发挥作用，保证总供给与总需求的协调。由于市场机制一方面造成了硬的财务约束，另一方面又能调整生产的结构，改善供给，所以市场机制的作用能促使总供给和总需求的进一步协调。刘国光同志可能比较强调需要有一个有限的买方市场，似乎把市场机制正常运行的条件和改革迈出大步所要求的条件这两个方面等同了，或者说，在他的论著中，似乎不那么强调这两个方面的不同点。

刘吉瑞： 这样看来，协调改革派也认为稳定的宽松环境只有在改革成功后才能创造出来，他们同另一派争议的焦点只在于要不要、能不能在短期内为配套改革措施的出台及其成功创造一个相对宽松的环境。主张改革只能在比较紧的环境里进行而不能在宽松的环境里进行的经济学家，通常有三个代表性的论点。其一，认为我国经济已经进入了高速增长的阶段，能够在改革和发展两方面同时突破，因此没有必要加强对总需求的控制、用适度紧缩来创造一个宽松的环境。其二，认为社会主义经济本身就是短缺经济，在整个社会主义初级阶段国民经济都只能紧运行，所以，即使创造宽松的环境为改革所必需，也不可能创造出这样的环境。其三，认为即使能创造出这种宽松的环境，却要以牺牲若干个百分点的增长率、数百亿元的国民生产总值为代价，因而得不偿失。概括起来，第一种观点认为创造宽松的环境没必要，第二种观点认为创造宽松的环境不可能，第三种观点则认为创造宽松的环境不可取。

吴敬琏：这三个论点都有问题。前面已经讨论过我国经济是否已经进入了像日本战后出现的高速增长阶段的问题，得出的结论是，目前的高速增长主要靠增加投入实现，而战后日本和东亚工业化地区的增长奇迹主要是靠提高资源配置效益和使用效益实现的，因而我国尚未进入高效率高速度的集约增长阶段，短期内很难在改革和增长两方面同时突破。这里需要强调指出，否认宽松环境必要性的论点，是跟商品经济市场运行的原理相违背的。各个学派关于市场经济的理论无不认为，只有在货币和价格稳定的情况下，价格信号即比价关系的信号才能正确反映企业的决策活动。在物价总水平上涨时，比价信号淹没在物价总水平变动的噪声之中，企业的决策者在作出生产决策和投资决策、短期决策和长期决策时，很难判断比价关系的变动状况，并据此决定生产什么，以什么样的规模生产，也很难判断向哪里投资。所以，如果说命令经济可以用行政手段控制，不需要一个总供给和总需求协调的环境，那么对于市场经济来说，就必须有一个稳定的环境，否则市场经济难以运行。从我们大家都有体验的、看得见摸得着的情况来说，在供不应求时，企业就不会去努力提高经营管理水平和改进产品质量，因为在这种情况下，卖方处于垄断地位，存在一种"皇帝女儿不愁嫁"和粗制滥造、不顾成本扩大产量的行为倾向。所以说，既要发展商品经济又不需要有一个稳定的市场和货币体系的观点，是违反经济生活的逻辑和经济学的基本原理的。第二种观点认为在整个社会主义初级阶段都不可能出现总供给和总需求协调的宽松环境，这也是站不住脚的。无论是社会主义宏观经济学和增长理论的创始人米哈乌·卡莱茨基（Michal Kalecki，1899—1970）还是以研究短缺经济闻名于世的匈牙利经济学家科尔奈，都把造成短缺的最主要原因归结为制度条件而非生产力水平。在传统的行政社会主义条件下，即使经济发展进入了较高的阶段，也必然是总需求大于总供给的短缺经济。而中国改革后出现的日用消费品的供给迅速改善、短缺程度明显降低的迹象，却预示了在社会主义市场经济新体制下，即使经济发展水平较低，仍处于初级阶段，也能使总供给和总需求大致平衡协调，甚至出现供给略大于需求的局面。断言整个社会主义初级阶段国民经济只能"紧运行"、不可能解决短缺问题，无异于宣布在整个初级阶段都不可能形成市场经济，初级阶段注定了只能采取传统的行政社会主义的僵化模式。至于第三种观点，我在1987年《经济研究》第2期发表的《关于改革战略选择的若干思考》中已有所评论。这涉及一个基本的价值判断，即我们要追求的是近期的粗放式高速增长，还是牺牲一些当前的增长速度，换取一个有管理的市场经济新体制以及建立在此基础上的持续稳定的集约式增长，特别是当短期与长期、改革与增长存在矛盾时，如何权衡选择。有的经济学家认为，供给略大于需求的买方市场经济，只能使每年的增长速度达到4%—5%，而需求大于供给的经济，却能使每年的增长率达到7%—8%，因而供给略大于需求不见得优越，并不可取。而对经济学界的多数同志来说，高质量高效率的4%—5%

增长比 7%—8% 甚至百分之十几的粗放增长更可取，却是很浅显的道理。当改革的中长期目标与当前的增长发生矛盾时，必须把改革放在首位，短期利益服从长期利益。在我们看来，以通货膨胀、放慢改革速度为代价来保持当前较高的增长速度，则是绝对不可取的。

刘吉瑞：还有一些同志之所以不太赞成治理环境，是出于这样的担忧，即在市场自动调节的机制还没有形成时，为了创造相对宽松的环境，只能采用行政办法控制总需求，使总需求与总供给强制平衡；而为创造宽松环境所采取的这些行政措施，很难取消，自动地走向市场机制。

吴敬琏：这个问题与你上面讲的是有关联的。长期稳定的宽松环境只能由有宏观经济管理的市场机制来创造、来维持。但是，有宏观经济管理的市场机制本身的建立，又需要一个宽松的环境。所以，事情的辩证法可能就是这样：当你还没有一个能够实际运行的市场机制的时候，你只能先利用行政手段为建立市场机制创造一个相对宽松的环境；有了这个环境，你就可以建立市场机制；而有了市场机制以后，这个宽松的环境就能长期稳定地存在。这似乎与列宁所说的用非共产主义的手来建立共产主义有些类似，当然这是一个不完全等同的比喻。反过来，如果你不愿动用行政手段控制总需求、创造为建立市场机制所必需的宽松环境，希冀用市场机制来建立宽松环境，而市场机制又不能在很不宽松的环境中形成，那么就永远不可能出现市场机制，永远不能出现宽松环境。结果，环境很不宽松，通货膨胀变成持续性的，势必要采取更为严厉的行政手段来抑制总需求。因此，与其被动地采取行政手段控制局势，还不如根据改革的总体规划设计，主动地治理经济环境，然后及时推出前后协调、左右配套的市场取向的改革措施。

刘吉瑞： 在整个经济改革时期都存在改革与发展的配合问题。现在看来，社会主义国家的体制转轨比第二次世界大战后西德、日本实行统制经济向市场经济转轨所花的时间要长。如果从 1979 年算起，我国建立市场经济体制的基本框架至少需要 15 年以上的时间。而在确立市场经济体制基本框架后，正像一台新机器投入运行后总有个调试和磨合的过程一样，还需要一段时间使新体制逐步调整、完善。这样，从向旧体制发起冲击到新体制正常运行，需要 20 年左右的时间。在这样一个相对长的时期内，经济发展不能停顿，也就是说，体制改革不能在"停机修配"的状态下进行。而要发展经济，客观上总要实行一种发展的模式，贯彻执行相应的发展政策。我国经济学界通常把体制模式和发展模式的转换看作经济改革的两个不可分割的方面，经济改革的目标是实行体制和发展模式的双重转换。

吴敬琏： 关于改革时期发展模式与体制模式的关系，我觉得大致是这样的：社会主义国家的改革最初源于公开的或潜在的社会危机，为了缓和改革发动时面临的各种经济社会矛盾，首先必须在发展模式方面作些调整，如改变挤压消费、强制高积累和片面发展重工业、忽视轻工业和农业的发展方针，采取提高居民消费水平、优先发展轻工业和农业的一些政策。发展政策、战略乃至模式的转变势必要求改变行政配置资源的传统体制，使生产单位面向市场经营。而市场取向的改革进一步要求放弃政府强制积累、粗放增长的封闭型发展模式，用持续稳定、高效率高质量的增长支持改革。但是，发展模式的彻底转变又只有在市场取向改革取得实质性进展以后才能实现。譬如，当前不少经济学家都主张我国特别是沿海地区应该实行出口导向的发展形式，这无疑有一定的道理，但这种发展形式对体制条件有相当严格的要求，即要求实行一种与世界市场大致同构的经济体制。如果不对传统的封闭型体制进行根本改造，出口主导型的经济增长势难实现。简而言之，在当前的变革时期，改革的发动和深入要求发展政策、发展战略先作调整配合，而新的发展模式的定型，却有赖于市场取向改革的成功。

刘吉瑞：发展模式无非是各种发展政策、方针的有机组合及其抽象。在整个改革时期，如果缺乏一套完整、系统的发展政策和方针来与改革配合，或者说执行了一套不那么正确甚至错误的发展方针，在改革和发展两方面都会碰到许多麻烦。我不想在这里评价改革以来政府的工作，政府提交人民代表大会的工作报告多次对此作了总结，老百姓心中也有其衡量的标准。作为一个对经济发展问题兴趣甚浓的研究者，我只想指出，据个人观察，改革以来中国在经济发展政策上存在许多前后不一致、彼此矛盾的状况，缺乏一个系统、稳定的方针，与改革措施的配合也不尽得当，总的感觉是有点"乱"。在十一届三中全会确定的思想路线和经济政策原则的指导下，针对我国的具体国情，1981年初步形成了改革时期经济发展的一整套设想，也就是该年年底全国人民代表大会批准的"今后经济建设的十条方针"。方针规定在今后的经济建设中，要切实改变长期以来在"左"的思想指导下实行的老办法，真正从本国实际出发，围绕提高经济效益即优化资源配置的中心，走出一条速度比较实在、经济效益比较好、人民可以得到更多实惠的新路子。根据"十条方针"，传统的高速增长战略要向改革时期稳定成长的经济发展战略转变：放弃总产值高速增长的目标，把满足居民需要作为主要目标；改变重工业单项突出的战略，保持国民经济各部门协调发展，把重点放在农业、能源、交通运输、科技、教育上；变外延扩大再生产为主的粗放增长为内涵扩大再生产为主的集约增长；从闭关自守转向对外开放，积极参与国际分工，按比较利益原理配置资源；等等。现在看来，十条建设方针只要经过适当补充和具体化，是可以成为与市场取向改革相配合的经济发展指导方针的。但是，稳定成长的十条建设方针的贯彻，在实践中遇到不少阻力，特别是在不到一年后立即受到了"国民生产总值提前翻番"的高速增长战略的冲击。"提前翻番"的冲击波直接导致 1984 年底到 1985 年的超高速增长和宏观失控。1985 年党的全国代表会议提出的"七五计划建议"重申了改革时期国民经济稳定成长的方针，但 1987 年底以来经济又出现了"过热"现象。总之，改革以来特别是城市经济体制改革全面展开以来，宏观经济指导方针似乎在稳定成长和高速增长两种思路之间徘徊。除了体制原因外，这种徘徊恐怕是现阶段影响我国经济"忽冷忽热"的最重要的因素。

吴敬琏：与在改革方面存在通过放权让利，造成非规范的行政分级管理体制和通过配套改革，建立现代市场经济新体制两种思路的争论相联系，在改革时期的发展方针上，也存在高速增长战略和稳定成长战略的分歧。前一种思路既已认定改革的目标是扩大地方和生产单位的权力，主要策略是中央向下级行政组织"放权松绑"，那么在实施过程中，就需要实行扩张性的财政政策和货币政策，不去严格控制财政、信用赤字和对外债务，否则，减免税收、提供优惠贷款、增发工资和奖金等扩大地方和企业自主权的措施就无法贯彻。而要使放权让利得以继续，财政能不断拿出钱来保持对企业和职工生产经营的刺激性，反过来又要求把经济的增长速度维持在较高的水平上。另外，由于放权让利后形成的体制并未根本改变资源配置和决策协调的方式，效率不可能得到迅速提高，要体现新体制的优越性，也有必要实施高速增长战略。而根据后一种思路，则不仅配套改革措施出台前需要一个宽松的经济环境，而且改革过程本身就是一种从数量增长转变为质量增长的过程，不需要把高速增长作为经济发展的主要目标。新体制与传统体制的根本区别在于资源配置方式的不同。当市场代替行政成为资源的基本配置者以后，经济增长速度不一定比原来高，甚至可能低一些，但第一，这种增长速度是持续稳定的而不是大起大落的；第二，这种增长速度主要源于资源配置效益的改善和科技进步，而不是靠物质投入的大幅度增长；第三，这种持续稳定的增长能给居民带来更多的福利和实惠。从后一种思路出发，主张市场取向改革的经济学家大都主张废止工农业总产值这个考核指标，在改革时期实行稳定增长的发展方针。在苏联最近的改革中，戈尔巴乔夫一方面要大步推进改革，另一方面提出了一个高速增长战略。戈氏的这一做法，受到苏联国内外许多经济学家的批评，他们认为高速增长战略是与市场取向改革的目标相矛盾的。就我国而言，虽然 1984 年以前发展有计划的商品经济的目标模式尚未完全确立，市场取向改革的原则也没有像现在这样明确，但可以说，经济学界在 1980 年前后对社会主义生产目的和发展战略的研究是取得了不少成果的，那时已经初步形成了关于改革时期发展方针的一些重要思想。你所说的"今后经济建设的十条方针"，反映了那个时期经济学界多数同志的共同认识。至于改革时期经济发展的指导方针出现摇摆和反复的原因，我想首先是选择放权让利策略的必然结果；其次是经济建设急于求成，片面追求工农业总产值高速度的传统思维方式的影响；另外，这与凯恩斯主义在我国的误用有关。西方经济学说介绍到我国来，这本来是一件好事。现代经济学关于市场机理的理论，对我们有一定的参照、借鉴意义。但不管本国的具体国情生搬硬套，或因对现代西方经济学缺乏完整、系统的理解而任意取舍，都可能对我国经济理论的健康发展和经济政策的制定产生不良影响。一些同志把 50 年代曾经在西方流行的"通货膨胀有利于经济发展"的神话奉为至宝，把凯恩斯针对西方有效需求不足提出的扩张性财政、货币政策到处套用，从而给传统的高速增长战略披上了一层薄薄的新的理论外衣，危害是不小的。

刘吉瑞：我国这几年的宏观经济政策，确实带有凯恩斯扩张主义宏观经济政策的印记。实际上，凯恩斯通过财政赤字、印刷货币和创造信用等方法来发展生产的主张，只适合有效需求不足、总供给大于总需求、劳动力资源和机器设备都有闲置的经济条件。这样的条件在大多数发展中国家一般是不具备的，在我国也是如此。一方面，我国存在大量的剩余劳动力，动员这些劳动力投入社会生产，自然能增加供给；但另一方面，却缺乏必要的闲置机器设备和资源，因此，这些劳动力只能从事修路、挖渠等活动，而不能同生产资料有效地结合在一起进行工业生产。这同凯恩斯所说的其他资源都过剩，只要打开货币龙头、政府扩大财政开支、居民提高消费水平，失业工人和闲置资本就能投入生产性使用的状况是大相径庭的。在总需求大于总供给的情况下，用刺激总需求的办法来扩大生产，只能使缺口越来越大，宏观经济失控。据参加 1985 年巴山轮会议的同志说，当代凯恩斯主义的大师、美国经济学家詹姆斯·托宾，在他弄清了中国的经济条件不同于西方这一点后，也反对在中国利用通货膨胀的方法来刺激生产，针对 1984—1985 年宏观失控的情况，他建议实行全面紧缩，执行紧的财政、货币、收入政策。

吴敬琏： 且不说凯恩斯主义和货币主义的争论谁是谁非，也不讨论凯恩斯主义者在六七十年代后观点的变化，以及他们在近几年的取长补短和互相趋同，就算凯恩斯主义在第二次世界大战前后的实践是完全正确的，对我们国家来说，也还有一个条件问题，凯恩斯有效需求不足的假设不符合中国的条件，他在这个假设基础上提出的政策主张就不能在中国实施。目前的中国，一是发展中国家，二是社会主义经济，三是处于改革措施要大规模出台的时期。在这种情况下，并不存在资源的全面丰盛，而处处是短线、瓶颈，如电力、原材料、农业、科学技术等方面，普遍存在供给不足。这时开动印钞机推动生产，可能在很短的时期内通过吃老本会带来表面上的繁荣，从长远看，得到的只能是一个名义上相当高的粗放增长，实际上，通货膨胀所带来的各种危害和痛苦，将远远超出短期增长的利益。

刘吉瑞：您前面提到的"通货膨胀有利于经济发展"的神话，在理论和实践两方面都被证明是没有根据的。根据发展经济学大师威廉·阿瑟·刘易斯（William A. Lewis，1915—1991）的分析，通货膨胀能否起到促进生产发展的作用，要看它是否有利于积累和投资。所谓有利于积累和投资，实际上是指通过通货膨胀的收入再分配，使利益发生有利于储蓄、投资阶层的倾斜。反过来说，通货膨胀能否促使投资增长，取决于非投资阶层对通货膨胀利益再分配的承受能力。如果他们默默地忍受了通货膨胀，没有要求增加工资和奖金，那么，通货膨胀就会把这一阶层的部分收入转移到投资阶层，从而使投资者得到更多的利益，促使其储蓄投资，这样也许最终对经济发展有好处。但在我们国家目前的条件下，如果靠挤压工人、农民和知识分子阶层的收入进行积累，看来很困难。一搞通货膨胀，大家就叫，尽管政府控制工资的上涨，但"上有政策，下有对策"，下面通过多发奖金、分实物等方式进行补偿，更消极的则是纷纷从银行提取存款抢购物资。1988 年年初以来已发生了多次抢购风潮。当居民采取了各种自我保护的措施以后，通货膨胀的结果就再也不能使收入分配有利于投资者阶层了。另外，即使通货膨胀使利益向储蓄投资者倾斜，但由于此时利率由正变负、价格信号更加扭曲，一方面势必降低居民储蓄意愿，另一方面必然导致投资结构扭曲，生产性投资纷纷转向投机性行业，做一夜发快财的投机生意。所谓"现在干什么都没劲，只有做生意才来劲"恐怕就是指的这种状况。不少发展经济学家对通货膨胀与经济增长的关系还进行了统计检验，发现通货膨胀与经济增长负相关，即从长期看，通货膨胀率高的国家经济增长率反而低，而通货膨胀率低的国家经济增长率则比较高。发展经济学新近的研究成果，几乎都反对凯恩斯主义在发展中国家的滥用和误用，否定采取扩张性财政货币政策、用通货膨胀促使经济起飞的主张。曾经有少数经济学家认为巴西当初是靠通货膨胀取得经济奇迹的，但在两次石油危机特别是第二次石油危机的冲击下，这种靠通货膨胀支撑的缺乏坚实基础的增长顷刻化为乌有，巴西、墨西哥经济转入负增长和低增长，债台高筑，至今未能恢复元气。巴西的经验，也证实了通货膨胀对长期经济发展有百害而无一利。

吴敬琏： 经常为人们引用的通货膨胀能促使高增长的另一例证是南朝鲜。南朝鲜在 70 年代后期为了提高农产品的自给率、实行重化工业的进口替代和建立起一个强大的基础工业，用通货膨胀政策来促使出口导向到进口替代的转变。从短时期看，当时确实发展很快。但是南朝鲜的经济学家也指出了两点：一是当时作出这个决策的根据不足，对世界经济形势作了错误的判断，二是从长期看，这种政策导致了70年代末期南朝鲜的经济困难和社会动荡，以致后来统治集团内部发生火并，高通货膨胀增长的倡导者朴正熙本人则因此丧生。总之，无论对于改革还是发展来说，通货膨胀从根本上来说都是不利的。主张我国采取通货膨胀政策的人，实际上都不主张实施通过配套改革建立市场经济新体制的战略，而主张用高通货膨胀来支撑低效率的高增长速度，借助高速度获得足够的剩余资源和资金来放权让利。这样一种战略使得市场经济新体制迟迟不能建立起来并作为一个系统发挥调节国民经济的职能。而要维持这种无效率的高增长，必然要求进一步加剧通货膨胀，最终甚至形成工资—物价螺旋上升的恶性循环或停滞膨胀。当出现这样的局面时，经济的发展和改革的深化都成为不可能。我觉得，我们应该采取的战略是，先不追求高的增长速度，不追求人民生活水平过快地提高，也就是采取稳定成长的战略方针，集中力量支持改革，把经济关系理顺。而改革的深入和最终胜利，必然能促使经济发展转向高效率高增长的轨道，这样，经济发展就进入良性循环。采取稳定成长与配套改革相结合的战略，开始时增长速度并不很快，但归根到底我国经济社会现代化的进程将大大加快。

刘吉瑞：在我国国民经济发展的研究中，前段时间经济学界曾有所谓总量分析和结构分析之争。我觉得无论是从经济生活的实际状况，还是从理论的内在逻辑看，总量分析和结构分析虽然各有侧重，却是互相补充、互不矛盾的。我国经济目前既有总需求大于总供给的总量失衡问题，又有国民经济各部门七长八短的结构偏畸问题。理论上不作总量分析，政策上不进行总量控制，就不能对症下药，根治总需求膨胀及通货膨胀；而对结构问题缺乏应有的重视，一是总量平衡难以实现并持续较长时期，二是这种强制的平衡并不一定能使资源配置优化。从学术角度看，结构分析要建立在总量分析的理论基础上，即使是为之倾倒的瓦西里·列昂季耶夫（Wassily Leontief，1906—1999）、霍利斯·钱纳里（Hollis B. Chenery，1918—1994）等"结构主义者"，亦信奉一般均衡理论，强调总供给和总需求的市场均衡，而宏观经济理论要对现实经济活动作出科学解释并具有指导作用，必然涉及结构问题。为适应结构分析的需要，一些经济学家在哈罗德－多马模型（Harrod-Domar Model）的基础上，建立了两部门或多部门模型，使总量分析与结构分析很好地结合起来。

吴敬琏： 在总量分析还是结构分析以及在两者的结合上，应该承认我国经济学界的学术水平与以阿罗（Kenneth Arrow）、德布鲁（Gerard Debreu）为代表的现代一般均衡论者，以克洛沃（R. W. Clower）、巴罗（Barro）、格罗斯曼（Grossman）、贝纳西（Jean P. Benassy）等为代表的非瓦尔拉斯均衡（Non-Walrasian Equilibrium）学派，钱纳里等结构主义者，与后凯恩斯宏观经济学家和增长理论家等相比，都还存在相当大的差距。至于在改革时期如何处理总量控制和结构调整的关系，我被一些同志视为"总需求膨胀论者"或"总需求控制派"。实际上，我并不认为我们经济中的问题仅仅是总需求膨胀，不过我觉得，"我国通货膨胀的原因究竟是总量问题还是结构问题"这个问题提得不正确。总量问题和结构问题并不是非此即彼、二者择一的。我认为，通货膨胀的直接原因是总量发生了问题，即总需求膨胀，而在它的背后，又存在一个结构问题，即资源配置结构不良，因而效率太低。至于说到对策，我也并不认为只要紧缩总量，就能解决一切问题。我说过，我的战略口号是"收紧货币，放开价格"，这就是说，紧缩是为了给大步改革创造一个良好环境。而只有大步推进改革，建立起能有效运行的新经济体制，才有可能改善资源的配置结构和提高运作效率。所以，我的主张一直是在总量控制的前提下调整结构。在总需求得不到有效控制、通货膨胀率是两位数的时候，调整结构或促进结构优化只能是一句空话，因而控制总需求是结构优化的前提。而在治理总需求膨胀时，应采取措施压缩长线，改善短线产品供给，使供给跟上来。

刘吉瑞：市场取向的大步改革的成功需要两个基本条件，一是总量得到有效控制，不致发生高的通货膨胀；二是结构得到迅速调整和优化。但改革和结构调整的整个关系却比较复杂。传统体制下，经济结构存在巨大的扭曲。在价格改革等措施出台以前，如果不先采用行政力量强行调整一下结构，那么，由于结构极不合理，价格放开后，市场供求会出现大规模的波动，利益关系也会大幅度倾斜，以放为主的改革可能收不到预期的效果。而在价格放开、市场信号理顺以前，我们只能大致上判断结构是否合理，并采取一些治标的措施，而不可能从根本上解决结构问题。因为如果比价关系是扭曲的，那么扭曲的价格每时每刻在引导、刺激着人们的各种经济行为，使结构越来越扭曲。由此可以说明为什么传统体制下出现短线越短、长线越长的现象。

吴敬琏：改善结构、优化资源配置，从根本上说自然有赖于有管理的市场体系的建立。用行政办法不可能从根本上解决结构问题。每种产品的供给和需求都处于变动不居的状态，需要市场每时每刻进行调整。行政干预总是强制、僵硬的，很难对需求变动作出灵活反应。但如果结构扭曲严重，价格放开前有两个阶段可采取初步的调整结构措施。第一是在治理环境的阶段，在采用行政、经济手段压缩总需求时，可以增加对短线部门的投资，至于对长线部门或产品，对规模结构、技术结构都不合理的企业，可实行关停并转。第二就是在价格先调后放、调整价格的阶段，可以通过行政硬性的定价，保证结构向优化的方向转变。如果在上述两个阶段结构得到初步调整，当价格放开后，就可以以市场机制为基础，加上宏观经济的供给管理即发展战略和产业政策的指导，把产业结构、产品结构、企业组织结构都调整好，最终实现资源的优化配置。

刘吉瑞：改革以来，从总体上说我国的经济结构在向资源配置优化的方向发展，传统体制下长期得不到解决的一些结构矛盾，有的已经解决，有的趋于缓和：农业的多种经营得到发展，改变了原来结构单一的现象；长期被忽视的城市第三产业，发展的速度比较快；轻重工业的比例也趋于协调；如此等等。这些都反映了发展战略转变和体制改革对结构优化的积极意义。

但是，也应该看到，我国目前结构偏畸扭曲的现象依然十分严重，尤其是 1984 年的超高速增长，改革策略选择中的行政性分权倾向，1987 年以来的高通货膨胀等原因，使某些产业结构和产品结构趋于恶化。第一，加工工业越来越膨胀，基础工业和原材料工业相对落后。第二，作为战略重点的能源、交通、农业、科技、教育，在相当长的一段时间内重点不够突出。如实行承包责任制后，政府对农业的投资一度减少，而科技、教育的发展，则由于"脑体倒挂"的问题长期得不到解决，而后又让下面各自创收而受到影响。不少专家学者已经指出，长此以往，科技教育必将元气大伤，最终导致我国经济的长期发展缺乏后劲。第三，地区结构不合理的状况更加严重。传统体制下，生产力地区布局的扭曲主要表现在按主观意志来确定投资重点、实行地区间的分工。如过去领导人出于备战考虑搞的"三线"建设，从经济角度看，投入多产出少、效益极其低下。据一些专家估计，如果不是把这些企业建在内地的山沟沟里而是建在沿海，如果不是生产军品而是生产民品，那么我国的社会主义现代化建设至少能加快三五年。但传统体制也有一个优点，至少在 1970 年以前，投资和生产布局是从全国一盘棋的原则出发的，中央计划人员相对注重保持全国平衡、防止重复建设等问题。改革以来，由于地方经济权力急剧扩大，中央又没有根据产业政策采取强有力的经济手段加以调节控制，不仅原来的加工省继续大上盈利高的加工工业项目，而且原有的资源省也在积极发展各种加工工业。另外，加工省由于原材料缺乏，在发展自己的原材料工业。结果几乎在每一个省每一个地区，都能发现从劳动密集的简单加工工业到资本技术密集的新兴加工工业无所不有的大体雷同的工业拼盘。一会儿是电视机、洗衣机热，一会儿是易拉罐、啤酒热，不上都不上，要上一块上，争项目、争投资、争外汇、争原料、争外贸特许权，烟叶大战、蚕茧大战、羊毛大战此起彼伏，你告我的状，我拆你的台，结果，合理的地区分工消失了，比较利益的实惠和好处也消失了。在一片吵吵嚷嚷声中，各自似乎得到了什么，但又什么也没有得到。第四，与小而全、大而全的地方全能主义相联系，我国经济发展中企业规模结构趋于恶化，存在严重的规模不经济。据统计，到1985年底，全国共引进116条电冰箱生产线、108条洗衣机生产线和113条彩电生产线。不仅重复引进，浪费外汇，而且分散生产，没有一家达到最佳规模的。拿彩电来说，据说我国这么多厂家生产的彩电总数还不及南朝鲜三星集团一家。在重化工业方面也是如此。照例像我国这样的大国，又实行计划经济，极有条件实行重化工业的规模经济，但事实却与此相反。按照国际技术标准，一个综合性钢铁冶炼企业的年产量应达800万吨，才能获得规模效益。我国建立的冶金企业，几乎没有达到这一要求的。即使最近几年，年产几十万吨、上百万吨的炼钢厂仍然不断上马。结构畸变和扭曲的最终结果是资源配置效益的下降。据一项经济计量分析，改革以来资源配置效益没有明显改善，它对经济增长的贡献反而有所减少。

吴敬琏：你所说的问题确实存在。那么如何改变经济结构恶化的现象呢？我认为，既要采用行政手段积极主动地调整结构，也要加快改革的步伐，让市场机制在调整、优化结构中发挥更大的作用。

对加快基础设施的建设，使基础设施部门和直接生产部门保持适当的比例，政府负有不可推卸的责任，一定要集中足够的财力搞好基础设施建设，改善投资环境和生活服务。在这方面，现在采用的"人民城市人民建"一类办法，表面上看起来轰轰烈烈，实际上政府不以这样或那样的形式掏口袋还是办不成事。另外，这种办法流弊甚多，容易导致乱摊派的歪风。如普及义务教育，政府就得通过财政渠道，集中必要的资金强行实施，不能指望通过学校向社会伸手的方法来解决问题。这是因为从根本上说，基础设施部门是投资非盈利部门，私人缺乏投资意愿，政府干预和参与必不可少。

加工工业膨胀、原材料工业落后的问题，经济学界和经济界人士都反复研究过，我看在价格大致理顺以前很难从根本上得以解决，只能像上面所说的进行一些调整。但对新兴工业如耐用消费品加工工业，特别是技术和设备都要从国外引进的加工工业，政府是可以加以规划指导和进行控制的。其实只要我们稍加重视，加强管理，完全可以避免出现目前这样举世罕见、耗资巨大的重复引进现象。

至于规模经济问题，健全的市场机制通过优胜劣汰，能促使企业大批量生产，实现规模经济。但由市场决定企业的最佳规模，需要一个比较长的过程。对后起的发展中国家来说，不需要重复这一最佳规模的自然选择过程，而可参照其他国家的经验，根据本国国情和有关的经济、技术数据确定本国某些重要行业的企业规模。如在重化工业中，可以制定一些政策和条例，规定某类企业必须达到某种生产规模，基建投资项目不符合这些标准就不能立项。譬如，乙烯装置的生产规模应年产 30 万吨以上，轿车厂的生产规模应年产 30 万辆以上，钢铁冶炼企业年产量应达 500 万吨以上，如此等等。

企业规模的行业管理应该成为产业政策的重要部分。地区结构恶化是与采取地方分权的行政性分权改革策略相联系的，因此正如我们在讨论改革的策略选择时指出的，只有改变行政性分权的基本格局，通过经济性分权建立有宏观管理的市场经济新体制，才能按照各地区的比较利益实行地区分工，使资源的空间配置优化。而在为大步改革治理环境、创造条件的阶段，中央则可将有些过于分散的权力收回来，对工业生产力的空间布局进行调整。

刘吉瑞：改革时期稳定成长的经济发展方针，应包括产业政策的内容，用后者对部门结构、地区结构、规模结构等进行调节。我的想法是，现阶段产业政策宜粗不宜细，但一旦确定了大的方向、主要措施以后，一定要贯彻下去，不能虎头蛇尾。宜粗不宜细的理由有两条：第一，在价格参数扭曲的情况下，很难确定最优的经济结构，用模拟价格或"决策价格"来确定最优结构，毕竟带有人为的性质，很难算得很准确，因而产业政策制定时只得粗一些；第二，即使能够制定出较细的产业政策，实施起来也很困难，缺乏有效的手段。希冀依靠市场机制来实现产业政策，我们目前的市场条件还达不到；而要用行政手段，太细的产业政策只能通过全面加强行政控制才能实施，而这又在一定程度上与进一步的改革相矛盾。因此，我国现阶段的产业政策应旨在校正最为严重的结构扭曲问题，使经济结构趋于合理和协调，而不可能一下子使经济结构处于最优状态。

吴敬琏：对我国现阶段来说，我想产业政策最主要的任务有这样几条：一，确定经济发展的主导部门。每一个国家在不同的发展阶段，总存在推动经济发展的几个主导产业。我国现阶段经济发展的主导产业是什么？恐怕产业政策对此要作明确规定。二，用政策克服国民经济发展的最大瓶颈。对制约经济发展的瓶颈，这几年大家议论较多。采取什么样的经济政策来克服瓶颈，使短线变长，这也是产业政策要回答的。第三，纠正和校正最大的扭曲。在改革还没有到位的情况下，经济发展中存在多种扭曲和畸变。我们不可能尽快地校正所有扭曲，但可以采取措施，针对给国民经济造成较大危害的各种结构扭曲和畸变对症下药。如果我们在这三方面能有所成就，那么产业政策就能大大缓和国民经济发展中的结构矛盾，增加供给，促使资源配置优化。

刘吉瑞：除了改革与增长、改革与结构调整的关系外，改革时期需要处理好的第三个战略关系，就是改革与对外开放的关系。传统体制下的经济发展，采取了闭关锁国、对外封锁的形式。世界经济的发展趋势和我国经济发展的内在规律，都要求我们跳出这种封闭型的经济模式，实行对外开放。市场经济体制必然是一种开放型的体制。因此，对外开放与市场化改革的方向是一致的。但另一方面，在改革过程中，特别是在经济效益提高不甚明显、宏观管理能力还很弱的情况下，对外开放的速度过快，引进外资和技术设备过多，也会导致消化不良、引进效益差、外债急剧增长乃至酿成国际债务危机等问题。所以从短期看，对外开放与改革也可能发生矛盾。

吴敬琏：改革与开放是天然结合在一起的。改革的目的是改变命令经济或自然经济的格局，发挥市场机制调配资源的职能；开放则是把国内市场与国际市场接通，使一国的国民经济成为世界经济的有机组成部分。正像古典经济学家早就论证的，开放的程度越高，越能够发挥每个国家的比较优势，把自己的长线资源转化为商品和劳务出口，换回本国所缺少的资源，从而使各国在积极参加国际分工、扩大国际经济交易的过程中不同程度地得到好处。但对外开放要取得成功，有一个基本的前提条件，就是国内市场的形成和有管理的市场经济的发展，即有一个比较健全的国内市场和具有创新、竞争能力的企业家阶层，有一个能够按商品经济发展的要求进行宏观管理的政府。在具备了这样一个条件以后，对外开放才能全面展开。从资本流入看，在国内市场没有形成、投资环境没有根本改善的情况下，很难对外国投资有吸引力。同时，从对外贸易看，只有建立了较好的经济体制，才能利用国际分工，带来各种各样的好处。否则，一味地扩大进出口、引进外资，可能导致国际债务危机，造成国民收入外流。国家信息中心和人民银行的一些研究人员分别建立了中国经济的两缺口模型，认为在现有条件不变的情况下，进一步扩大和增加我国经济对国际贸易的依存度，不仅不会提高国民生产总值、提高增长速度，而且会对国民生产总值的增长带来负效应。原因是改革还没有理顺国内的基本经济关系，经济结构偏畸扭曲，不该出口的产品出口了，该出口的却出不去，不该进口的产品进口了，该进口的却没进口，这样就不可能发挥本国的资源优势，享受扩大国际贸易的比较利益。一个突出的例子就是1987年为了创汇不顾一切地扩大棉纺织品的原材料和初级产品即棉纱、坯布的出口，使得国内好几个老的工业基地因缺乏原材料和半成品而开工不足，生产能力闲置，损失了一部分国民收入。这几年不少产品都存在出口过多的问题。我没有仔细研究过他们的模型，也不想论证其结论是否正确，只是想借此强调一下，对外开放是有条件的，不能一哄而起搞运动。

刘吉瑞：这告诉我们，对外开放是一个渐进的过程，开放程度的高低不是人为决定的，而是取决于许多客观因素，其中之一就是市场取向改革的进度。社会主义各国在改革初期，一般把封闭型发展还是开放型发展看作一种发展战略的选择，但人们进一步的研究表明，所谓进口替代和出口导向、内向战略和外向战略，从根本上说是一个体制问题。开放有开放的体制，封闭有封闭的体制。行政配置资源的传统体制得不到根本改造，就不可能实行从封闭经济向开放经济的转变。对于转变体制、开放市场来说，其本身则有内在的逻辑性。一般只有先理顺国内市场的价格，才有可能再理顺国际市场价格即本币的外汇价格或外汇的本币价格。在国内市场价格还未理顺的情况下，要实行贸易、汇率自由化几乎是不可能的，而汇率的自由化受阻，进行国际大循环就缺乏一个灵活反映国际市场供求和资源稀缺性的价格信号，大循环也难以真正实现。因此，如果我们真要扩大经济的开放程度，扩大出口，增加进口，那么在现阶段就得脚踏实地地进行工作，加快体制改革的步伐。

吴敬琏： 发展对外经济关系时值得注意的第二个问题，就是我们的优势不仅是廉价劳动力。比较低廉的劳动力固然是我们的一个优势，甚至是绝对优势，但光利用绝对优势还不够，在我们并不占有绝对优势的方面，根据比较优势理论我们也可以有所作为。我们不能单纯生产劳动密集型产品，大家都搞"三来一补"（来料加工、来样加工、来件装配和补偿贸易）。珠江三角洲有上百万的劳动力，通过"三来一补"得到了利用，人们的收入因此提高，对发展当地经济起了积极的作用。但从整体看，"三来一补"创造的附加值很低，能够取得的收入很少，而且进一步发展的机会也很有限。

那么为什么"三来一补"最繁荣、发展最快呢？我想一是同国内乡镇企业的技术水平、管理能力比较适应，简单易行，二是沿海地区出口企业国内原材料供应跟不上，只能搞来料加工。但"三来一补"只是发展外向型经济的初级形式，要使经济腾飞，我们还得开发附加值比较高的产品出口，即使在这些产品上我国没有绝对优势而只有相对优势。第三，外向发展的主力军应该是谁？这个问题需要研究。我国农村有大量的剩余劳动力，无疑需要通过乡镇企业的外向发展来加以利用。目前我国的乡镇企业一般能生产中国台湾地区、南朝鲜60年代经济起飞时生产的产品。

但现在时间过了 20 多年，从整体上说，世界市场对产品质量的要求大大提高，劳动密集技术越来越受到新技术的挑战，在若干领域，劳动力成本低廉的优势被技术进步所抵消，因此，完全或主要靠乡镇企业的劳动密集型产品扩大出口，增加中国产品在世界市场上的份额，变得越来越困难。另一方面，我们有许多资本技术密集程度较高的国有企业，有些企业如"三线"企业的生产能力闲置或得不到充分发挥。如果经过统筹规划，将"三线"企业和乡镇企业结合起来，组织它们共同进行出口生产，那么不仅国有企业闲置的生产能力能得到利用，乡镇企业如虎添翼，而且能改变出口产品结构和品质，大大提高我国产品的国际竞争能力。而要使国有企业在国内同乡镇企业联合，在国际市场上与外国企业展开竞争，又碰到了一个老问题，即加快城乡配套的改革，尽快形成较健全的国内统一市场。国有企业与乡镇企业不同，它要成为进行出口生产的主力军，必须以国内统一市场和竞争性市场体制为依托。

刘吉瑞：在体制没有大改、比价关系没理顺或国内统一市场未形成的情况下，在某种鼓励出口政策的刺激下，或许短期内出口能够有所增长，但这很难长期持续。关键在于经济体制本身存在着一种歧视出口的机制，这种机制的功能完全可以抵消出口补贴和奖励等各项非制度性的政策优惠措施。譬如，大多数发展中国家在汇率自由化以前，汇率是人为扭曲的，一般情况下都是本币高估。本币高估具有鼓励进口、抑制出口的作用。我国目前的情况就是这样，官方汇率中本币的外汇价格大大高于均衡汇率，多进口外国产品，在国内一转手，就能赚大钱，而产品卖给外国人，赚到的钱比卖给国内时要少。在汇率不能反映本币和外币的市场比价时，采用各种各样的出口补贴和优惠措施，很可能越搞越复杂，越搞越乱，而最终又难以刺激出口。

另外，从进口和引进这方面看，除了前面讨论过的重复引进、浪费外汇和国内资源的问题外，确实也有一个资金技术引进如何与我国经济的管理水平相适应的问题。如引进设备和技术，引进什么、采取什么样的方式、怎样做才能以一定数量的外汇收到最大的效益等，都需要认真研究。发展经济学家已经总结出一套从发达国家引进技术的行之有效的做法，我们应该参照。譬如，他们认为，穷国从发达国家引进技术，不必进口最先进的设备和尖端技术，而要把重点放在引进适用技术上。在引进的程序选择上，最好引进技术专利，购买适用技术，如果对方非要你购买设备的话，如本国有一定的技术基础，那么就不必进口整套设备，可购买本国不能生产的关键设备。购买整套设备，进行交钥匙的一揽子交易是退而求其次的做法。最后，才是购买本国不能生产而又迫切需要的散装件、原材料和最终产品。这样的技术引进和用汇次序，意在使有限而又宝贵的外汇用在刀刃上，使其发挥最大效益。

对照之下，我们这几年的用汇程序正好倒了过来。首先进口的是最终产品，包括洋烟、洋酒和可乐等，然后是散装件和原材料，再其次是生产装配线，真正用于技术转让的外汇极其有限。这样做，创汇再多也没用，手头外汇越多，浪费也越大。对外开放中出现的这种失误同用有限的外汇支持高速度的粗放增长的指导思想有关，也与我们落后低下的管理水平有关。在某些方面，则与少数人的奴性有关。这么多的洋烟、洋酒进口，对我们这个民族的现代化有什么好处，为什么不能来一次"禁洋烟运动"？当然，对外开放中更大的潜在危险可能在于借外债引进外资过多，搞得不好就有可能酿成国际债务危机。发展中国家普遍出现的债务危机说明了这一点。我国现在这个问题不是很严重，但也应引起足够的重视，防止出现外债的宏观失控。对发展中国家来说，开放经济的宏观管理，是目前面临的一个国际难题。

吴敬琏： 这几年我国的外债增长很快，你说的防止外债总量失控的问题值得重视。应该说，如果外汇使用的效益很好，那么借外债、利用外国资金来发展本国经济，不失为一个行之有效的发展战略。如果引进的程序是正确的，引进的东西是国内急需的和适用的，并且能很快地投入生产，效益也不错，那么只要管理能跟上，引进外资就越多越好。因为引进的技术先进，产品适用对路，就能扩大生产、增加出口，出口收入增加后，还债就不成问题。但若引进的效益不好，那么久而久之，利滚利、债滚债，就会引发债务危机。这里效益是关键。而要使我们的进出口贸易和其他对外经济活动提高效益，就得对目前的外贸、外汇制度进行较为彻底的改革。可是在国内基本经济关系未理顺前，外贸、外汇制度的改革很难迈出大的步伐。为了迅速增加进出口、扩大对外经济活动的规模，外贸实行了承包制，各省向中央承包，地市再向省承包，然后承包指标层层分解，直到落实到企业。外贸承包制的效果如何？在我看来，这种一对一谈判、层层承包的体制，与对外经济活动的规范管理、沟通国内市场与国际市场的联系是相矛盾的，因而即使短期内能扩大出口，但其必然导致的在国内互相抬价抢购、在国外彼此压价倾销等弊端，将抵消承包所具有的一些优点。根据以往的经验，外贸承包制如果持续太久，外贸、外汇体制市场化改革的措施不能尽快出台，那么经过一段时间后，外贸还有可能回到中央统管的道路上来。

刘吉瑞：由于前段时间提出要搞国际大循环，并且让沿海地区先干起来，沿海地区和内地的矛盾一下子尖锐起来了。看来，对外开放中正确处理地区之间的关系，对改革和开放来说都十分重要。

吴敬琏：本来对外开放能发挥我国的比较优势，促进和推动整个国民经济的发展。但在国内市场不统一、地区之间封锁和割据相当严重的情况下，通商口岸也就是沿海地区的率先开放，可能不是起到带动内地经济发展的作用，相反却对内地经济的发展产生负效应。在国内的市场统一时，沿海的开放实际上使国民经济作为整体同国际市场相联系，这样就能发挥国民经济的整体优势。而如果国内市场分崩离析，各地互相封锁、多头对外，沿海的外循环与内地的内循环互不关联并且彼此矛盾，沿海和内地都不可能按比较优势配置生产力，因而这时沿海的率先开放就不一定能收到良好的效果。国内现在有一种理论，主张实现"光谱式的对外开放"，即越靠近沿海开放度越大，政策优惠越多，越是内地开放度越低，政策优惠越少。我觉得这样做无助于国内统一市场的形成，甚至有可能使地区间矛盾激化，引起社会政治问题，因而是不利于改革和开放的。

刘吉瑞：这个问题表面上属于发展对外经济关系的范围，实际上涉及能否形成国内统一市场、在战略上如何处理地区之间关系。我国各地的经济客观上存在发展不平衡，但这种不平衡并不排斥形成规则统一的、充满竞争的国内市场。各地改革、开放的政策投入大体一致，是各地区公平竞争的基础和前提。如果根据不同的发展程度"吃政策偏饭"，越靠近沿海越优惠，那么地区差别将越拉越大，而各地如实行不同的体制，则国内统一市场势难形成。这是问题的一个方面。其次，在已经存在地区差别的情况下，如何看待这种差别，近期内要不要再人为地扩大差别，这是一个十分严肃的问题。"三线"建设时期，在内地搞了许多无效投资，前几年强调投资效益，因沿海地区投资效益较好，把投资重点转向东部，这是一个明智的选择，西部地区的群众也能理解接受。他们知道随着改革的深入，在近期内国家再也不会像"三线"建设时那样在西部大规模投资了。这些地区渴望和盼望的，是中央在考虑改革和开放时，不要对他们有所歧视。他们希望本地区改革、开放的步子快一些，以改革开放促进发展，改变经济落后的面貌。而如果按照您刚才提到的"光谱理论"，沿海既是投资的重点，又是改革、开放的先行地区，那么内地的群众就会有被抛弃、遗忘的感觉。客观上，实行这种光谱式战略也不利于资源的合理配置。因为靠特殊优惠的刺激并不能形成市场经济新体制，也不能从根本上提高效益。我们固然不能因迁就内地群众的要求而在内地先实施改革、开放措施，让他们享受"先改革效应"，但也不能作倒过来的安排。市场经济要求的是一视同仁、公平竞争而不是三等九级、有所亲疏。我认为从形成国内统一市场和各地经济扬长避短，按比较优势配置资源的要求看，实行光谱式的改革、开放都不符合我国当前的国情。

吴敬琏：所以我们如果真要扩大对外开放，更大规模地参与国际分工，发挥本国的比较优势，就要把主要的精力集中在加快改革、建立竞争性的国内统一市场上。国内市场各种经济参数的理顺、竞争机制的形成，为外贸、外汇体制的改革创造了必要的条件。而对外贸易和汇率一旦实现自由化，国内市场和国际市场正式接通，外向型发展就能顺畅进行。在这个时候，尽管沿海和内地在经济发展上可能还会存在这样那样的差别和各种不平衡，但这种差别和不平衡不是人为决定的，而是社会分工和市场公平竞争的结果。这时的沿海地区，由于地理条件的优越性，就能作为对外开放的前沿阵地，发挥其带动内地经济发展的作用。

附 录
经济体制中期（1988—1995年）改革规划纲要 [①]

当代中国的主要课题，是在保证社会协调的同时，使目前仍然相当落后的经济得到充分的发展。以改革总揽全局，归根结底是为了解放受僵化的旧体制束缚的生产力。所以，无论是总结以往改革的经验，还是设计今后改革的规划，都必须着眼于中国的长期稳定发展。这就要求首先弄清它作为一个发展中的人口大国所面临的发展任务，由此决定改革的目标和基本战略。

我们的中期（1988—1995年）改革规划的基本思路和实施纲要就是以此为依据提出的。

一、中期改革的指导思想

1. 中国面临的发展任务要求加快市场取向的改革

1.1　现代社会是信息化的社会。要使现代生产得以发展，必须保证大量信息的迅速传输和处理。传统的集中计划体制使供需双方

[①] 1987年，国家体制改革委员会委托分属不同"学派"的一批专家学者，研究1988—1995年经济体制改革的中期规划。本纲要是以吴敬琏、周小川为首的课题组于1988年5月提交给国家体改委的研究报告。

悬隔，大大增加了信息传输成本和信息失真的可能，同时也提供了官僚主义滋生的土壤。为了使信息结构适应现代生产的需要，降低信息费用，就要采用已被各国经济发展证明为有效的市场体系下的分散决策体制。这样，才能解决资源配置优化和各生产单位的经营自主权这两个对于提高经济效率具有决定意义的问题。这也就决定了社会主义各国对传统体制进行的改革，几乎无例外地要以市场为导向。

1.2　只有城乡改革协调推进，才能形成工农、城乡经济发展互相促进的格局。我国经济体制改革首先从农村突破，有着深刻的历史、政治和经济原因。解决10亿人口吃饭这样一个头等重要的问题，使人们在农村改革问题上较快地取得了比较一致的认识；当时农村经济发展水平较低，只要实行初步市场化甚至半市场化，就能解决很大的问题，这也使农村改革比较容易取得实质性的进展。城市改革已提出多年，但由于它是在初步解决了温饱以后展开的，所以迫切性不易明显地被人们所认识；加上城市经济要比农村经济复杂得多，产业之间和经济单位之间的联系更加紧密和复杂，特别是社会化程度高的大产业，必须有较为健全的市场体系和宏观经济管理，才能有效运转。但在建立这样的体系方面，又存在着思想认识和实际推行上的巨大障碍；这就使得城市改革进展缓慢，在国民经济的先进的骨干部门，新体制始终没有占据主导地位。城市改革滞后，使我国经济出现了一般发展中国家所没有的"二元倒错"现象，即在生产力比较落后的部门有着市场化程度较高的生产关系，相反在那些生产力比较先进的现代产业部门，却受到传统体制的严重束缚。这种由于城乡改革发展不平衡造成的不正常状况是不能长期维持下去的。这是因为，在农村改革初期，我们先行提高了主要农产品的价格，此后又放开了部分农副产品的价格，这是十分必要的；但是，由此引起的工业部门的成本上升，必须通过国民经济总体效益的提高来加以吸收。否则，农产品价格上涨必然传导到工业产品价格，工农产品轮番涨价的势头就难以遏制。从根本上说，"二元经济"的现代化最终必须由现代产业部门带动。从国际经验看，如果说在工业化初期各国都有一个依靠农业的"原始积累"时期的话，由于农业的支撑能力是有限的，不要多久，就需要更多地依靠工业的内部积累来推进工业化和吸收农业因土地报酬递减而产生的诸种效应。如果这时工业仍不够强大或运转不良，整个国民经济就会陷入被动局面。由此可见，我国的城市改革必须大步推进，否则会拖现代化的后腿。

1.3 任何一个国家的现代化都不可能在与世界隔绝的状态下实现，而必须实行对外开放，只有这样，才能发挥比较优势，享受后发性利益，实现有效益的增长。而要做到这一点，又必须在经济运行机制方面与外部世界耦合。具体说来，就是通过改革建立与外部世界大致相同的价格形成机制和比价关系，以及合乎国际通行规范的经济法规和财政税收制度等。应该将外贸体制的改革看作整个经济体制改革的一个有机的组成部分。对外开放有助于国内价格体系的改造，有助于加快市场立法的进程，并能增强推行国内经济体制改革的压力和动力。它既推动着整个经济体制改革的进程，又受到其他方面改革进度的制约。外贸体制长期滞后不行，但想单项突破，也是不现实的。

1.4 在我们周围不少国家和地区的经济正在迅速发展，整个世界经济也孕育着90年代的新突破。在这种情况下，怎样以最小的代价换取我国经济改革的最快成功的问题变得日益突出了。新技术革命给世界经济发展注入了新的动力和压力。这也意味着市场取向改革的重要性和迫切性。更好地适应新技术革命，赶上世界发展的潮流，应是我国经济体制改革的出发点，也应是各项改革措施的归宿。这几年由于城市改革的迟滞，能够有效运转的市场经济体制始终未能建立起来，使我国与发达国家乃至某些发展中国家的差距事实上正在拉大。而且，由于目前在低效率状态下维持高增长以及为推进改革所必须付出的代价，有一部分将推迟到90年代初期偿还。那时，人口老龄化、还债高峰期到来等问题将陆续出现。因此时不我待。必须争取在这以前实现经济体制的基本转轨，才不致陷于被动。我们必须正视这个严峻的事实。世界经济的发展不允许我们在建立有计划的商品经济体制，即有宏观管理的市场经济体制的过程中，重复原始市场经济早期的混乱；也不允许我们采取试试碰碰的办法在双重体制的严重摩擦下作长久的摸索。值得庆幸的是，许多在实现市场取向和现代化方面走在我们前头的国家和地区，为我们提供了可资借鉴的经验和教训。我们必须站在现代化的高度，依据发展商品经济和实行市场调节的一般规律和共同经验，制定和选择适合中国国情的改革战略和方法，用不太长的时间，在一个较高的起点上建立起有发展战略和产业政策引导的社会主义市场经济秩序。

2. 改革战略的选择

2.1　商品货币关系和市场体制的发育健全，特别是商业文化和企业素质的发育健全，具有长期性的特点，这就决定了我国新经济体制的建立和完善不可能一蹴而就，我们不能急躁冒进。但是，人是要天天吃饭的，人们赖以生存的物质产品不可一日或缺，国民经济这部大机器也不能停机检修，任何一个经济体系都必须时刻保持协调运转的状态。所以，经济社会制度的变革，即从一种经济体制向另一种经济体制的转轨，又往往具有非连续性和跃迁的性质。因此，我们固然不应企求一切环节上的改革在一个早上统统实现，却应当争取在尽量短的时间内实现经济体系的基础转轨，即把新经济机制的主要支柱树立起来，使它能够开始运转并发挥出体制整体功能，由此造成一种改革促发展、发展促改革的良性循环和不可逆转的形势，然后在这种初步配套的基础上作进一步的改进。在改革过程中打几场决定性的战役是不可避免的，而战役的时机选择具有关键意义。改革的黄金时期一旦错失，也许付出十倍的代价也未必能够取得原来可以取得的结果。

2.2 要以建立有宏观管理的市场经济体系为目标，进行配套改革。在改革之初，简政放权、减税让利和强化物质刺激等措施，对冲破旧体制的束缚，调动群众的积极性，促进货币经济的复苏和发展，起了巨大的历史作用。但是，单纯地减税让利和强化物质刺激，并不足以形成一套能够有效地配置资源、实现决策协调的经济机制，而没有这样一套机制，任何经济体制都不可能持续、稳定、协调地运转。同时，在缺乏健全的市场体系和统一的竞争规则的情况下，"苦乐不均"和分配不公的问题必然加剧，而各社会集团、各单位和个人势必相互攀比，争夺优惠，从而形成轮番调整利益分配关系和总需求不断膨胀、宏观经济管理当局穷于应付的局面，其中甚至孕育着导致社会不安定的种子。因此，应当及时把改革的重点转到理顺基本经济关系方面来，坚持1985年党在全国代表会议通过的《中共中央关于制定国民经济和社会发展第七个五年计划的建议》中关于在企业、市场、宏观管理体系三个互相联系的方面进行配套改革的方针，在打破原有体制的同时，尽快形成市场协调以及市场约束和激励机制。

2.3 要始终将激发国有大中型企业的活力、解除对它们的各种有害束缚的工作放在首位。国有大中型企业是我国国民经济的骨干，是现代化的火车头。近年来，我国的小企业大量涌现，极富生气，与此形成鲜明对照的是，国有大中型企业缺乏活力，特别是那些在国民经济结构调整中需要改变生产方向和营运方式的单位，例如"三线企业"，处境相当困难。其中虽然有一部分是客观因素造成的，但也确实存在着理论认识和具体改革措施方面的不足。今后国有大中型企业的改革应该以两方面的措施为重点：第一，明确政府经济调节权、全民所有权同公司法人财产控制权（经营权）之间的关系，实行两个"两权分离"，即：①政府对于国民经济的管理权与全民对公有财产的所有权的分离；②所有权与财产的实际控制权（经营权）的分离。从发达国家的成功经验看，适合于现代化大生产的企业组织形式是股份制公司以及与之相对应的股票流通市场，它应成为国有大中型企业所有制改革的基本途径和财产组织的基本形式。我们现在就应采取实际步骤，通过经济管理机构与公共财产所有权代表机构的分设和股份公司法的确立，实现社会经济管理（包括调节）权、全民所有权和企业经营权的分离。第二，建立市场体系。只有在确立市场体系，企业只从属于竞争的权威的条件下，才能说企业被赋予了最基本的自主权——进出市场和自主定价的权力，也才使企业能够摆脱行政干预，成为真正独立的法人组织。在没有起码的商品市场和要素市场，没有这些市场上的平等竞争的条件下，国有大中型企业的经理和厂长不得不用大量的精力从事拉关系、走后门和进行永无休止的对上谈判。他们经营成果的大小，在很大程度上取决于他们通过这类活动所取得的优惠条件，而不取决于本身的经营努力。只有把市场体系初步建立起来，这些大中型企业的骨干作用方可得到发挥，它们的经理和厂长的经营才能有用武之地，企业的经济效益的提高才能与国民经济整体效益的提高协调并进。

2.4 建立没有地区和部门封锁的统一国内市场，是商品经济发展的前提。市场的范围宽广，地区间的贸易摩擦愈小，生产要素愈能顺利而且合理地流动，各种稀缺资源就愈能在广大范围内通过分工和交换作有效的配置，各个地区也愈能发挥自己资源禀赋的比较优势，得到更快的发展。目前有一种广泛流行的看法，以为在我国各地区经济发展不平衡、资源分布差别很大的条件下，只有让各地区运用地方政府的行政力量来保护本地企业，才能迅速发展本地区的经济。其实从现代经济科学的观点看来，这是一种基于自然经济观的错觉。经验证明，在社会化的经济中，正是统一的市场而且只有统一的市场，才能帮助各个地区根据正确的价格信号来判别和发挥自己的比较优势，并促进要素的合理流动，从而实现全社会经济效益的最大化和各地区的共同发展。某些东欧社会主义国家改革的经验证明，采取行政性分权战略所造成的"多中心国家主义"和市场割据状态，不但没有促进落后地区的发展，相反既损害了国民经济整体效益，又使地区贫富差距扩大，以致酿成社会动乱和政治危机。有鉴于此，必须克服近年来由行政性分权造成的地区保护主义倾向，坚决维护国内市场的统一性，并使统一市场得到进一步的发展。我们改革的目标，应是建立起有高度权威的中央政府的宏观调节和市场经济相结合的模式，各级地方政府作为政权体系的组成部分和各地区事务的自治当局，在这一模式中拥有在不妨碍市场统一性的条件下管理本地区经济，促进本地区经济发展的广泛功能。我们应当以分税制为手段，明确中央和地方的财权和事权，实现两者功能的分化和政企分离：各级地方政府及其附属机构不宜拥有货币供应量、需求总量、国际收支平衡和全国性税收的调节权，不宜将自己的财政用于生产性、盈利性企业的投资，地方政府主要的经济功能，应是通过规划指导、改善基础设施，提供优质服务来促进本地区经济的发展。

2.5 从全面改革开始的时候起，我们在宏观经济问题上，就一直存在三种可能的选择：第一，在货币供应放松的条件下，用加强对价格的行政管制的办法制止物价上涨；第二，在不改变扩张性的货币政策的情况下积极进行价格改革；第三，适当控制货币供应量，然后有步骤地推行价格改革。现在事情已经越来越清楚，采取第一种方法，"放开货币，管住价格"，无论对于发展还是对于改革都十分不利。这样做，既妨碍改革的推进，又无法制止价格的上涨。而在物价总水平上升的条件下，管住部分重要产品的价格，又只能使比价关系进一步扭曲，从而导致资源的配置效益下降。在矛盾暴露出来之前，人们往往满足于较高的增长速度，不能及时作出政策调整，就更加重了尔后治理的困难。在多数人认识到价格改革既不能绕过也不能拖延以后，作出第二种选择，既放开价格又不管住货币的可能性会增大。但是，这是一种成功可能性很小的选择。因为在需求膨胀和待实现购买力大量积累的情况下，对价格作较大调整和放开部分产品的价格，有可能引发严重的通货膨胀。南斯拉夫曾经几次在国际货币基金组织的要求下，放开了价格，但由于没有改变导致需求膨胀的体制（如市场割据，缺乏竞争机制，广泛建立了一种没有具体所有者的所有制——所谓"社会所有制"等）和没有采取反膨胀的宏观经济政策，结果都因物价暴涨超过了社会承受能力而不得不中止改革，重新冻结物价。事实证明，在价格管制难以维持时被迫放开价格，在价格上涨过快时又重新冻结物价，这种痉挛式的价格变动对经济的健康运行和资源的有效配置是最为有害的。许多国家有过这方面的教训，值得我们认真吸取。看来，虽然我们不大可能像原来有市场经济根底的联邦德国和日本等国那样，在一两年的时间内实现由统制经济到市场经济的转变，但它们曾经采取并行之有效的"管住货币，放开价格"的办法，是唯一可能获得成功的策略选择。

不过，由于错过了几次有利的时机，实施"管住货币，放开价格"的改革面临严峻的环境。因为经过几次反复，在我国，互相攀比的需求膨胀和地方和部门的行政性分权都已成为某种定式，积累起来的未实现购买力数额巨大，所以无论是"管住货币"还是"放开价格"都绝非易事，都要克服严重困难和冒相当大的风险。但是经验已经证明，建立起竞争性的市场体系是让新体制的整体功能得以发挥的基本条件。因此，价格改革的适时推出虽然艰险，舍此却别无他途，而且随着时间的流逝，困难和风险会越来越大。因此，用货币过量供应来支撑既有水分又乏效率的高速增长，显然是一种会导致严重后果的下策，对于已经启动的通货膨胀来说，其发展通常是不断加速的，不或早或迟地采取一次比较猛烈的刹车措施，而完全寄希望于"逐渐缓解"，在国际上也罕有先例。所以，此关早晚要过，迟过不如早过，长痛不如短痛，贵在当机立断。事实上，党和政府现在还是有掌握局势的力量的。只要领导上下大的决心，动员起全党和一切有志于改革之士的力量，①切实地把总需求与总供给的差额控制在一定范围内，②周密地安排价格改革的方法、步骤和范围，③搞好与其他方面改革的协同配合，我们完全有可能闯过难关，走上坦途。

2.6 改革既是社会主义制度的自我完善，又是一场从一种资源配置和决策协调方式到另一种原则不同的方式的深刻革命。这就决定了改革必然触及社会各个方面的利益关系和思想观念，但又不能震动过大；改革必然要破除原有的体制、规则、组织和秩序，但这个过程必须是有领导、有纪律地自上而下地进行。

第一，改革要考虑社会的承受能力，而承受能力的最重要的保证是有一个坚强的具有现代意识的政府作为改革的领导核心，特别是中央政府的权威地位是至关重要的。第二，改革需要配套进行，必须有事前的设计规划和事后的总结完善，不能设想可以在没有领导和组织的状况下，通过千百万群众各自的自发行动做到这一点。第三，改革需要一种精神，需要体现全国人民的统一意志，这同样需要政府对历史的潮流有清醒的认识和准确的把握，去动员、激励和引导全体人民投身改革事业。

在历史上，有些国家由于市场经济的发展受到了强大的政治压制而不得不采取自下而上的革命的方式，首先打破阻碍市场形成的政治硬壳，然后经过漫长的市场发育过程，形成较为发达的市场经济体系。可见通过自下而上的革命，也是能够形成较为发达的市场经济的。但是这样做旷日费时，需要几代人的努力，而且代价和牺牲很大，因而除非万不得已，不应选择这条道路。十一届三中全会以来，发展和改革已成为我国党和政府的各项工作的总纲，党中央和国务院以及相当一部分领导机关有很强的改革意识；经过这几年干部年轻化、专业化，各级领导多数具备了理解和进行改革的知识；在10多年的改革中，涌现了一批真心实意的改革者，他们在实践中积累了经验，增长了才干，发展了理论。我们应当充分运用这种条件，依靠党和政府这支有组织的政治力量，动员和组织广大群众投身改革，使我们能够以更小的代价、更高的效率到达我们的目的地。

3. 改革的有利条件

3.1　过去几十年经济上、政治上的多次折腾，使传统体制声誉扫地。现在的各级领导以及各方面的骨干力量，都曾经在由传统体制造成的灾难中生活过多年。尤其是 1958 年的狂热、三年困难时期的饥饿以及"文化大革命"十年动乱，人们都是身受其苦、记忆犹新的。因此，全党对改革传统体制抱有很大的决心，而且几乎从改革一开始就提出了市场取向改革的方向。"实践是检验真理的唯一标准"的大讨论和党的十三大提出的生产力标准，冲决了许多阻碍改革的意识形态障碍。可以说，与苏联、东欧的其他国家相比，我们在改革中的精神包袱是最轻的。

3.2　改革已经给经济生活注入了许多市场的因素，传统体制早已不是铁板一块。在占有绝对优势的公有制经济成分以外，已有大量的个体经济和具有一定规模的私营经济存在。尽管还保留相当数量的指令性计划调拨物资，但由市场供求决定流向的物资几乎遍及经济生活的每一个角落。在国有经济部门和其他经济成分中，已经涌现了一批具有竞争意识和进取精神的企业家，他们决心挣脱行政纵向从属的羁绊，在市场上大显身手。所有这些新的因素都将在今后的改革中起到酵母的作用。

3.3　当今世界尽管存在地区性冲突和不安定的因素，但要求缓和毕竟是形势的主流。这就为我国建设和改革创造了良好的国际环境。国际贸易和货币关系变动剧烈，也给我们扩大出口和利用国外资金带来了巨大的机会。亚太经济圈日益成为当今世界最具活力的地区。遍布全世界的海外华侨，有着强烈的民族认同感和高度的爱国热情，他们的财力、智力、信息和商业关系都是我们发展和改革可以借助的。

3.4 目前经济仍然保持着一定的增长势头。尽管经济的超高速增长也潜在着许多亟待解决的问题，但是尚未出现停滞，使我们有一定的时间和能力来实施通常需要付出相当成本的重大改革措施，因为在经济增长过程中，各方面的利益关系容易得到照顾，人民的生活可以有相应的提高，这样改革可以得到比较广泛的支持。

3.5 在经济体制改革全面展开之际，政治体制改革及时策应，保证了经济体制改革的顺利推进。特别是在经济体制改革过程中，有一个自由的学术讨论气氛是十分重要的。经济学家能够畅所欲言，各阶层间展开广泛的对话，可以保证经济体制改革少走弯路，减小损失。

4. 改革的不利条件

4.1 在进行经济体制改革而没有及时建立竞争性市场体系的社会主义国家里，几乎无一例外地发生了需求增长过猛、大大超过效率提高的问题，结果出现财政赤字和物价轮番上涨，给进一步改革造成困难。东欧一些国家在陷入这种困境后长期不能自拔。在我国，同类问题也已开始发生。1987 年以前，尽管国家财政收入占国民生产总值的比重从 1979 年的 27% 下降到 1986 年的 20%，但在扣除了物价因素以后，财政收入的绝对额还是逐年提高的。而 1987 年以后，扣除物价因素以后的国家财政收入是绝对下降的。同样，1987 年以前，绝大多数城乡居民的实际生活水平是逐年有不同程度的提高的，而 1987 年有 21% 的城镇居民因物价上涨超过收入的增加，实际生活水平下降。这一切都使得社会对改革的承受能力变得脆弱起来。与此同时，近几年一直存在的通货膨胀，从 1987 年开始也有加速的趋势，1988 年的通货膨胀率可能要超过 15%。这种情况如不改变，任何比较重大的改革措施都难以出台或难以达到预期的结果。

4.2 地方包干强化了原有的行政性分权倾向，这不但使原有的不合理的产业结构凝固化，还造成盲目建设，重复布点，加剧市场的封锁割据和对自己管辖的企业实行行政保护，阻碍资源在全国范围优化配置。由于各地方财政状况不同，对企业的政策各行其是，使企业间原有的机会不平等之外又增加了新的不平等因素。层层包干强化了政企职责不分，加剧了政府职能转变的困难。现在中央掌握的财力不足以支持正常的宏观经济管理和改善产业结构，这在一定程度上削弱了中央对改革全局的控制能力。而地区之间优惠不等、"苦乐不均"，也使某些全局性的改革难以顺利推行。

4.3 由于双重体制长期并存，行政约束已经大大削弱而市场约束又未建立，现行经济体制中漏洞很多，正常经济活动所必需的规则与秩序难以建立，而干部队伍和行政部门则受到严重侵蚀。加之在各种试验和试点中对不同地区和单位采取了有区别的政策，于是某些从钻现行体制空子和从特殊政策优惠获益者，往往倾向于反对强化平等竞争和建立统一市场规则的措施。尤其值得严密注意的是，价格及其他方面的双轨制，使某些人或自钻门路，"以权经商"，或与掌握分配低价物资、贷款和外汇的官员相勾结，通过倒卖商品、票证、额度、批条，从差价牟取暴利。在改革进一步深化危及这种人赖以获利的特权土壤时，他们将会采取"打着改革的旗帜反对改革"的策略，阻挠市场取向改革的进一步深入。而如果迷惑于他们的言论，本来最坚定地支持改革的基本群众——工人、农民、知识分子和机关干部就会对改革产生怀疑和不信任心理，使我们在这场伟大的社会变革中处于孤立无援的地位。

4.4 我国经济改革的一个重要弱点，是理论准备不足。由于我国长期存在的只相信亲身经验、轻视理论指导和国际经验吸收的倾向尚未根除，理论工作中根据"精神"而不是根据事实、以政治"批判"代替实事求是的讨论等不良倾向仍有相当影响。

5. 改革中应注意的几个问题

5.1　不追求过高的经济增长速度，不扩大总需求和总供给的缺口。尽管目前经济仍然保持着增长的势头，但是有种种迹象表明，正如有些经济学家在改革初期指出过的那样，国民经济比例失调和供求紧张的加剧，正使经济保持稳定增长和改革取得实质性进展变得越来越困难。因此，我们不但在实施中期规划的第一年要紧缩需求，稳定经济，适当放慢经济增长速度，而且要在整个规划期间始终将控制社会总需求作为保证中期改革取得胜利的头等重要的大事来抓。

5.2　一定要牢牢抓住农业、能源、原材料、交通邮电等国民经济的薄弱环节，缓解国民经济的"瓶颈"。农业是我国国民经济的基础，只要农业上去了，其他事情就比较好办了。1987年副食品供应紧张，价格剧烈上升，我们不仅要看到其中的周期性因素，更要重视其中的趋势性因素。对农业生产中的潜在问题，千万不可掉以轻心。第一，要尽早解决农产品价格不合理的问题，调整工农产品的比价关系；实行土地有偿转让制度，实现土地经营的规模经济；鼓励农民增加对农业的投资，加强农田基本建设，逐渐实现集约化经营。第二，对乡镇企业既要大力扶持，又要积极引导。在一整套合理政策引导下，做到不仅乡镇企业能吸引农民投资，而且农业本身也成为有吸引力的投资领域。

能源、原材料和交通邮电部门是耗资多、建设周期长的部门。现在投资的亏空将使得90年代的石油供应量、铁路公路运力、邮电服务能力严重短缺。煤炭在一定时期内尚可维持增产，但受运力限制，非产地用煤也会日趋困难。如果这些部门的供求缺口过大，大步配套改革和放开市场有可能由于在短时间内使短期均衡价格突升，从而引起经济的剧烈震荡。因此，应该利用财政拨款和政策性金融，努力增加这些供给弹性较小部门的投资，缩小供求差距。

5.3 任何时候不能放松科学和教育事业。国际经验和我们自己的经验都说明，人力资源开发对于国民经济稳定发展的重要性并不比固定资产投资为小，对于实现现代化，它同样是一种非常重要的积累方式。必须推行更规范的全民义务教育制度。发展中国家在基础教育（包括幼儿园和中小学教育）和基础科学研究方面的投资是长期稳定发展的必备基础。目前，教师和其他知识分子待遇偏低的问题，亟须妥善加以解决。采取鼓励知识分子从第二职业创造收入以"自救"的办法，产生了许多消极的后果。应该采取国际通行的办法，使知识分子既能提高效率，又能改善生活。我们必须清醒地看到，不管我们当前的改革取得了什么样的短期成果，如果我们耽误了一代甚至几代人的培养，削弱了今后技术进步的科研基础和技术后备，那么无论什么短期成果都会失去它最初的意义。

5.4 在继续破除平均主义的同时，绝不能进入一种违背商品经济效率原则的不公正分配状态。让一部分人先富起来，即让勤于劳动或善于经营的人得到较多收入的政策是完全正确的。但是，由于体制上和政策上的原因，例如由于价格体系的严重扭曲和"给特殊政策"办法的滥用，最近一个时期以来，在不同行业、不同地区、不同单位以至不同个人之间的收入分配上机会不均等或同工不同酬的分配不合理情况越来越严重。这种"分配不公"的现象，已经引起群众的强烈不满，严重损害广大劳动者的基本信念和劳动积极性，破坏了社会生产赖以维持的激励体系，成为影响社会安定和阻碍进一步改革的一个重要因素。今后在处理与初次分配有关的问题（如价格、间接税）和与再分配有关的问题（如福利待遇、所得税）时，都要考虑机会均等和分配的公正性；特别是要尽可能保持初次分配的合理性，并对再分配调节的局限性有清醒的认识。

5.5 要搞商品经济必须有一个纯洁的有战斗力的党组织和清廉公正的政府，去经常地、制度性地维护经济社会秩序。从传统体制到新体制的转轨过程中，双重体制并存产生了许多漏洞和金钱诱惑的机会，这对各级党组织和政府部门是一个严峻的考验。我们必须清醒地看到，没有一个有战斗力的党和为政清廉的政府，改革是不可能取得成功的。而目前行贿受贿相当普遍，而雇员不经本单位同意收取回扣，居然成为"通例"。这种情况，不能不使人触目惊心。在改革中保持党的纯洁和政府清廉，必须动员社会舆论，分清是非，造成对贪污和腐败行为"老鼠过街，人人喊打"的社会环境，还要建立必要的制衡制度和类似于香港的廉政公署那样的执法机关，毫不留情地打击各种贪污和腐败行为。同时，要改善公教人员的待遇，以便以俸养廉。公共事业、教育部门和政府机关工作人员待遇微薄，是与财政，特别是中央财政的实际收入占国民收入的比重下降和绝对值负增长、过分虚弱有关的。这种情况必须改变。应当提高财政收入在整个国民收入中所占比重，和中央财政收入在全部财政收入中所占比重，否则中央政府调控国民经济和实施改革措施的能力将日益削弱，甚至导致政府功能瘫痪。

5.6 加强法制建设，保障和推进改革。建立和完善法律体系，加强司法队伍的力量，提高司法人员的素质。现在最主要的问题已不仅是无法可依，而且是有法不依。增强干部和群众的法治观念，形成遵纪守法的社会风气，应该贯穿在改革的始终。

二、中期改革的实施步骤

6.第一阶段（0—1年）：稳中起步

此阶段工作的中心，是从各方面为下阶段改革迈出决定性的步子准备条件。为此，要采取有力措施控制总需求，同时相机调整经济结构，改善供给。改革的重点，则是加强市场经济的组织制度建设，调整不合理的利益关系，缓解经济生活中的突出矛盾。这个阶段出台的部分措施，如控制总需求的措施，可能较快见效；还有许多措施，则是短期效果不显著而又为体制转轨所必需的，因此也必须尽早起步。需要明确，其中某些工作是需要长时间才能完成的，从顺序的考虑出发，现在就应着手进行。

6.1 控制总需求和调整结构。总需求膨胀和两位数的物价上涨，对改革构成现实的威胁。因此，必须采取严厉的经济、法律和行政措施，控制需求，疏导货币，调整结构。

6.1.1 实行紧的货币政策和财政政策，严格控制总需求，把通货膨胀率控制在社会能够承受的范围以内。立即着手紧缩信贷、降低货币发行量。财政赤字不能再继续扩大，计划确定的赤字用发行债券弥补，不得向银行透支。

6.1.2 降低经济增长速度，压缩基建规模。采取坚决措施砍掉楼堂馆所和那些缺乏可行性、经济收益差的工程项目，对已经过于膨胀的某些加工工业，实行投资许可证的制度，或完全禁止新投资上马。对电力交通等建设项目以及其他短线基础工业，则要采取特殊政策，鼓励发展。

6.1.3 流动资金贷款应区别情况，体现结构政策，重点控制下述企业的贷款：①经济效益差的企业；②产成品积压太多的企业；

③投入库存过多的企业；④行政性公司；⑤技术落后、规模不经济的企业。

6.1.4 鉴于通货膨胀率上升，应立即提高存、贷款利息率，至少使真实利率为正；同时实行复利制。这样既有利于缓和贷款需求，又能防止居民提款抢购。对于政策性亏损和低利行业，实行财政贴息。

6.1.5 完全放开耐用消费品、高档烟酒等的价格，这些产品价格上涨带来的收入，少部分留给企业（但要控制使用方向），大部分通过间接税形式上交财政。

6.1.6 严格实施增收节支的整套措施，控制集团购买力，加强审计，查封各种小金库。严肃财经纪律，对违反纪律滥发钱物的单位，一经查明，从严处理。对承包企业的留利，也应控制使用方向，防止消费基金的猛增。承包后留利成倍增长的，显然是由于基数不当，应重新调整基数。

6.1.7 有计划、有控制地拍卖一部分国有小企业和国家房产。拍卖所得资金应全部上缴国库。要严防舞弊行为。作价不能太低，防止加剧分配不公和不法分子趁机发财。

6.1.8 健全进出口贸易的数量控制和许可证制度，经贸部与国务院关税税则委员会互相配合，坚决贯彻和体现国家的产业政策，防止资本品的大规模重复引进，禁止某些产品如高级化妆品、洋烟等的进口，提高外汇使用的国民经济整体效益。

6.2 政府管理体制改革。

6.2.1 无论从稳定经济还是从加快改革的要求看，计划体制都必须率先改革。这就是将原来只是分钱分物、进行实物管理的计划机构改变为能够负责制定和实施发展战略、产业政策以及财政、货币和收入分配政策的最高经济调节机构。该委员会确定国民经济活动的总规模和结构，协调各宏观调控部门的活动。省、市计委变成中央计委的派出机构，撤销县一级计委。如果我们不能在目前就着手这项工作，实行计委职能的转变，那么一旦按照原有计划体制、计划方法制订了"八五"计划，中期就不可能实行整个体制的转轨。另一方面，要控制需求，调整结构，计划系统的统一性也是非常重要的，否则重复布点、各自膨胀就难以制止。

6.2.2 各专业部转变职能，逐步使确定行业规划、实施行业协调、制定产业政策、提供信息和技术服务成为工作的重心。专业部可根据部门内产业分布情况在全国范围设立一些地区办公室或代表处（不以行政区划为依据）。地方工业厅局要相应改变为行业协会。

6.2.3 通讯、邮政、供电、铁路等基础设施部门，航天、核工业等高技术行业，目前仍属自然垄断部门。这些部门应改组为公司，实行政企分开。分离出的政府监督机构，根据社会目标和协调各方面的利润的原则，分别与公司签订经营契约。这些公司则独立经营，实行经济核算。

6.2.4 鉴于目前偷税漏税现象十分严重、地方政府又经常干预税务部门工作的事实，建议将税务部门从地方政府中分离出来，实行垂直领导。在实行分税制、分别建立国税系统和地方税系统以前，财政包干体制中中央税种的税务工作由统一的国税系统执行。同时，要大力充实税收队伍，建立专门的税务法庭，组建税务警察。

6.2.5 加强经济监督、信息和综合管理等部门，审计、海关、商检、工商行政管理等部门，应依照其工作性质，分别独立于行政机构之外，或实行垂直领导。为严肃必要的进出口数量控制和许可证管理，外贸行政管理部门也应实行垂直领导。

6.2.6　建设一支强有力的经济监督、经济司法队伍，乃是市场秩序得以维持，改革得以顺利进行的必要条件，这项工作贯穿体制改革的整个过程。目前应配合政府机构改革，从其他部门抽调大量干部，经过短期培训，充实税务、审计、海关、商检、工商行政管理等部门。这样既能克服精简机构后干部大量涌向行政性公司的弊端，又能解决监督管理部门人员严重不足的问题。同时，提拔财经、法律等有关专业毕业而又有实践经验的中青年担任负责干部，使这支队伍充满朝气。

6.2.7　建立管理国有资产的过渡机构，负责全部国有企业的清产核资、企业租赁和拍卖小企业的工作，实施部分国有大企业所有制改革试点和准备下一步公有制组织形式改组等各项工作。中央国有资产管理机构可以根据需要设立跨行政区的派出机构，也可以委托地方代管。将来公有制经济不再以国家持股为主，而以各种代表公众的法人持股为主，所以在机构设置时一定要考虑不为以后的改革设置障碍。

6.2.8　扩充和改造现在的国土局，成立统一管理全国土地的机构。在国土调查、国土规划的基础上，研究如何开放土地市场以及对之进行宏观管理，制定土地使用、交易和管理的政策条例。

6.2.9　成立公平交易委员会和反垄断机构，保护竞争性市场的完整和统一。这方面可参照市场经济国家许多行之有效的做法。

6.3　新一轮企业改革的起步。

6.3.1　在清产核资的基础上，分别根据无偿、部分有偿、全部有偿的原则，拿出一批国营大中型企业实行公有财产所有权的重新落实和组织股份公司。具体做法是：①组建一批既具有持股和资产管理能力又负有某项社会保障义务的非银行金融机构；②配合社会保险保障制度的改革，将部分国有产权作股划归养老金基金会和失业保险基金会等；③鼓励各类保险公司购买国营企业股权；④产权业已明确的金融公司和其他企业、各种非政府机构亦可购买国营大中型企业股权；⑤已经股份化的企业，其内部组织体制实行相应改革，以适应新的产权关系要求；⑥试办股票市场。

6.3.2　继续实行承包制的企业，应尽可能使承包形式规范化：小企业实行个人或集体（组成法人）租赁，2/3 的先进的和中等的大中型企业改行税后定比式承包，余下的 1/3 左右的低效或亏损企业实行递减补贴的税后比例承包。承包时要鼓励竞争，严肃合同。对那些明显缺乏原料和市场、技术设备陈旧、经营亏损或微利的企业，应当按产业政策要求关停并转，不能再搞微利的增利，亏损的减亏。另外，承包后奖金税不能起到控制个人收入和消费基金膨胀的作用，必须采取其他如分红或收入税的调节办法。

6.3.3　在农村，改革乡镇企业的管理体制。按照政企分开的原则，逐步理顺乡村企业的财产关系，禁止非法摊派行为。在农村进一步鼓励发展私营企业、合伙企业和股份形式的企业。

6.4　社会保险保障制度改革的起步。

6.4.1　要使结构调整和企业自负盈亏取得实质性进展，必须统筹建立全国失业保险基金。为求稳妥，起步时可先在城市工业部门开始，由税务部门代理征收，由劳动就业部门掌握使用。也可考虑将部分国有企业的股权划归失业保险基金会，以后股权收益成为部分资金来源。不论采取哪种方式，今后失业保险基金会应成为独立的机构。

6.4.2　改革目前的公费医疗制度，分行业或分地区建立医疗保险组织。医疗保险基金会是非官方的，投保时除用人单位承担部分费用外，个人也必须承担一定比例的医疗保险费用，改变低收入阶段已出现的高福利现象。

6.4.3　试办非官方的养老金基金会。起步时政府有关部门可会同基金会、总工会、企业家代表等，在科学测算的基础上，大致确定基本养老金和保险费水平，用人单位和个人分担比例等。根据我国目前的状况，基金来源除企业和个人以税收形式交纳的保险费外，可划出部分大型国有企业的部分产权交给养老金基金会，以股权收益补充资金来源，同时划出一部分职工作为该基金会的成员和服务对象。至于各种补充养老保险，完全贯彻市场化原则。养老金基金制度的雏形一经确立，政府社会保险保障机构的工作重心就立即转移到政策、法规的制定和监督、调解方面来。

6.4.4　全国统一建立贫困救济金制度，由民政部具体负责。要使贫困救济（今后包括失业救济）工作在目前的基础上有明显改善并形成一种制度，一个重要的前提是准确掌握全国低收入家庭的数量和分布状况，然后根据国力确定救济标准和形式。贫困救济制度的确立不仅对贯彻社会主义道德原则，而且对保持社会稳定、改革时期不出现动乱都是十分必要的。

6.4.5　农村的医疗健康保险、养老保险也应从这个阶段开始起步。这项工作对计划生育具有极大的促进推动作用。事实上，与其对独生子女本身实行优惠政策，还不如使其父母老有所养。当然，由于各地经济发展差异很大，农村工业较发达的地区可率先进行。

6.4.6　目前已普遍发展起来的人寿、财产保险公司应设法分离成几家，独立经营、互相竞争。

6.5　部分价格的调整的起步和市场培育。在采取措施控制通货膨胀的同时，市场形成方面的改革也应积极起步，这类改革应以利于吸收购买力为原则。

6.5.1 为保持农业稳定发展，适当提高国家粮食定购价格。同时，整顿和压缩城市平价供应量，相应减少合同定购总额。其他农产品定购价格应区别情况进行调整。与此同时，可以考虑取消农用生产资料，如化肥、塑料薄膜、柴油等的价格补贴。为熨平一些农产品的周期性波动，应建立平准基金，对这部分农产品实行最低保护价。

6.5.2 提高原油价格。在石油化工部门内进行原材料、半成品和成品之间的价格调整，制成品价格原则上不动。

6.5.3 继续提高电价，每度电提高 1—2 分，对于增加发展电力的资金、提高用电效率都有好处。

6.5.4 按照市场化原则，建立和发展农业产前产后服务的各种中间组织（其形式可以是私营的、合作制的、合股的，等等），疏通农产品收购和运销渠道，健全农用生产资料的供应和交易网络。

6.5.5 发展批发贸易、建设城市生产资料市场。改造物资供应部门，增强商业企业自主经营、自负盈亏的能力。在放弃价格管制的前提下，还可建立一些大宗矿物原料的期货交易体系。

6.5.6 改革原有土地制度，着手建立现代土地管理制度。当前的主要措施有：①成立国土管理机构，对全国土地资源进行分等分级的调查；②宣布现有土地包括农村土地的国有化，政府以宏观管理者的身份征收各种土地税，以所有者的身份收地租；③允许土地使用权转让，转租费由市场供求决定，政府可征交易税和增值税；④在农村实行土地国有化时，应将土地使用权永久性地交给农户，政府保留有偿征用的权利，但当耕地转变为非农用地时，应征收高额交易税和增值税。

6.5.7 积极发展非银行金融机构，如养老金基金会、各种保险公司、互惠投资公司和信托投资公司等，其他民间金融机构如城市信用社、农村民间金融机构，也应进一步发展。但由于本阶段负有稳定经济、控制需求的任务，因此，民间金融的发展以慎重为好。

6.6 调整利益关系。目前收入分配严重向以权谋利者和"倒爷"倾斜，脑力劳动者和体力劳动者收入倒挂，固定收入者生活水平下降，等等，这些状况引起社会各阶层之间关系紧张。在为转轨准备条件的阶段，需要及时调整利益关系，消除收入分配严重不公正的现象，缓解各种利益矛盾。

6.6.1 坚持打击贪污受贿、以权谋私的不法行为，清除各种腐败现象。对触犯刑律者，必须绳之以法；对违反党纪政纪者，在事实清楚后，应从严从速处理。

6.6.2 加强对各类公司、"三资"企业的管理。清理、整顿各种各类行政性公司，坚决取缔倚仗行政权力倒卖调拨物资、票证、批条、外汇、洋货的公司。制止官商勾结和以权经商的行为。

6.6.3 改变征收个人收入调节税的软弱无力状态，在税收队伍充实力量后，按照税法严格征税。个体工商业者必须按规定建账，定期申报经营状况和收入。对偷税漏税的人，应进行经济的和法律的处罚。

6.6.4 提高公务员的工资待遇，促其廉洁奉公；提高教师和科研人员的工资，对其他固定收入者，如享受奖学金助学金的学生、退休职工，也应给予适当补贴。

6.6.5 注意改善低收入家庭的生活，至少不使他们的收入下降，以保持社会的稳定。

6.7 加强改革的规划、设计、宣传及干部培训工作。

6.7.1　体制改革已经从放权让利、以"破"为主的阶段转向实现基本转轨、以"立"为主的阶段，改革的战略和策略也应从分散突出的游击战转向全面推进的正规战。因此，当前在改革的指导规划上，一个很重要的任务是统一思想认识，实行战略转变。

6.7.2　加强对体制改革的集中领导，提高决策的科学性，防止和避免政出多门、步调紊乱的现象，即使各地、各部门可以分散进行的改革，也要在中央的统一规划下进行。

6.7.3　认真总结国内外体制改革的经验教训，加强理论研讨，集中优秀的理论和实际工作专家，抓紧研制体制转轨的策略步骤和配套方案，并组织对比论证，增强方案的科学性和可行性。

6.7.4　改革宣传的根本任务是，将中华民族艰苦卓绝、英勇奋斗的精神与现代商品经济的观念相结合，培育新型的社会主义商业文化。当前要把宣传教育重点放在：①加快改革的必要性和紧迫性；②推进改革的艰巨性和复杂性，以便激励全国上下共同奋斗，争取改革的胜利。

6.7.5　充分发挥党政干部的领导作用和示范作用，为政清廉，与各种不正之风、腐败现象作斗争；充分发挥各级党、团、工会、妇联的积极作用，广泛开展遵纪守法、有理想守纪律的教育，带动整个社会风气好转。党风和社会风气的好转，是保证改革胜利的必要条件。

6.7.6　利用大众传播工具和党校、大中专院校培训各级经济管理干部和改革所需其他人才。

7. 第二阶段（2—4年）：基本转轨

这一阶段要实现经济体制基本转轨，即理顺基本价格参数，明确所有权的代表实体，进一步发展市场组织体系，政府经济管理基本上转入新的轨道，因此可以说是改革的决战阶段。当然，在这一阶段并不能完成所有的改革任务，新经济体制的最终确立还需要更长时间。

在这一阶段上，各项改革措施必须是全面配套的。其中，最重要的是两个方面的改革：第一，消除市场参数扭曲，为形成统一有效的市场机制奠定基础。这涉及价格、税收、财政、贸易、计划、金融等方面的关系调整和机制转换。第二，建立起符合我国商品经济发展要求的组织制度和组织体系，这包括企业制度改革，公有财产所有权具体化，发展各种中间经济组织，形成政府新型的经济体系，等等。

第二个方面的改革具有经常性和连续性，并不要求各方面措施时间上和空间上的严格一致。但是第一个方面的改革却是有间断性或跳跃性的，内部联系非常直接，要求全国统一行动，并且各方面在时间上要衔接适当。

理顺基本经济关系的配套改革，具体实施步骤至少有两种选择。第一，在实施价格改革的同时进行税制改革（流转税全部转变为增值税、统一所得税、扩展资源税等），实施分税制和新型财政体系，改革计划、物资、投资、外贸体制。第二，价格改革出台时相应调整税率但不动税制，放松计划、物资、外贸方面的直接控制，但维持旧的财政、投资体制，待价格改革推出去之后，再组织以财政、税收投资为重点的第二步改革。两种实施办法的改革内容和目的都是一样的，但技术上各有特点，值得再仔细研究。这一阶段改革所应完成的具体任务是：

7.1　计划物资体制改革。

7.1.1　为了消除实物经济的残余，全面实现货币经济，要将过去的价格补贴全部"暗翻明"进入价格（包括工资）。其中包括：①对重点建设的材料和设备补贴；②对居民的消费补贴；③对出口亏损企业的补贴；等等。

7.1.2　直接生产过程全面进入市场协调的基本前提是废除传统的物资分配调拨制度，建立起生产资料流通的组织和渠道，与价格改革同步，形成完整的商品市场。

7.1.3　废除指令性计划，根据实际需要实施国家定货。从长远来看，国家不应对直接生产过程进行任何行政指挥和干预，投入和产出的衔接完全由市场来承担。政府为承担基本职能而进行采购定货，仅限于最终产品。但是，此阶段上还有一定数量的干预才能得到保证，因此，国家定货的范围和规模不能太小（见7.2.4—7.2.8）。

7.1.4　国家计划委员会将工作重点转移到发展战略和产业政策。结构调整仍将是中心任务。生产资料国家定货的管理由物资部全权负责，计委只研究总量和结构，不再分解指标和合同。物资部将国家定货区分为两类，一类是重要生产企业所需原材料；一类是重要建设项目所需的材料。对第一类，将指标下放给供货和使用企业，由其自己签订合同，以后逐步减少强制性，过渡到完全的批发贸易。对第二类，由物资部代与供货企业签订合同，条件具备后取消代理，过渡到正常的批发贸易。物资部将在时机成熟时撤销。

7.1.5　各类物资供应机构一律改组为各种专业的或综合的贸易公司，按商业原则经营生产资料，向自主经营、自负盈亏的企业过渡。为此应调整经营差价，将风险基金摊入成本费用。同时还要核定各单位的固定资产和流动资金，实施与其他工商企业相同的所有制改革。

7.1.6　配合商业体制改革，在取消计划分配的调拨体制后，必须建立起大宗商品的交易所体系，主要从事原料的远期合同交易。商品交易所是非官方机构，由贸易公司自愿组成，但必须建立协调管理组织和成员资格的审查制度。政府必须对其进行监督。

7.1.7　在生产资料市场的初步发育的过程中，政府应当充分发挥调节、监管、信息服务等作用。应设立专项基金，由物资部掌握，在全国范围内建立起吞吐余缺、平抑价格的体系和机制。坚决以法律、行政和经济惩罚手段打击违法经营和投机倒把、扰乱生产资料市场秩序的活动。建立覆盖全国主要大中城市和主要生产厂家的生产资料信息网络，及时将存货和价格情况通报给用户。

7.2　价格改革。

7.2.1　价格改革的重点是消除生产资料定价"双轨制"和一物多价现象。这项改革要按大类商品分步实现，首先应在一两年的时间内实现生产资料的价格改革。生产资料调价后，制成品价格基本上可以一次放开。粮油等农产品关系国计民生，供给弹性又小，其价格改革可能需要先调后放，逐步解决。

7.2.2　生产资料（非垄断部门）价格改革的办法是：对于高低价相差不十分悬殊的产品，可以一步放开；其他产品，先按测算的均衡价对调拨价定出最高限价，过渡一个短时期再放开。各种产品采取哪种办法需要分类研究，区别对待。鉴于"双轨制"的漏洞太多，弊病太大，对干部队伍的腐蚀作用太强，必须尽可能加速"两价归一"和放开价格的过程。

7.2.3　水泥、玻璃等建筑材料供求大体平衡，可以完全取消指令性计划，一次放开价格，除特殊情况外，一般不搞国家定货。

7.2.4　钢材和其他金属原材料的多数品种，计划内部分用户支付的实际价格已大大接近市场价格，可以较快放开。为了维持正常的供货渠道不致紊乱，仍可对某些稀缺品种保留一部分国家定货，但不保价格。

7.2.5　化工原料种类很多，大部分放开，少部分仍可搞限价和国家定货。

7.2.6　木材统一实施最高限价，保留一部分国家定货。但必须限制国家定货的数量。为防止滥砍滥伐，应将提价收入限定用于发展林业，而不是用于伐木者的个人消费收入。

7.2.7　原油应大幅度提价，随后实施统一限价和国家定货。原油提价的幅度要达到使石化部门平均微利的水平，迫使其挖掘潜力，提高效益，挤掉那些规模严重不经济的小企业。

7.2.8　煤炭资源丰富，为保持合理的能源比价，抑制小矿的盲目发展，在运输价格合理化以前，煤炭价格不宜提高太多，可能在相当时期内需要按均衡运价计算出分地区的煤价，暂由官定。一旦运价合理化，煤价即可放开。

7.2.9　持续地缓步提高电价，提价收入原则上由财政拿回，形成电力发展基金，用于电力建设。

7.2.10　我国幅员辽阔，地区差异很大，为促进各地区优势的发挥，在协调各地区利益的基础上促进地区分工（包括沿海同内地之间在对外开放方面的分工），有必要较大幅度地调整运输价格。继续提高铁路运价，鼓励水运和公路运输的发展，相应提高汽车养路费和牌照税，或提高汽油价格，将提价收入用于修建公路。

7.2.11　原则上放开所有制成品价格，使它们完全由市场供求来形成。国家仅对在国内市场上具有垄断地位的少数企业的产品保留价格干预，即防止其制定不合理的价格以谋取垄断利润。除自然垄断部门外，价格要争取尽早放开。

7.2.12　有步骤地调、放农产品价格。对粮油合同定购价格、定量供应价格和其他食品零售价格，择机进行暗补转明补的改革，消除由购销价格倒挂所带来的种种弊端。

7.2.13　公用事业收费制度改革，由各地自行确定改革方案。如果需要继续维持低于成本水平的收费标准，则必须由政府制定补贴定额，以此作为企业经营目标。

7.2.14　继续深化城市土地管理制度改革，提高土地占用税费，逐步开展土地使用权的转移交易。

7.2.15　生产资料价格改革和调整的原则前提是维持制成品价格总水平的基本稳定。但是一方面，加工制造部门很可能会将一部分负担转嫁出去，从而促使物价水平有所上升。另一方面，消费品价格放开，自然会直接提高零售物价水平。此外，提价收入也难以全部通过税收上缴国家财政。总之，在价格改革的过程中将出现某些经济利益的调整以及分配再分配关系的变化，这些调整和变化，总的来讲是必要和有益的，个别需要加以补偿或给予一定的时间照顾，使当事人易于适应这种变化。

7.2.16　筹集价格改革资金是完全可能的。至少有如下途径：①最主要的措施是通过财税改革特别是税制改革，扩大税基，消除无规则减免和偷漏，可以大量增收节支；②只要使利率足够高并允许转让，就可以通过发行政府债券筹集到大量资金；③有偿出让和批租部分地产的所有权或使用权；④有控制地拍卖一些国有小企业；⑤有计划地从产品提价中拿回一部分收入；等等。

7.3　税制改革。

7.3.1　改革的目的是建立起适应现代商品经济的规范的税收体制和基本框架。新税收体系以增值税、所得税和资源税为主，消费税等其他多样化的税种为辅。其中，所得税主要是企业所得税，个人所得税的全面开征目前条件不完全具备，但是对高收入阶层应当普遍征收收入调节税。增值税是"二战"以后才开始在国际上流行起来的新税种，以增值税取代其他流转税，虽然对我国来说有一定难度，但是增值税已为各国经验证明特别适应现代商品经济和国际贸易，因此应配合价格改革，积极采用。

7.3.2　在价格大体理顺的情况下，按不同所有制区分的企业所得税应统一。原来全民、集体、私营和"三资"企业的所得税税率各不相同，即使在国营经济内部，实际利润上缴比率也差别甚大，这与商品经济公平税负的要求难以适应。统一后的企业所得税由于要改原来的税前还贷为税后还贷，势必要调低所得税税率。

7.3.3　发展和完善个人收入调节税。个人收入调节税的纳税人是高薪收入者，个体工商户和私营企业主应普遍纳税。私营企业所得税与其他企业的税率相同，但业主必须缴纳个人收入调节税。因此，私营企业必须将利润划分为企业基金和业主个人收入，不允许相互混淆。

7.3.4　将产品税、营业税等流转税全部改为增值税。行业之间的税率尽可能地拉齐，如果做不到统一税率，可分几个大类，随后逐步将税率靠近。个别服务行业和小企业仍可保留营业税。奢侈品和高档消费品在征收一般增值税以后，再征一道特种消费税。

7.3.5　一切矿产资源、水资源以及其他自然资源的开发和使用应缴纳资源税。土地使用应缴纳土地税。资源和土地的有偿使用通过两种实现形式：国家作为政权机关征收占用税，国家作为所有者获取收益。但是也可将两者合并征收。

7.3.6　全民所有的固定资产是重要生产资料，不能继续无偿使用。实行了所有制改革的大中型企业，税后利润按股分红，是解决这个问题的最好办法。暂时未股份化的企业，可先实行利税分流，税后利润按照一定比例上缴国家预算，作为使用固定资产的报酬，不再征收固定资产使用费。

7.3.7　整顿其他领域的小税种，开征遗产税、赠予税、筵席税、印花税等新税种。将企业负担的社会基础设施费用征收规范化、稳定化，统一征收教育税、城市建设维护税、城市规划税等，作为地方税种按所得计征。财政新增加的支出项目原则上要开辟新的税收渠道，从根本上杜绝以种种"大办"为名的任意摊派。

7.3.8　适应社会保障制度改革的需要，将企业和国家的一部分福利暗翻明，进入工资和成本，废止企业营业外账户的社会保障列支。基本社会保险由职工和用人单位共同支付，其中需要政府统一管理的社会保险项目，采取工资税的形式上缴预算，由税务机关代征（参见7.8.2）。

7.3.9　中央地方实施分税制。可供选择的形式有：①中央地方各自有一些独立税种；②一部分税种划开，一部分税种共享。在这两种情况下，中央税收收入的一部分可以返还地方，但返还的原则不是按比例而是按职能需要。税收机构应设立国税局和地方税局两套征收体系，部分中央税或共享税可委托地方税局代收。地方不应具有设立或取消税种的权力，但可自主调整地方税的税种和税率。

7.3.10　使用税收作为经济政策工具应当慎重，不能随意改变税率，特别是不能搞针对单个企业的税收优惠和歧视。中央税要坚持全国的统一性，地方税要坚持同一地区的统一性。

7.4　财政改革。

7.4.1　建立中央统一指导、地方相对独立的新型分级财政。各级财政预算一律分立经常账户和资本账户。新型财政应当成为宏观调控的主要手段之一，在国民经济中发挥积极的引导作用。

7.4.2　按照商品经济统一的市场原则，在中央和地方政府之间划清事权的基础上，以法律形式明确各级财政的收支范围。除公用事业之外，分离国家和企业的财务关系，各级政府预算与企业预算完全脱钩。政府财政无权干预盈利性生产企业的经营，也无义务承担企业亏损。但是由于过渡阶段价格改革所造成的收入分配大调整，部分企业出现亏损且不具备倒闭条件，财政应设立专项的价格改革基金予以限期累减的救援补贴，地方政府也可以在政府定额支出的范围内拯救陷于困境的企业。不过这种过渡形式的运用必须从严掌握，尽快取消。

7.4.3　中央财政开支的一般范围是：①维持国家行政、国防、教育、外交、治安等政府基本职能的费用；②维护经济秩序，例如审计、海关、商检等方面的费用；③政府提供的科学技术、信息等服务的费用；④全国性的交通、通讯等基础设施建设费用和环境保护费用；⑤全国统一管理的那部分社会保险和社会保障费用；⑥政策性融资费用。

7.4.4　地方财政开支的一般范围是：①地方范围内的行政、教育、治安等基本职能费用；②地区性公用事业和环境保护费用；③城市建设和住宅建设费用；④地区内土地开发费用。其他不应由地方政府财政承担的开支，如果在此阶段还不能完全取消，也只能暂时保留，随后创造条件逐步取消。

7.4.5　由于过去由地方政府承担的许多职能（特别是经济调控、监督、服务和社会保险等职能）改由中央政府的派出机构承担，地方政府的财政预算规模必须相应缩小。中央财政在全部政府预算中应当占 70% 左右。

7.4.6　地方财政收入不敷支出，中央财政应在批准的预算内根据统一的原则实施补助。中央财政给予地方财政的补助可以采取几种形式：①定额补助；②专项补助；③专项资本支出补助。中央向地方政府派出财政审计专员，监督地方政府的财政收支活动。

7.4.7　各级财政的赤字一律以债务弥补。中央财政债券发行，要严禁摊派，债息应完全由市场决定并由中央银行代理发行。地方政府发行债券或向银行告贷，必须获得中央财政和中央银行的同意并严格限制其规模和用途。

7.4.8　为了保证教育事业的发展真正适应现代化建设的需要，必须将发展教育作为各级政府的主要职能之一，并将教育经费作为各级财政的主要开支之一。各级财政应设立专门的教育事业账户，教育经费必须满足实现全民义务教育的要求，废止设置缺口以让社会摊派和馈赠来弥补的做法。在此基础上继续欢迎和鼓励社会各界和海外捐赠。

7.5　计划投资体制改革。

7.5.1　从根本上改变传统的计划投资体制，进一步分化投资主体，缩小国家直接投资的范围和区域。生产性盈利性行业，原则上由控股公司企业和企业集团充当投资主体；政府直接投资主要限于基础设施、文化教育建设、全国性的国土开发整治和环境保护；在企业尚不具备承担能力前，中央政府保留对重要产业和新兴产业的政策引导性投资。

7.5.2　国家计划委员会对投资的管理必须从直接的立项分钱转变到以控制总投资规模、调整投资结构为中心的工作方针上来。调控手段是宏观财政货币政策、产业结构政策。在过渡时期，为确保对投资控制的有效性，计委仍有必要保留对重大项目的审批权力。但是，必须不断增强用发展战略和产业政策指导投资活动的能力。

7.5.3 政府投资分类管理。属于国防、教育、文化、科技、行政设施建设的项目，由有关部门立项，财政部批准并拨付资金，有关部门监督使用。属于经济基础设施、固定开发整治的项目，由有关的专业投资公司立项并筹集资金（财政拨款、政府债券、银行贷款等），专业部门批准，投资公司负责经营和管理。属于风险性较大的商业投资，政府专业部门立项并向全国企业招标，由专业投资公司和国家银行帮助筹集资金，提供利率优惠，中标企业和企业集团具体实施投资，建成投产后偿还本息，产权归企业。属于有助于优化结构促进出口但企业投资有一定困难的生产性建设项目，企业立项可申请政府支持，政府投资机构根据政策提供信贷扶助。

7.5.4 发展和完善政府的投资融资体系。①在财政部指导下建立金融投资专业公司，主要任务是为政策性投资筹集资金、选择对象，经营和管理有关资金。资金筹集途径有：预算基金拨款、国家债券、外债、银行贷款。②成立国民储蓄银行或邮政储蓄体系，吸收长期性储蓄存款，与政府金融投资公司合作。③在建设银行基础上改组建立一家或数家国家开发银行。④直接负责项目投资实施，即监管实物投资过程的政府投资公司，属于过渡性机构，应逐步削减，最后完全撤销。政府投资融资机构的经营方针首先是完成产业政策目标，在此前提下最大限度地缩小成本，创造收益。

7.6 银行金融改革。

7.6.1 此阶段的目标是：健全银行体系，发展间接融资，鼓励直接融资，中央银行独立。从长远来看，我国金融体系应当形成间接融资和直接融资并重的格局，但是根据经济发展水平和技术素质，在一定时期内仍应坚持以间接融资为主、直接融资为辅的方针。因此应当积极改造银行体系，同时鼓励非银行金融机构的建立和证券市场的建设，使两方面互相促进，协调发展。

7.6.2　必须对现有银行采取分化组合的改革措施。第一，区分一般商业金融体系和政策金融体系，前者按盈利原则经营，后者为政策服务，原有的融资体系没有这种区分，弊端很多，不利于商业银行企业化。因此要建立起新的政府投融资体系（参见7.5.4）和负责出口信贷的专业银行以及外贸保险机构，为出口企业提供优惠贷款和担保，独立于民间银行体系和金融机构之外。第二，从组织上分离长期信贷和短期信贷业务。过去的专业银行同时从事两种业务，不利于业务发展和宏观管理。将各专业银行从事长期信贷业务的部门和附属的信托投资公司，调整组建成独立的投资银行或长期信用银行。第三，将专业银行改组为企业化的多功能商业银行，并加速实现它们之间的竞争关系，对城市信用社逐一进行资格审查，升格为商业银行。国际经验表明，银行是典型的中等规模经济，根据我国情况，地区性的大银行的规模，初始时可以设置在开户2万元左右，以后由市场确定调整到适度。

7.6.3　将工商银行和农业银行的全国性体系解体，组建为若干个各自独立、业务交叉、相互竞争的商业银行。同时，保留和建立交通银行一类的商业银行。银行改革同时包括所有权明晰化的内容，采取与工商企业股份化相同的办法。为确保价格改革的顺利进行，银行体系的上述根本改革应放在价格改革出台后，形势大体稳定的情况下再实施。

7.6.4　继续鼓励引导非银行金融机构的健康发展。首先要加强对城市信用社和农村的互助金融机构的管理，建立起法律规范。其次，在深化社会保险保障制度改革的同时，进一步发展独立的养老金基金会和保险公司，以法律界定清楚不同性质机构的投资范围和投资方式（参见 7.3.8，7.8.2）。第三，分解国家保险公司，允许民间保险机构的发展，形成门类齐全竞争充分的商业保险体系。

7.6.5　以"调放结合、先调后改"的方针逐步理顺利率体系。实行复利制。利率的高低应追踪物价，重点调整一年期以下的储蓄存款利率，同时逐步提高定期存款利率，使同样期限的定期存款与储蓄存款利率相等。贷款利率应拉开不同风险、不同成本、不同期限贷款的差别，风险大、成本高、期限长的贷款必须实行较高的利率。在存款利差的相对关系上，应适当缩小利差，以便为银行企业化创造条件。为保持金融市场的稳步和改革的顺利，中央银行仍然要控制利率的水平。

7.6.6　继续稳定发展金融市场，推动直接融资。直接融资不仅具有降低筹资成本，提供多种选择，加大资金横向流动，有利于形成明确所有权等优良特征，而且对于传统金融机构扫除官气，间接融资健康发展具有重要意义。在全国主要大城市建立证券交易所，经中央银行批准的企业可发行股票和债券，并上市交易，开辟国家市场，逐步形成灵活的交易制度。

7.6.7　发展票据市场。随着生产的发展，企业在产品销售方面的竞争加剧、赊销增加，商业票据增加，银行应逐步扩大票据贴现和抵押贷款业务，以此方式向企业提供资金，缩小完全信用性放款的范围。继续巩固完善同业拆借市场。中央银行建立起票据再贴现和债券短期买入制度，改变商业银行对中央银行在完全信用关系上的依附。

7.6.8　中央银行的独立性具有非常重要的意义。应将中国人民银行从政府序列机构转变为直接对全国人大常委会负责，以保证货币稳定为基本职责的中央银行，通过法律程序将货币政策的决策权交给人民银行。人民银行行长实行固定任期制，任期内除有违法行为，不得以任何理由撤换。人民银行将充分听取政府对货币政策的意见，接受人民群众通过人民代表大会的监督。但是，人民银行由专家组成的中央银行委员会，将根据自己对经济金融形势的判断，独立地掌握货币政策，决定货币供应量的增长幅度、贷款和利率结构的调整。人民银行的决策一旦报经人大常委会审查通过，人民银行将独立地行使职权，不受任何干预。

7.7　外贸改革。

7.7.1　外贸管理体制改革的方向是：建立一整套符合市场经济规律并适应对外开放的调节体系，实现外贸活动的企业自主经营、自负盈亏和广泛扩权，创立公平竞争的外部环境；同时改善和增强政府的宏观调控能力，提高国民经济的开放程度，更好地利用国际经济环境，加速我国经济的现代化。

7.7.2　必须从根本上打破统负盈亏的出口财务体制，这有赖于在以下几个方面取得实质性进展：①在价格改革和税制改革的基础上，实行出口全部退还各种间接税的制度。从事收购活动的，退税给外贸企业；承担代理的或生产企业自营出口的，退税给出口商品的生产企业，出口退税由中央财政统一负担。②按照均衡汇率调整人民币的外汇比价，发展外汇调剂市场。根据价格改革的情况，暂时可在单一官方汇率和贸易非贸易双重汇率制中做出选择，尽快走向贸易外汇的自由兑换制及与之相应的单一汇率制。③加强外贸信贷和保险工作。调整出口信贷和利率政策；成立专门的外贸信贷机构（参见 7.6.2）；中国银行开发远期信用证贴现和出口信用保险业务；等等。价格体系的理顺，使大面积亏损得以消除，少数幼稚工业的出口亏损可以通过信贷保险等方面的优惠加以弥补，不宜再搞补贴。外汇留成是汇率不合理的结果。因此应根据汇率合理化的进程逐步取消外汇留成制，或完全按市场均衡汇价结汇，尽快提高外汇留成比例，达到100%。

7.7.3 改革不合理的进口作价、税收制度，以建立促进国民经济健康发展的进口体制。首先应当改变本币高估的汇率，这是奖出限入、改变进口结构的根本办法。其次要实行进口代理作价和内销价格完全放开的办法，使其反映国内市场供求，消灭进口补贴。第三，对进口产品统征增值税，调整关税税率，缩小关税税率差异，用税收调节进口，贯彻产业政策。

7.7.4 实行彻底的政企分开，加强外贸立法、组织和宏观协调。充实提高外贸监督系统和信息体系，将外贸管理纳入法制轨道。取消地方政府的外贸行政管理职能，经贸部按经济区划在地方设派出机构。经贸部的主要职责是：①研究制定外贸方针、政策法规、条例，并负责监督实施；②拟定外贸长远发展规划、出口战略；③审核由国家外贸公司统一经营商品的目录范围，负责管理进出口许可证和配额，指导放开经营的商品出口活动；④组织建设对外经济贸易信息网络，为企业服务；⑤研究制定外贸的国别（地区）政策、多边贸易政策，代表我国政府参与国际贸易组织协定以及谈判；⑥研究设计外贸经济调节手段，组织实施；⑦参与关税规则委员会工作；⑧审批外贸机构、企业的设立，进出口商会的设立和撤销；等等。

7.7.5 扩大企业的外贸自主权。各类盈利性企业都有权从事外贸活动并不受专业分工的限制（个别国家控制的商品除外）。企业的组织形式由各企业在市场竞争中自行选择，不作硬性规定。工业企业有权自营进出口或委托代理、垄断其产品，除极个别商品外，对市场经济国家贸易一律取消指令性计划。

7.7.6 推行出口配额招标和拍卖分配制。出口配额招标拍卖分配及其连带的许可证制度是一种半直接的总量控制手段，过渡时期必不可少。实施出口许可证控制的范围今后逐步缩小，最终只限于对国际市场上有进口配额的出口商品配额。分配要力求公平，不搞歧视，不分亲疏。可对一部分商品实行新增配额招标的办法，使效益最好、创汇率最高的企业优先获得配额。对那些出口盈利较大的商品，采取配额拍卖的形式分配。允许配额交易，使经营企业根据国际市场行情和国内竞争能力的变化调整自己的出口活动，在保证效益的同时，提高总量控制的灵活性。

7.7.7 改革外贸经营体制，继续扩大生产企业和企业集团直接经营外贸的数量和范围，大力推行进出口代理制，各类外贸企业都实行自主经营、独立核算和自负盈亏。按商品性质实行不同的进出口经营方式：①大宗初级资源性商品和部分政府协定贸易商品，由特许的国家外贸公司统一经营；②国内价格太低或国际市场上有进口限额的商品，由有经营能力的企业申请配额经营；③放开经营的加工制成品，由各种企业自己自由经营。为增强外贸组织的自我协调和通过经济参数间接控制的能力，应大力发展进出口行业商会，鼓励扶持商会的建立和活动。

7.8 工资就业和社会保险制度改革。

7.8.1 为确保价格改革的顺利实现，工资制度的改革应当放在本阶段后期进行。工资制度的最终合理化，有待于劳动就业制度的彻底改革，因此，本阶段确定的工资制度仍然具有过渡性质。

7.8.2 在以往社会保险制度改革的基础上，此阶段要同房租改革相配合，实现所有福利补贴暗翻明，进入工资和工资性费用，打入成本。具体说来，首先将过去由企业统一负担的退休、医疗和工伤保险，一部分加入工资，一部分继续由企业负担，分别由企业统一向选定的养老基金会和保险公司缴纳。工人转换工作单位可转移账户。其次，对于失业保险和社会贫困救济，由职工和企业共同负担，一并上缴社会保险费，分别由劳动部和民政部管理使用，工人转换工作单位，权利不变。第三，工人收入有余，可自由加入银行的保险储蓄和各种保险机构及保险项目作为补充保险（参见 7.3.8；7.6.4）。

7.8.3　废除统一的奖金制度，将原有的奖金和工资合并，参考测算的平均职工收入水平，政府颁布分行业的工资标准公式及适当的浮动率，企业必须遵照执行，不得突破。在法定限制内，企业可自由调整内部的工资结构。原来的实物补贴必须货币化、工资化，不允许企业以任何名义发放实物。政府斟酌情况实施工资税。随着价格合理化和劳动力市场的形成，对工资的这种参数控制办法将逐步取消。

7.8.4　在上述工资和社会保险制度改革推出之后，不同所有制、不同工龄、不同用工形式的在职职工基本待遇大体相同，劳动市场的开放就具备了条件。但是，为了减少社会震荡，企业招聘和辞退职工的频率应逐步提高。特别是对于不符合企业要求的员工，正式辞退之前应先给予警告性处分，视情况再决定辞退。接近退休年龄的不称职职工，尽量以提前退休代替解雇。

7.9　企业制度改革。

7.9.1　企业制度改革的目标，是使原有的国营大中型企业都成为自主经营、自负盈亏的法人组织。这里所说的经营自主权，包括：

①定价和决定销售的权利；②购买投入物的权利；③决定进入任何市场的权利；④决定从事进出口或委托进出口的权利；⑤决定雇用的权利；⑥决定增资、合并、增设分支机构的权利；⑦确定在银行开户和融资的权利；⑧决定内部组织结构和管理方式的权利；⑨选择注册及缴纳中央税收地点的权利；等等。任何单项改革，包括所有制改革，都不可能使企业真正拥有这些权利。只有在改革配套进行的条件下，与其他方面特别是市场体系的建立相配合，同时进行企业制度的改革，才能做到这一点。

7.9.2 在上阶段工作的基础上开始大面积开展全民企业所有权明晰化的改革。此阶段应将全部大中型企业按第一阶段确定的方针转换为公有制主体和组织股份公司，将政府拥有的企业股份转移给竞争性的基金会及其他法人组织，允许企业互相持股。将适于私人经营的行业的全部小企业拍卖、租赁给集体和个人经营。撤销国家固定资产部。保留国家所有权的公用事业，具体所有者代表机构改设在有关专业部门或财政部门。不过这一改革需要的时间很长，不一定能在本阶段全部完成。

7.9.3 大中型企业股份化以后，即由股权持有者会议委派人员组成董事会。董事会成员可以是外来的，也可以是企业内部人员。董事会制定企业的发展战略，招聘、任命和辞退经理，确定税后利润的分配方案。

7.9.4 除少数自然垄断企业之外，其他一切企业，不论所有制性质如何，一律与政府脱离隶属依附关系，经营完全独立。享受过渡性政策补助的企业，与政府财政部门签订补助递减议定书，到期即结束财务关系。

7.9.5 鼓励各种经济形式，特别是混合经济形式的企业发展。

使所有制结构更加多元化，以适应生产力发展水平的客观要求。

7.10　农业体制改革。

7.10.1　明确土地的国家所有权，同时将土地使用权永久性地交给农民，除非工业和城市建筑需要，国家不再收回对土地的直接经营权。土地使用权可以有偿转让，但是地价超出原经营者投入形成的附加价值之外的部分，归国家所有。土地分配和转移的管理由农村联合协会负责，大体上每个乡成立一个协会。

7.10.2　将全部农业用地分等划级，设置土地税。为鼓励农业发展，可以考虑免收绝对地租，但是级差地租应当至少是成比例地征上来。农用地分等划级是一件非常复杂的工作，只能由粗到细，逐步完善。

7.10.3　以自愿为原则，鼓励农民建立为农业生产和销售提供互助服务的农业协会，联结国家和农民、城市和乡村、生产和流通。农协为农户提供技术、市场信息、优良品种以及其他各项必要的服务。

7.10.4　严格控制土地非农化，为此加征农田征用税，税率适当保持较高水平。整顿企业，选择条件较好的乡镇，作为农村工业发展的集中区域，鼓励在那里开办或向那里搬迁工业商业企业。

7.10.5　在继续调整农产品价格体系、提高国家合同定购价格的同时，发展和完善农产品流通体制，提高政府的调节农产品供求的实际能力。在本阶段后期形成小宗产品基本放开、大宗产品有少许保护的价格体系，取消对市民的补贴。

7.11　政策配合。

7.11.1　实行适度偏紧的宏观需求管理政策，尤其是在初期，价格改革出台时要严格控制信贷规模和货币发行量。随后视情况逐步放松管制，灵活操作，视经济效益的改善进度和自愿储蓄的程度确定合理的增长速度和相应的货币政策，保证经济在稳定的基础上成长。

7.11.2　运用财政、信贷、外汇等手段继续促进结构调整，在必要的场合以法律（例如产业振兴法）和行政手段推进结构合理化。

7.11.3　对低收入阶层和社会集团实施物价补助，缓解社会矛盾，提高承受能力。

7.11.4　旗帜鲜明地反对投机倒把、行贿受贿、破坏改革的行为，严厉惩处违法乱纪者，特别是党政机关内的腐败分子。

7.11.5　开展广泛的宣传教育活动，将改革的内容告诉人民群众，争取全社会的自觉支持和合作。

8. 第三阶段（5—8年）：巩固完善

巩固和完善新经济体制，继续发展健全市场体系，重点是加速资金市场和劳动市场的开放，与此同时，使土地市场和商品市场进一步成熟，政府管理体制进一步适应市场经济，形成企业自主经营、自负盈亏和自由竞争、自动淘汰的机制。

8.1　资金市场。

8.1.1　完成前一阶段开始起步的银行体系改革。银行的组织形式一般为股份有限公司，金融机构、企业都可以入股。董事会是决策机构，它代表股东行使职权。日常经营由董事会聘任的总经理全权负责。银行转入完全的企业化经营。其主要特征是：①以利润为目标，完全承担经营风险和自我发展的责任；②有独立的自有资金，成为完全意义上的法人；③中央银行不负责供应其资金，任何部门不得对其进行行政干预；④经济利益与经营效果完全挂钩。

8.1.2　利息率基本放开，形成以中央银行再贷款（再贴现）利率为基准的利率体系，专业银行贷款利率随基准利率的变动而变动，中央银行只管存款利率的上限和贷款利率的下限。但是中央银行仍然保留规定固定利率或冻结利率的权力。

8.1.3 货币市场中，承兑贴现市场成为重要组成部分。根据实际需求，成立或鼓励创设若干承兑贴现银行，使其成为连接商业银行和中央银行的桥梁。企业挂账形式的相互拖欠全部变为约期的票据形式，票据的承兑、贴现和中央银行的再贴现成为普遍的金融服务。

8.1.4 同业拆借市场真正具备"救急不救贫"的本来形态，即成为弥补银行同业间每天票据交换后产生头寸不足的"日拆"，银行调剂和利用资金的效率大大提高，从而使该市场成为反映全国银行储备资金松紧程度的敏感指示器，并成为中央银行货币政策发生作用的支点。

8.1.5 加强对"平等货币市场"的管理。主要的平行货币市场可能是：①农村或地方上的非银行金融机构参与的短期资金市场；②存单市场。对这类货币市场，中央银行只能通过对银行体系和主体货币市场的调控来影响，不可也不必要干预太多。

8.1.6 在长期资金市场上，由于多种金融机构的出现和增加，交易机构和技术、设施的完善，证券交易规模和范围得以迅速扩大。进入股票交易市场的将主要是养老金基金会、投资公司、保险公司，以及企业和企业集团、公共持股机构，参与债券买卖的将是各类银行和金融机构、企业、居民。所有这些证券买卖都必须在证券交易所进行，由登记注册的专业证券公司或经纪公司代理经营，政府主管机关必须严格审核这些交易机构的信誉和素质。建立对证券发行的资信审查、价值评估的严密制度。政府管理逐渐从直接转变为间接，交易所最后成为从事证券交易业务的金融机构的联合自治体。

8.1.7 在证券市场中，国债市场必然占据举足轻重的地位。估计在此阶段的后期，我国的国债规模将达到当年财政收入的总水平，二级市场的交易量将大大增加。国债主要是中央政府发行的各种债券，必须严格限制地方政府发行债券。中央银行承担政府债券具体发行，调节管理国债二级市场。

8.1.8 可选择一两个金融发达地区，试办金融期货交易。金融期货市场的交易原则是，通过合同事先确定价格和购买数量，到约定时间买卖某种金融票证。对证券持有人来说，这种市场不受因证券价格变动带来的损失和稳定证券价格有一定的积极意义。股票、债券、黄金和外汇均可作为期货进行交易，但一定要慎重实验，逐步扩大范围。

8.1.9 银行信贷仍将是投资主要资金来源。必须加强银行竞争，分散资金风险，更好地发挥间接融资的优点。政府金融体系提供的资金，主要采取信用形式，因此，经营管理素质必须不断提高。应当加强政府和民间金融机构之间的业务交流、人员交流。

8.1.10 进一步完善和发展中央银行的调控手段，健全政府金融管理体系。首先，应建立金融系统的鉴别、立法机构。在人大常委会中设立一个金融政策委员会，组织有关专家，设计、制定和修改金融法规。第二，完善金融秩序。建立起严格的金融机构登记审查制度，不符合条件者一律不得营业，违法者一律依法处以惩罚。第三，金融机构必须有明确的业务范围，未得到主管机构批准，不得从事超出注册业务范围的金融活动。第四，中央银行会同工商管理机构共同监督金融组织；它们也可委托金融联合会等自治组织进行监督活动。

8.2 劳动市场。

8.2.1　全面完成国营部门社会保险福利制度的改革后，在各种所有制形式的经济组织中就业的职工获得了基本相同的权利和义务。任何职工和聘用单位都必须向国家统一的失业救济基金和贫困救济基金缴纳保险费，任何职工和聘用单位必须按照法律规定的限度向自由选定的养老基金会、医疗保险公司缴纳保险费；任何职工都有权参加其他附加保险。真正社会化了的统一的保险保障制度维护了职工的最基本利益，使得劳动力的自由流动具备了最主要的前提条件。

8.2.2　进一步提高全社会个人收入的货币化和透明度。重新调整国家的工资限额表，建立个人收入申报制度。在高于最低工资水平和低于最高工资水平的范围内，企业有很大的选择余地，但是，最高工资水平之前的某一点被确定为个人所得税的起征点，在劳动力流动性不断提高的情况下，同一行业同一技术水平的劳动者，即使是在不同的经济组织，收入水平也会越来越接近。

8.2.3　建立全国统一的劳动管理机构，视地方劳动局和就业登记所为劳动部的派出机构。工作内容是：①调查和预测就业情况；②提供就业信息；③发放失业救济金；④保护劳动者利益；⑤协调用人单位和职工的矛盾与纠纷。

8.2.4　用人单位有权根据实际经营和发展的需要招聘和解聘职工，但是必须符合法律规定的公平原则。劳动者有权投诉用人单位的解聘决定，劳动仲裁委员会负责审理。在失业登记所注册属于非自愿失业的劳动者可享受累减的失业救济补助。有适当的就业机会但个人不愿从事这种工作的劳动者，被视同为自愿失业者，不享受失业救济补助，拒绝参加劳动就业机构推荐的招工登记考试，被视同为自愿失业。

8.2.5　开放劳动市场，保持一定数量的待业劳动力是提高经济效益，从根本上抑制工资膨胀的保证。我国经济在相当一个时期内都存在着巨大的增长潜力，劳动市场的开放使这种潜力得到有效的发挥，而不至于形成太高失业率（如果不考虑农村的隐蔽失业）。在城市存在 3%—4% 的失业率是正常的，其中一半以上的失业者可能是自愿失业。但是，考虑到社会稳定等因素，在就业安排上对城乡劳动者仍然应当保留一定程度区别对待。在同等情况下应优先照顾城市居民、本地居民。控制农业人口的非农化速度。

8.2.6　应使高级管理人员和高级技术人员的工资水平大大超过平均工资水准，但是，为了抑制工资攀比和消费膨胀，应当通过个人所得税来加以调节。聘用单位可以支付高工资，但必须依照统一税则纳税，禁止提供其他非工资优惠，个人所得税起征点逐步上移，以适应经济发展和市场竞争的需要。

8.3　土地市场。

8.3.1　国家土地管理制度的规范化，是土地使用权自由转移的基本前提。原来占用土地的机构、组织和个人，必须向政府有关机构重新申请土地使用权，得到批准后才能继续有偿占用土地。新申请土地使用权的单位和个人，在获准后，须交纳租金，或者采用连续付费形式，或者一次性购买使用权若干年。土地租费的确定以土地等级为基础，根据市场需求的变化不断调整。土地批租应实行招标制度，鼓励土地使用方面的自由竞争，提高土地利用的经济效率。

8.3.2　拥有土地使用权的组织和个人可以有偿转让土地的使用权。转让付费水平随市场行情确定。国家开征土地交易税。税率分为两种，即对原来购买使用权者出让土地征较低的税，对原来以连续付费形式占用土地者出让土地征较高的税。必须建立完备的土地交易法，对违法投机者给以严厉打击。

8.3.3　农业用地的使用权区分为地面权和地底权。农民可以自主支配的是地面权，地底权仍属国家。国家同样可以将地底权有偿转让给经济组织，并确定时间期限。经济组织交付租费相当于绝对地租。级差地租收益通过资源税来征交国库。

8.3.4　进一步健全和完善土地管理机构及土地的法律规范。政府土地管理机构及其委托管理机构代表行使土地所有者的职能。

8.4　商品市场。

8.4.1　商品市场在此阶段上继续成熟。政府对商品市场的管理主要通过法律手段来实现。必须对各类商品都建立起专门的质量标准和经营规则，以法律形式确定下来。商标问题、市场份额问题、价格歧视问题、消费者权利问题等都有详尽的法律规则。

8.4.2　在现货市场已经较为健全的条件下，需要特别加以发展的是期货市场和期货交易。在现货市场基本成型、合同定货成为大宗原料购销主要形式的条件下，期货交易的扩大显得非常迫切。应当在以往实践的基础上制定出期货交易法规，同时考虑将期货交易适当集中，鼓励不同地区的商品交易所合并。

8.4.3　与商品市场发育关系甚大的另一方面，是进出口贸易制度的发展。价格体系的合理化和汇率、利率的调整，使得对外贸的直接控制在许多场合成为多余的或障碍性的东西。因此需要根据实际情况，缩小许可证和配额管理的适用范围，取消外汇分成制度，进一步开放外汇市场。政府对外贸的调控，更高地依赖法律和以税收、信贷为主要手段的经济调节体系。

8.4.4　随着商品市场和要素市场的完善，外资、合资企业在使用土地、能源、设备等投入品和产品销售、税金缴纳等方面与国内企业享受同等待遇。

8.5 政府经济管理体制。

8.5.1 政府的经济管理体制基本成型。中央政府主要承担宏观经济调控的职能，地方政府也不干预企业微观决策，它们的主要任务是为经济发展创造环境，提供服务，保证市场竞争秩序。

8.5.2 中央政府的经济管理体系由相互独立但又相互依赖的几个分系统构成：①总量调节系统，主要由财政部、中央银行构成。②结构和发展系统，主要由国家计划委员会和专业部构成。③信息系统，由国家统计局、经济信息中心和各有关部门构成。④监督系统，由司法部门、审计部门和监察部门组成。⑤劳动就业系统，由劳动部、民政部和有关基金组织构成。⑥收入调节系统，由税务部门和社会保险部门构成。⑦农业生产和销售管理系统，由农业部和商业部构成。上述七个系统都是覆盖全国垂直独立的，不受地方政府干预。各级政府还将对一部分公用事业实行直接的经营管理并充当这部分公有资产的所有者代表。

8.5.3 地方政府的主要职能是：①在全国性法律规定的范围内进行地方性立法；②制定指导性的区域发展规划和发展战略；③通过地方财政安排，自主确定公用事业等基础设施建设；④规划和确定地区资源开发、自然环境保护，投资环境改善，科教文卫及服务事业的开发；⑤确定和实施社会福利计划；等等。

8.5.4 全面推行国家公务员制度。国家公务员的管理应区分政务类和业务类、中央政府类和地方政府类、内政类和外交类。业务类公务员实行公开竞争招收和按照工作实绩晋升的制度。招收考试面向全社会，择优录用，由专门的招收委员会负责。晋升采取补缺形式，由临时设立的晋升委员会民主评议决定，废除上级提名任命的办法，政务类公务员直接由选举产生或由选举产生的政府负责人任命。

8.5.5 继续发展和加强人民代表大会对经济政策的监督。政府定期经常向人大或其常设机构报告经济，重大决策必须经人大讨论通过。人大应设立各种专门的经济委员会，独立开展工作，反映人民群众的意见和要求，向政府提出建议和批评，对重大经济问题进行专门调查，拟定有关法律草案和法律修改草案。如此等等。

第三阶段结束以后，建立新经济机制的任务已基本完成，新经济体制已经确立。但是，改革并没有最终完成，在新的历史时期内政治改革将成为中心任务，经济改革进一步深入的方向是，使经济体制现代化、规范化和进一步开放。

课题负责人：吴敬琏　周小川

课题组主要成员：李剑阁　郭树清　刘吉瑞　楼继伟

　　　　　　　　　石小敏　杨建华　冯艾玲

1988 年 5 月

索 引